天商法律评论文集

（2022卷）

马　驰/主　编

姚海娟/副主编

南开大学出版社　天津社会科学院出版社

图书在版编目（CIP）数据

天商法律评论文集. 2022卷 / 马驰主编 ; 姚海娟副主编. --天津 : 南开大学出版社 : 天津社会科学院出版社, 2022.10
ISBN 978-7-310-06308-6

Ⅰ. ①天… Ⅱ. ①马… ②姚… Ⅲ. ①法律－文集 Ⅳ. ①D9-53

中国版本图书馆CIP数据核字(2022)第196787号

天商法律评论文集（2022卷）
TIANSHANG FALü PINGLUN WENJI 2022 JUAN

南开大学出版社
天津社会科学院出版社 出版发行
出版人：陈 敬
地址:天津市南开区卫津路94号 邮政编码:300071
营销部电话 : (022) 23508339 营销部传真 : (022) 23508542
https://nkup.nankai.edu.cn

北京建宏印刷有限公司印刷 全国各地新华书店经销
2022年10月第1版 2022年10月第1次印刷
787毫米 × 1092毫米 16开本 21印张 272千字
定价：78.00元

如遇图书印装质量问题，请与本社营销部联系调换，电话（022）23508339

目　录

民商法研究

法律理论与法律方法

公法研究与社会治理

法学教育

民 商 法 研 究

民事见义勇为的制度变迁：起源、比较与趋势[①]

沃　耘[②]　杨俊生[③]

在网络信息时代，见义勇为的英雄事迹得到了更快速、更大范围的传播与弘扬。但也不时能看到人们对于见义勇为者权益保护的担忧。为何见义勇为入法多年，实践过程中依旧难以妥善保障见义勇为者的权利，让人们一度面临"扶不扶"的道德难题？见义勇为作为中华民族的优良传统值得传承与弘扬，在古今律法制度上也存在保护见义勇为的规范，但从学理上看，见义勇为存在着私法逻辑无法周延之处，需要与公法部门协作共治，同时见义勇为在内涵与外延上的模糊更为司法实践带来难度。因此，尽管从我国民法典的编纂历程看，见义勇为条款一直得到延续，但对于见义勇为的争议也一直存在。[④] 在《中华人民共和国民法典》（以下简称《民法典》）已然颁布

① 本文系作者主持的天津市研究生科研创新项目"见义勇为的民法适用问题研究"（项目编号：2021YJSS282）阶段性研究成果之一。

② 沃耘，天津商业大学法学院教授，法学博士。

③ 杨俊生，天津商业大学法学院硕士研究生。

④ 类似的争议可参见孙学华《论见义勇为的法律性质——兼论专门立法的不必要性》，《法学研究》2003 年第 5 期；徐武生、何秋莲：《见义勇为立法与无因管理制度》，《中国人民大学学报》1999 年第 4 期。

的情形下,追溯见义勇为的制度定位和法律价值,跳出单一的私法逻辑,从民法的功能和立法技术角度重新检视见义勇为制度具有重要的意义。

一、前世之寻:见义勇为的法律表达

见义勇为、惩恶扬善是中华民族的传统美德。历史上关于见义勇为的英雄故事流传至今、广为人知,见义勇为的法律表达也在漫长的法律史中有迹可循。

(一)古代法中的见义勇为

虽然难以确定我国古代法关于见义勇为的最初法律表达源于何时,但是在浩瀚的文献中存在着不少的踪迹可寻。《易经·蒙上九》中记载:"击蒙,不利为寇,利御寇。"大意为,攻击他人是一种贼寇行为,抵御这一行为的人应当受到支持或者保护,表达了对于见义勇为者的鼓励和权利保护。

《周礼》中则更进一步明确了对于见义勇为者的法律保护,《周礼·秋官·朝士》中有载:"凡盗军、乡、邑及家人,杀之无罪。"意思大致为,凡是遇到盗贼或者杀人犯对军人、百姓或者家人形成危险时,杀害此人无罪。其既具有现代民法制度上正当防卫的含义,也包含着对见义勇为者的法律保护意义。① 这些规定也为后世朝代所沿用,如《大明律》规定:"若罪人持杖拒捕,其捕者格杀之。"②《大清律例》中也有类似规定:"贼犯持杖拒捕,为捕者格杀不问,事主邻佑,俱照律勿论。"③更进一步明确了见义勇为者责任豁免的规定,缘由在于"邻佑有守望相助之义,捕贼自系分所应为"④。可见,古代关于见

---

① 郑显文:《中国古代关于见义勇为的立法》,《中外法学》1999 年第 6 期。

② 怀效锋点校:《中华传世法典:大明律》,法律出版社,1999,第 207 页。

③ 马建石、杨育棠主编:《大清律例通考校注》,中国政法大学出版社,1992,第 997 页。

④ 胡星桥、邓又天主编:《读例存疑点注》,中国人民公安大学出版社,1994,第 528 页。

义勇为的法律表达具有以下两个特点：其一，鼓励见义勇为主要集中在防盗、御贼、捕亡等公共治安领域，具有维护公共秩序安全的价值需求，最终实现统治者的国泰民安之目标；其二，对于见义勇为者规定了责任豁免的规范，其中法理则在于“守望相助”。为此，我们可以看到古代封建统治社会背景下，见义勇为与今日之法律价值有所不同，同时见义勇为的发生场域亦较为单一，主要集中在公共治安领域，一方面对于见义勇为人具有一定的人身或财产损失的危险，另一方面则具有相互帮助、维护封建统治的社会意义。

（二）《中华人民共和国民法通则》中的见义勇为

《中华人民共和国民法通则》（以下简称《民法通则》）第一百零九条[①]作为见义勇为制度在中华人民共和国民事法律规范的最初表达，其实是对于苏联法制的一种借鉴。[②] 缘由在于苏联法制并不承认无因管理制度，同时亦有践行社会主义道德理念的因素，导致了“社会主义之债”的苏联模式。在我国《民法通则》的立法过程中借鉴了苏联的这一独立债之模式，同时，《民法通则》第一百零九条在以下两个方面进行了发展：其一，扩大了见义勇为的范围，不局限于苏联模式的“社会主义财产”；其二，在对见义勇为者的补偿义务承担者方面增加为加害人与受益人并列的模式，增加了对见义勇为者的救济途径，完善了对见义勇为者的权益保障。[③] 而根据我国社会实践的不同，在制度体系上也有不同的建设，我国《民法通则》一开始就非常重视对于无因管理制度的建设与实践。可见，在我国最初的制度设计上，见义勇为就与无因管理是相互独立进行的。

---

① 《中华人民共和国民法通则》第一百零九条：“因防止、制止国家的、集体的财产或者他人的财产、人身遭受侵害而使自己受到损害的，由侵害人承担赔偿责任，受益人也可以给予适当的补偿。”

② 徐同远：《见义勇为受益人与行为人之间法律关系的调整——以我国规则为中心的探讨》，《法治研究》2012 年第 12 期。

③ 徐国栋：《见义勇为立法比较研究》，《河北法学》2006 年第 7 期。

但是,正是由于见义勇为与无因管理制度之间的价值评价相趋,更有学者认为《民法通则》第九十三条与第一百零九条是在不同制度移植过程中导致的重复立法①,也有学者认为在我国见义勇为属于无因管理的制度范畴,属于一种紧急无因管理,且无须设立见义勇为制度。② 在司法实践中则体现为两者之间的混同适用和认定争议。有些法院在说理过程中认定当事人属于见义勇为,同时认定见义勇为在民法上属于无因管理的一种,但是在法律依据的选择上则适用了第一百零九条。③ 也有法院同时认定了见义勇为和无因管理,同时适用了第九十三条和第一百零九条进行判决。④ 也有法院虽然认定了见义勇为的事实,但是在进行法律适用的时候,适用了《中华人民共和国侵权责任法》(以下简称《侵权责任法》)第二十三条。⑤ 可以看到,尽管《民法通则》在立法上已经开始将见义勇为和无因管理制度并行设计,但是由于人们对于二者之间的构成要件和法律效果的不同认识,导致了时至今日仍为学界所争论的见义勇为制度独立性的探讨,而在司法实践过程中则表现为类案不同判的现象。

从规范角度看,造成这一局面的原因在于民法规范对于见义勇为的制度表达存在着不同的版本,概括起来可以大致分为《民法通

---

① 徐国栋:《见义勇为立法比较研究》,《河北法学》2006 年第 7 期。

② 孙学华:《论见义勇为的法律性质——兼论专门立法的不必要性》,《法学研究》2003 年第 5 期。

③ 参见河南省南阳市中级人民法院判决书,(2004)南民一终字第 75 号;河北省涞源县人民法院判决书,(2014)涞民初字第 10 号。

④ 参见江苏省苏州市中级人民法院判决书,(2016)苏 05 民终 5488 号;内蒙古自治区扎鲁特旗人民法院判决书,(2018)内 0526 民初 3407 号;四川省南充市中级人民法院判决书,(2013)南中法民终字第 232 号。

⑤ 参见瓜州县人民法院判决书,(2011)瓜三民初字第 71 号;重庆市第五中级人民法院判决书,(2012)渝一中法民终字第 03101 号;重庆市酉阳土家族苗族自治县人民法院判决书,(2012)酉法民初字第 02057 号;湖北省十堰市茅箭区人民法院判决书,(2014)鄂茅箭民一初第 01765 号;浙江省宁波市奉化区人民法院判决书,(2015)甬奉民一初字第 249 号。

则》第一百零九条、《关于贯彻执行民法通则若干问题的意见(试行)》(以下简称《意见》)第一百四十二条和《关于审理人身损害赔偿案件适用法律若干问题的解释》(以下简称《解释》)第十五条、《侵权责任法》第二十三条三个版本的规范表达。在《侵权责任法》出台前,由于《意见》及《解释》对于《民法通则》第一百零九条更类似于进一步的细化解释,所以在实践操作上并无争议,但是《侵权责任法》与前两个版本在内容上的不同,导致司法实践中的适用争议。有学者对此进行比较之后认为,第三个版本与前两个版本相较而言不能完全包含见义勇为的情形,对于见义勇为者的权利保障不全面。① 从学理上看,则是由于我国立法上对于见义勇为的不同规范表达,分别产生了独立说、无因管理说和侵权说三种学说争论,对于见义勇为的不同认识导致了规范选择上的不同。

二、今生之辩:见义勇为的比较法考察

如前所言,尽管《民法典》的修撰过程中始终坚持对于见义勇为的延续,关于见义勇为的争议依旧在学界此起彼伏,由此导致司法实践中不同认定和责任分配的争议,有违民法作为权利保障之法的地位和民法平等之基本原则。导致目前我国对见义勇为认识混乱的原因,或许在于法律移植过程中的认识不清与理论不足,为此有必要进行域外法的探究。

(一)见义勇为的大陆法系表达

大陆法系类似于见义勇为的讨论源于刑法领域的不作为犯罪,最初开始于法国维希政权,通过刑法规范在一定条件下课加以一般

---

① 参见林金贵《我国见义勇为法不同版本与统一立法研究》,《湖北经济学院学报》(人文社会科学版)2016 年第 11 期。

救助义务。①《法国刑法典》第 223 - 6 条②和第 223 - 7 条③分别对不同情形下怠于救助行为予以刑法上的责罚。值得注意的是,法国法将此规范置于"侵犯人身犯罪"一编下,也即法国法上视不救助行为为对人身法益的侵犯。而民事责任的规范基础体现于《法国民法典》第 1382 条④,在一般合理人会有所作为的情况下,不作为行为就可能构成民法上的过错,予以追究侵权责任。德国则视其为对公共法益的侵害,《德国刑法典》第 323c 条⑤规定,在施救行为必要且可期待又不至于给施救人带来危险的情况下,不予施救行为具有刑法上的可归责性。意大利刑法上对于救助义务及其效果也作出了明文规定,对于公私法领域都有着重要影响。⑥ 而在民事领域,大陆法系多采用无因管理制度进行调整。无因管理制度源于古罗马法,为德国法所继承并发展,我国台湾地区也予以承继。有学者提出,无因管理制度作为人类互助精神,共谋社会生活之道的私法例外,救助昏迷

---

① 参见叶名怡《法国法上的见义勇为》,《华东政法大学学报》2014 年第 4 期。

② 《法国刑法典》第 223 - 6 条:"任何人能立即采取行动组织侵犯他人人身之重罪或轻罪发生,这样做对其本人或第三人并无危险,而故意放弃采取此种行动的,处 7 年监禁并科 70 万法郎罚金。任何人对处于危险中的他人,能够个人采取行动,或能唤起救助行为,且对本人或第三人均无危险,而故意放弃给予救助的,处前款同样之刑罚。"(参见罗结珍译:《法国刑法典》,中国人民大学出版社,1995,第 73 页)

③ 《法国刑法典》第 223 - 7 条:"任何人故意不采取或故意不唤起能够抗击危及人们安全之灾难的措施,且该措施对其本人或第三人均无危险的,处 2 年监禁并科 20 万法郎罚金。"(参见罗结珍译:《法国刑法典》,中国人民大学出版社,1995,第 73 页)

④ 《法国民法典》第 1382 条:"人的任何行为给他人造成损害时,因其过错致该行为发生之人有义务赔偿损害。"(参见罗结珍译《法国民法典》,北京大学出版社,2010,第 351 页)

⑤ 《德国刑法典》第 323c 条第 1 款:"于意外事故或公共之危险或危难发生时,如行为人之施予救助系属必要且依其所处情状系可期待,特别是施予救助不至于对行为发生显著危险与违背其他重大义务之可能时,但行为却未予以救助者,处一年以下有期徒刑或罚金。"(参见何赖杰、林钰雄等译《德国刑法典》,中国台湾,台北:元照出版有限公司,2019,第 508 页)

⑥ 参见肖俊《意大利法中的私人救助研究——兼论见义勇为的债法基础建构》,《华东政法大学学报》2014 年第 4 期。

于途之人，为邻居修缮房屋均属于无因管理。[①] 日本法上则进一步发展为紧急无因管理制度，规定于《日本民法典》第 698 条。[②] 而在意大利民法上并无类似见义勇为的规范表述，与我国的见义勇为较为相近的概念被称作私人救助(soccorso privato)，是一项基于意大利宪法规范中的社会连带主义，整合私法上的散落规范构成了其一般性的私人救助制度的基础，而对于救助人的损害，目前意大利学界的通说则认为应当类推适用无因管理制度。[③]

(二)见义勇为的英美法系表达

在英美法系上，提及见义勇为这一概念的同时常常联系在一起的是《好撒玛利亚人法》。与大陆法系不同的是，长期以来英美国家基于"理性经济人"假设，认为不宜课加人们以一般救助义务，因此仅在特殊领域规定了特殊救助义务，如医生、消防员、警察等专业救助领域。以美国为代表，最早的《好撒玛利亚人法》仅针对专业救助领域，进入 20 世纪后，无救助义务规则逐渐松动，并最终形成一般情况下无救助义务，例外情形下承担救助义务的立法模式。[④] 在《侵权法重述第三版》中规定了无救助义务规则的例外情形，例如基于特殊关系、风险引发、控制他人等情形下的积极救助义务。[⑤] 同时对于救助者的民事责任做出了一定限制："如果一个行为人的侵权行为使另一个人或其财产陷于危险，该行为人的责任范围包括对一个人因其努力帮助或保护陷于危险的人或财产而产生的任何损害，只要该损害

---

① 参见王泽鉴《债法原理》(第二版)，北京大学出版社，2013，第 308—309 页。

② 《日本民法典》第 698 条："管理人为避免对本人身体、名誉或财产的急迫危害而管理他人事务时，除非有恶意或重大过失，不负因此而产生的损害的赔偿责任。"(参见王融擎：《日本民法：条文与判例》(上册)，中国法制出版社，2018，第 576 页)

③ 参见肖俊《意大利法中的私人救助研究——兼论见义勇为的债法基础建构》，《华东政法大学学报》2014 年第 4 期。

④ 参见陈清《英美法系侵权法上救助义务研究》，《河北法学》2012 年第 7 期。

⑤ 参见[美]爱伦·M. 芭波里克选编《侵权法重述纲要》(第三版)，许传玺、石宏等译，法律出版社，2016，第 231—253 页。

源自固有存在于提供帮助的努力的一个风险。"①对于责任豁免的标准,美国各州的通行做法则是以无重大过失或故意为标准。②

(三)见义勇为的比较分析

通过对大陆法系和英美法系见义勇为制度的探究,可以发现在大陆法系的制度发展过程中,逐渐形成了对于见义勇为行为的正向激励和反向促进两个层面上的规范。通过刑法规范上的不作为犯罪课加人们在一定条件下的救助义务,起到反向作用的效果,同时又在民法上通过无因管理制度解决见义勇为者的责任豁免和费用请求问题,正向激励人们实施见义勇为行为。而不同于大陆法系的双向规范设置,英美法系采取了更为柔和的方式,区分不同的救助人员身份,分别规定积极和消极的《好撒玛利亚人法》,仅在特定条件下承认救助义务,同时通过责任豁免规范鼓励普通公民实施救助行为。

虽然各国社会的发展水平和文化价值有所差异,但是对于见义勇为都持引导鼓励的态度,不同的则在于具体的法律制度设置上所选择的路径。英美法系在《好撒玛利亚人法》上的建构较为成熟,尤其是民事责任豁免的立法规范先后为许多国家所借鉴吸收。其区分身份的立法模式虽然在一定程度上提高了紧急救助行为的专业化和效率,却限制了普通公民的参与。而大陆法系通过刑法规范上课加公民以一般救助义务,企图解决不救助现象。同时,在保障救助人的权利方面通过无因管理制度进行调整,但是大陆法系对于无因管理制度的类推适用,有着不可避免的缺陷,尤其在我国《民法典》的语境下,第一百八十四条对于见义勇为行为人责任豁免的要求与无因管

① [美]爱伦·M.芭波里克选编:《侵权法重述纲要》(第三版),许传玺、石宏等译,法律出版社,2016,第197—199页。

② 参见郑丽清《危难救助者民事责任豁免研究——以美国〈好撒玛利亚人法〉为视角》,《福建师范大学学报》(哲学社会科学版)2016年第1期。

理的管理人应当秉着谨慎注意义务去管理事务的要求是相矛盾的。① 更值得注意的是,在通过无因管理制度进行类推适用的传统模式下,缺乏对于见义勇为者精神价值层面的关注,仅是追求民事权益的"利益衡平",无法完全保障见义勇为人的权益。

三、去留之间:《民法典》中的见义勇为

无论从横向还是纵向看,我国见义勇为都具有独立存在的必要和独特价值。在既往的研究中,多从比较法上研究国外成熟立法的先进之处并提出借鉴之意,或通过已有制度与见义勇为进行比较以分析见义勇为规范的独立性。通过梳理立法进程可以发现,尽管理论上对于见义勇为入法多有争论,立法上却本末始终,一以贯之。那么,我国立法者通过在民法这一基本法中设定见义勇为规范的立法目的和对于见义勇为规范在民法典中的体系定位究竟谓何?见义勇为规范在我国所具备的法律价值又谓何?这需要跳出既往研究的范式,从实证角度出发,梳理立法进程予以说明。

如前文所述,我国民法上最初关于见义勇为的表达源于《民法通则》对于苏联"社会主义之债"的承继。但是,在《民法典》"总则编"颁布之前,我国并没有一个成熟的法律制度对见义勇为进行全面的调整,尤其是民事责任的分担,为此在司法实践中通常适用《侵权责任法》和无因管理制度。在《民法总则》立法过程中,许多代表的建议都围绕如何加强对于见义勇为者的法律保障,要求通过民事基本法规范对见义勇为进行调整,保障见义勇为者的权利,匡扶正义,鼓励见义勇为。②《民法典》第一百八十四条更是在审议过程中多次修撰,在民法典草案三审稿进行审议的过程中,有的代表提出:"为救助

---

① 参见徐武生、何秋莲《见义勇为立法与无因管理制度》,《中国人民大学学报》1999年第4期。

② 参见本书编写组《民法总则立法背景与观点全集》,法律出版社,2017,第57、148、416页。

他人造成损害的重大过失还要承担民事责任,与草案说明中关于弘扬社会主义核心价值观的规定相悖。”①为此三审稿确定为“部分免责”的责任豁免形式,而“在第十二届全国人大第五次会议审议民法总则草案的过程中,一些代表提出,这一条规定具有很强的针对性,对鼓励见义勇为,保护救助人,有着积极意义。但草案中‘但书’的规定不能完全消除救助人的后顾之忧,对救助人的保护不够彻底,建议修改”②。最终确定为“完全免责”的责任豁免形式,缘由就在于弘扬见义勇为的中华传统美德,解决见义勇为者的后顾之忧。对于见义勇为责任豁免规则的形成,经历了一个从无到有、纵深探讨的过程。③

通过对立法进程的梳理,可以明显看到见义勇为规范在我国民法上的建构过程。同时,对于见义勇为的立法意图也非常清晰,在经济发展过程中,我国出现了见危不救的社会现象,引起了社会舆情的重大讨论和对于国民认知的巨大冲击,引发了对于见义勇为的讨论。但是,在人们谴责不救助的社会现象时,对于见义勇为的权利保障担忧也同步牵引人们的心弦,缘由就在于《民法总则》出台前,我国并无明确规范能够作为见义勇为者的责任豁免和权利保障的规范基础。为此,见义勇为条款的出台就成为解决这一社会现象的关键,通过设置见义勇为条款,“为匡正社会风气而厘定的民事责任规则,是弘扬社会主义核心价值观与追究民事责任相结合的条文,其基本旨趣是鼓励人民助人或救助他人”④。

但是,立法活动仅是法治进程中的一个环节,立法者通过立法活动将价值判断与利益衡量规范表达,司法者通过对于规范的适用和

---

① 黄薇主编:《中华人民共和国民法典释义》,法律出版社,2020,第 364 页。

② 黄薇主编:《中华人民共和国民法典释义》,法律出版社,2020,第 364 页。

③ 参见王道发《中国式“好人法”面临的困境及其解决路径——兼评〈民法典〉第一百八十四条的理解与适用》,《法律科学》2018 年第 1 期。

④ 陈华彬:《〈民法总则〉关于“民事责任”规定的释评》,《法律适用》2017 年第 9 期。

判决表达立法者的价值判断。立法活动有时会受限于当前社会背景或文化价值趋势，反之，法律也会随着社会发展不断得到完善，我国民法上见义勇为规范的从无到有便是这一趋势的直观体现。当前我国民法对于见义勇为者的保障更多从利益衡平的传统角度切入，企图通过减轻见义勇为者的后顾之忧鼓励人们见义勇为，弘扬社会主义核心价值观，但是对于见义勇为者的隐私权、荣誉权等具有人格、精神价值层面的权益没有给予足够的重视。这一方面在于当前民法理论与司法实践对于见义勇为的积累并不充分，见义勇为规范与其相邻制度之间存在界限，还有待进一步研究；另一方面在于这些权益中呈现出公私法交互的特点，仅从民法上进行调整不但难以解决问题，甚至会导致现有民法体系的混乱。

四、未来之道：基于民法社会功能化的思考

见义勇为作为公法与私法交汇的典型代表，从价值层面看，一方面，见义勇为行为所具有的“利他性”与传统民法所坚持的“私权性”存在一定的冲突，这就导致传统私法的权利逻辑在见义勇为的法律适用中无法完全发挥作用，尤其在涉及见义勇为者荣誉权这一具有双重属性的权利保障问题上。因此需要借助“社会化”将公法的某些价值理念渗入《民法典》的价值框架中，促使《民法典》成为一部真正意义上的具有社会使命的法典。另一方面，见义勇为者人身利益和财产利益属于个人权益的范畴，以行政法为代表的公法规则无法从纵向自上而下地进行调整，尤其是提供更为周延的救济，以“权利本位”为核心价值的私法规则，也必须得以重视和贯彻。这就决定了在见义勇为这一问题上，不管是私法还是公法都难以“独立面对”，这也从另一个侧面回答了为什么在《民法典》已然颁布的背景下对于见义勇为者的全力保障仍难称周全。因此，在见义勇为规范未来发展这一问题上，这一折中思考无疑提供了一种更为合理的道路。

现代民法出现了公私法相互融通的趋势，我们国家《民法典》在这一趋势上体现得尤为明显,在《民法典》时代,另一种民法学研究范式受到积极推动,通过探索民事法律体系的社会功能性,以及在治理体系内部与其他法律部门的协调性作用,推进国家治理体系和治理能力现代化。这也为见义勇为提供了另一条道路,“就其本质而言,‘私法公法化’实际上体现了国家意志对于私人意志之行使的一种有限度介入和干涉”①。见义勇为规范的发展就是法律制度对于社会主义核心价值观的体现和表达②,也是国家意志对于私人意志行使的一种有限介入。为此,对于见义勇为规范的未来设计,必须跳出私法的固定逻辑,接受部门法之间的协作。若仅从私法的现有体系对见义勇为进行检视,固然会发现见义勇为与其他规则的重合,见义勇为的独立性也会受到冲击。但是为此就删除见义勇为规范,则不利于匡扶正义、弘扬社会主义核心价值观,对于《民法典》这一“社会治理大宪章”③的社会治理功能也是一种违背。与此同时,在法律适用层面需要进一步细化见义勇为的规则,切实保障见义勇为者的权利。

---

① 丁轶:《动态秩序与动态民法:〈民法典〉实施背景下的民法哲学构建》,《学术论坛》2021年第6期。

② 王利明:《〈民法总则〉的本土性与时代性》,《交大法学》2017年第3期。

③ 黄文艺:《民法典与社会治理现代化》,《法制与社会发展》2020年第5期。

快递服务提供方义务与责任探析

——以快递服务合同中主要问题为切入点

张春普[①] 张雨杰[②]

近年来,我国快递行业蓬勃发展,已成为现代服务业乃至国家整体经济发展的一支重要力量。快递服务中基础的环节就是快递服务合同的订立,同时这也是最容易被忽略的环节。快递服务合同是指由快递服务提供方提供快递配送服务同时收取快递费用,快递服务合同的相对方享受快递配送服务并支付快递服务价款的一类民事合同。一般情况下,通过线上下单快递服务仅需要勾选同意快递服务条款;在线下下单也只需在快递单上签字就完成了快递服务合同的订立。然而,在快递行业规模迅猛发展和网点迅速扩张的表象下,快递服务提供方服务水平较差、快递服务合同内容不明晰等问题也日益显现。《2021 年度快递服务大数据分析报告》显示,超过 60% 的用户对快递服务的态度为“不满意”。在快递服务过程中,作为最能直接体现寄件方、快递服务提供方和收件方三方主体自由意志的法律凭证——快递服务合同并未起到应有的作用。伴随快递服务业的迅

① 张春普,天津商业大学法学院教授。
② 张雨杰,天津商业大学法学院硕士研究生。

猛发展,加之快递服务合同表现形式的特殊性,由此引发的快递服务合同纠纷数量与日俱增。因而有必要予以探究。

一、快递服务合同中的主要纠纷

笔者在“中国裁判文书网”上以“邮寄服务合同纠纷”为关键词进行检索,自 2020 年 1 月至 2022 年 2 月就有 1812 份裁判文书。案件纠纷主要表现为以下几个方面:

(一)快递物品损坏、丢失纠纷

此类纠纷案件在快递服务合同纠纷中占比较大。快递服务业迅猛发展的同时,快递服务公司合格工作人员短缺、资源不足的问题也不断显现出来,加上受快递服务本身就是在全天候情况下面向全球范围内配送等复杂因素的影响,就容易导致很多快递物品在快递运送过程中出现损坏、丢失等情形。在荣成市某贸易有限公司诉山东某物流有限公司一案中,上诉人荣成市某贸易有限公司委托山东某物流有限公司邮寄的高档海产品在运输过程中损毁,荣成市某贸易有限公司因此向法院提出退还运费2,2482.5元和赔偿保价损失100万元的诉讼请求,由于上诉人不能充分举证自己的具体损失数额,最终二审法院仅支持6,3989元的运费损失。这一案件并非快递服务合同纠纷中的个例,在很多快递物品损坏、丢失的案件中,寄件人的诉讼请求都很难得到法院的支持,致使寄件人或收件人的利益受损。实践中,快递服务提供方在快递物品保管配送过程中出现的问题也屡见不鲜,由于快递物品损毁、丢失后其价值往往难以认定,加之快递服务合同格式条款的不利影响,快递服务合同相对方的利益容易受到损害。

(二)快递服务延误纠纷

快递配送服务过程易受到远距离、复杂天气情况以及突发事件的影响,加之快递服务公司控制成本以及管理不规范等因素,造成快递物品延误这一常见纠纷。但在很多情况下,合同当事人需要配送的快递物品往往具有较强的时效性,一旦超过某一时间节点,很有可能导致其订立合同时的目的无法实现。在这一前提下,如何保障收件人权利的实现就显得尤为重要。例如某同学在考前一个月的时间网购了复习资料,其间快递服务提供方不慎将快递物品丢失,卖家又在同一家快递公司补发一份复习资料,最终该同学在开考前几天收到该快递,这一过程给该同学的备考额外增添了烦恼。尽管在这一过程中,该同学并无经济损失,但因为快递延迟其最初的合同目的不能够实现,对其权益仍旧造成损害。

(三)配送过程中产生的纠纷

配送过程是快递服务的最后环节,也是最容易引起收件人不满的环节。现实生活中,快递服务提供方往往在这一环节表现出许多不规范的投递行为,并且也正是在这一环节,收件人最容易感到自己的合同权利受到了侵害。例如,快递公司有按照约定将快递物品递送给收件人并获得签收的义务,但实际上许多快递服务提供方的工作人员会基于各种理由,不经收件人同意就将快件投递到收件人所在以外之处;或是将本应“送货上门”的快递通知收件人自取或交由第三方托管。2021 年 12 月,一则有关快递服务的事件引起社会的广泛关注,一位老年人通过网络购买商品后,在取件过程中突发疾病猝死。事后经了解,老人购买的商品为重达 22 斤的保健酒,且该保健酒快递包装明确显示为“送货上门”,事发时快递服务提供方却打电话让老人下楼自取。这一事件引发社会广泛讨论的背后,不仅是对于其所产生的不幸后果,也隐藏着社会大众对当前快递服务过程中所存在问题的意见与态度。这起事件,也正是大众对快递服务不满以及快递服务公司不完全履行其义务的矛盾爆发点。

上述这些案件,反映出在快递服务过程中,快递服务提供方某些合同义务的缺失以及对快递服务提供方应尽义务的不完全履行。下面针对快递服务合同中快递服务提供方的义务做具体分析和论述。

二、快递服务提供方义务的类型与分析

合同义务依据不同标准,分类有别。按照是否影响合同目的实现这一标准进行划分,我国多数学者主张参考德国立法模式,将合同义务分为主给付义务、从给付义务与附随义务三分法;也有学者主张给付义务与附随义务二分法①。笔者采用主给付义务、从给付义务与附随义务的分类标准进行分析。有关主给付义务,其内涵和外延相对清晰,但在从给付义务与附随义务的区分标准界定上存在不少问题与争议。有的观点认为区分从给付义务与附随义务其主要标准应当界定为能否诉请履行。这一区分标准的存在有其深厚的历史渊源,但随着司法实践的发展也产生出不适用于不断出现的新型法律关系等实践问题。有鉴于此,当下很多学者认为,从给付义务与附随义务的区分标准,其本质上是给付利益与固有利益的区分。② 具言之,违反合同义务导致合同相对方的给付利益受损时,这一义务为从给付义务;义务的违反导致合同相对方的固有利益受损,该义务为附随义务。这一划分方式为从给付义务与附随义务的区别提供了更加合理的标准,也更适用于当下的司法实践。

(一)快递服务提供方的主给付义务

主给付义务为契约必具的义务,并决定契约的类型。③ 具体来说是指合同法律关系中所必须具备的,贯穿合同始终的并能够依此

---

① 参见王泽鉴《债法原理(第二版)》,北京大学出版社,2013,第76页及以下;王洪亮:《债法总论》,北京大学出版社,2016,第15页;张民安、李婉丽:《债法总论》,中山大学出版社,2018,第115页;沈幼伦:《债法原理》,上海人民出版社,2010,第22页;赵廉慧:《债法总论要义》,中国法制出版社,2009,第116页。

② 给付利益和固有利益的区分主要存在两种标准,一种标准是基于合同义务所保护的目的;另一种标准是基于违反合同义务时所侵害的利益。两种标准是站在不同角度对给付利益与固有利益进行区分和界定。但后者更加强调的是依照具体法律关系进行判断,而非抽象的按照合同义务所保护的利益进行分类。因此,基于违反合同义务时所侵害的利益进行区分更加严谨。

③ 王泽鉴:《债法原理(第二版)》,北京大学出版社,2013,第26页。

划分合同类型的义务。[①] 主给付义务是直接体现合同当事人订立合同目的的义务，这一点在合同之债中有明确体现，各种合同的主要区别就在于双方当事人的主给付义务上。对快递服务合同而言，当事人主给付义务体现为快递服务提供方将所约定的快递物品按约运送至收件人手中，寄件人或收件人支付约定价金。对于快递服务提供方来说，即按照合同约定，保证快递物品的完好状态，将合同约定的快递物品交与快递服务合同约定的收件方，就是快递服务提供方的主给付义务。

（二）快递服务提供方的从给付义务

从给付义务并非契约所必备，旨在满足实现（主）给付义务。从给付义务得依法律规定、当事人约定或契约解释而发生。[②] 具言之，从给付义务是辅助合同主给付义务得以实现的义务，从给付义务的设立主要是为了最大限度上满足债权人的合同利益。通常情况下，合同的从给付义务来源有以下几种：一是基于法律的明文规定，二是基于当事人之间的约定，三是基于补充的合同解释。

在快递服务过程中，除了无瑕疵交付快递物品之外，法律或者当事人之间的约定还会产生其他合同义务。比如在跨境快递服务合同中，当事人会约定由快递服务提供方办理清关后续；有的快递服务合同中，如生鲜类、文件类以及其他对时效性有特殊需求的物品，当事人一般会约定快递物品的送达时间；有的快递服务合同中，快递物品为重物或易碎品等特殊快递物品，当事人之间会约定“送货上门”的合同义务。这些产生于法律规定或者合同当事人约定的合同义务，并不属于能够决定合同类型的主合同义务，其存在目的是实现合同的主给付义务，保障合同相对方权益能够获得最大程度的满足，这些

---

① 韩世远：《合同法总论》，法律出版社，2018。

② 王泽鉴：《债法原理（第二版）》，北京大学出版社，2013，第 26 页。

合同义务就属于快递服务合同的从合同义务。

(三)快递服务提供方的附随义务

附随义务指附随于契约发展过程而发生的义务。① 一般而言,附随义务是指在无相关法律规定且当事人未明确约定的情况下,为了保护合同目的实现以及交易秩序,合同当事人依诚实信用原则所应负担的义务。② 我国民法中普遍遵循的"诚实信用原则"就是附随义务的理论基础,附随义务也是"诚实信用原则"在合同法领域的一种具体表现形式。通常情况下,合同中的附随义务体现为通知义务、保密义务、保护义务以及协助义务。

基于以上对于合同附随义务的分析,在快递服务合同中,快递服务提供方及时提供快递物品动态,提醒收件人取货,不泄露寄件人、收件人信息以及快递物品的信息等义务便是通知义务、保密义务以及协助义务在快递服务合同中的具体表现。关于上面案例中提到的"送货上门"服务则要分情况讨论,如果在快递服务合同中有明确约定,则该服务便属于合同约定的从合同义务。如果合同当事人没有进行约定,"送货上门"服务的义务种类则需要进行探讨。

一是配送过程中的"送货上门"服务是为了更好地实现快递服务合同的目的。"送货上门"服务不仅能够确保快递物品由合同约定的当事人收取,避免"自助取件""第三方代收"等其他收件方式可能带来的损坏、丢失以及额外收费等非快递服务提供方所导致的额外问题,而且能够减轻收件人的负担,是对合同相对方利益的保护,从这一角度看,应当将"送货上门"服务认定为附随义务中的协助义务。二是在现实生活中,"送货上门"服务是在快递服务市场经过长期、反复实践后逐步形成的,也是快递服务提供方为提升业绩而普遍采用

① 王泽鉴:《债法原理(第二版)》,北京大学出版社,2013,第26页。

② 叶知年:《合同法应设定附随义务》,《政治与法律》1999年第1期。

的一种营销行为，在我国的快递服务市场，“送货上门”服务已经成为社会普遍认可的交易习惯。综上，快递服务合同中的“送货上门”服务，其存在目的是保证快递服务合同中债之效果能够完全实现。即使在特定的快递服务合同中，双方当事人未明确约定“送货上门”条款，基于对合同相对方利益的保护并依据社会的一般交易习惯，“送货上门”服务也应被认为是快递服务提供方所应履行的附随义务。

三、快递服务提供方违反快递服务合同义务的责任

（一）快递服务提供方违反快递服务合同义务的责任性质

按照《中华人民共和国民法典》（以下简称《民法典》）第五百七十七条规定：当事人一方不履行合同义务或者履行合同义务不符合约定的，应当承担继续履行、采取补救措施或者赔偿损失等违约责任。违约责任是一方违反合同约定义务时需承担的民事责任，违反合同义务具体包括履行不能、迟延履行以及不完全履行等。《民法典》的规定对违反合同义务的法律后果进行了概括性归纳，即无论违反的是合同主给付义务还是从给付义务，都应当承担继续履行、采取补救措施或者赔偿损失等违约责任。

由上可知，违反主给付义务和从给付义务的法律责任相对明晰，但违反附随义务究竟产生何种责任，我国《民法典》合同编及其他现行法律并未作出明确规定，学理界对此问题观点也未统一。从合同责任角度看，合同责任原则上是无过错责任，只要有违约行为存在，当事人即应承担违约责任，不考虑其主观有无过错，但在特殊情况下，合同责任仍要以过错为构成要件。① 违反附随义务的行为同样属于违约行为，合同违约方应当因其违约行为而承担相应的违约责任。但由于附随义务本身是为了保障合同效果能够完全实现，且一般违反附随义务并不会直接导致合同目的无法实现，此时便不适宜

---

① 韩世远：《合同法总论》，法律出版社，2018。

采用解除合同的方式,由守约方依照不完全履行的规定就其所受损失向违约方请求损害赔偿更为适宜。

(二)快递服务提供方违反快递服务合同义务的救济方式

(1)诉请履行

通常情况下,当合同一方当事人违反给付义务,在不违反法律规定的禁止性事由的情形下,合同相对方都可以诉请履行。但诉请履行的方式并不完全适用于违反附随义务的情况,一方面因为附随义务原本也没有明确的规定或约定;另一方面是因为违反附随义务时通常其损害结果已经发生,再诉请履行也无必要。但在继续履行仍有意义的特定条件下,且附随义务本身可以被继续履行的情况下,诉请履行的救济方式也同样适用。快递服务合同中,当快递服务提供方不履行快递服务合同的义务或不完全履行时,若此时继续履行仍有意义的情况下,合同当事人可以诉请履行以保障自身合法权益。

(2)解除合同

结合我国现行法律规定,如《民法典》第五百六十三条的规定,当事人一方迟延履行主要债务,经催告后在合理期限内仍未履行,合同相对方可以解除合同。可见,违反合同的主给付义务时合同相对方享有合同解除权,我国现行法律已有明文规定,但该条文并未说明违反从给付义务可否解除合同。在司法实践中,笔者选取了北京某影视文化有限公司与深圳市某影视文化有限公司著作权合同纠纷案进行分析。[①] 该案件的判决意见认为,通常在合同履行中,违反合同主给付义务,使得当事人订立合同的目的无法实现时合同相对方享有合同解除权。对从给付义务而言,在违反从给付义务致使合同相对方的利益受到重大损失或者导致订立合同时的目的无法实现的严重后果时,合同相对方可以主张解除合同。可见,合同相对方得以行使

① (2017)京73民终第805号。

合同解除权的前提条件是违反从给付义务,使得合同目的不能实现。但违反合同从给付义务没有带来不能实现合同目的的严重后果时,合同相对方则不能以此主张解除合同,而是由违约方承担相应的违约责任。

由此可见,在合同履行过程中,债务人不履行给付义务时,包括主给付义务或特殊情形下的从给付义务,债权人可以解除合同。如在约定“送货上门”条款的快递服务合同当中,双方明确约定送达时间,因快递物品延迟送达致使快递服务合同相对人合同目的无法实现时,合同相对人可解除合同。当债务人不履行附随义务时,原则上不得解除合同,因为就债的法律关系中想要达成的最终目的来说,附随义务不是必要条件。但可就其所受损害,依照不完全履行的规定请求损害赔偿。

(3)损害赔偿

我国现行法律明确规定了损害赔偿作为当事人一方不履行合同义务或者履行合同义务不符合约定时应当承担的违约责任。损害赔偿是运用较为广泛的一种责任方式。损害赔偿的目的是使受到损害的权利得到救济,使受害人能够恢复到受到损害前的状态。同时,违约责任中的损害赔偿包括法定的损害赔偿和约定的损害赔偿。当违反合同约定的从给付义务且尚未达到致使合同目的不能实现的程度时,若合同中约定有违约金条款,可适用违约方支付违约金的方式。如果违约行为对合同相对方造成利益损失,则可在其所受损失的范围内向违约方主张损害赔偿。对于违反附随义务,我国立法暂无明确规定。结合当前的司法实践,违反附随义务同样可以适用损害赔偿的救济方式,合同相对方可以在合同订立时已经预见或应当预见的损失范围内请求损害赔偿。

有关本文开始时所述老人取快递途中猝死一案中所出现的违约行为所导致的人身损害赔偿也即非财产损害赔偿的问题,我国法律没有明确规定,学界对此问题也多持否定态度。关于一方当事人的违约行为造成合同相对方的人身损害这一问题,国际上许多国家和地区均有立法支持债权人的非财产损害赔偿请求权。① 但对债权人的非财产损害赔偿请求权我国仍处于探索阶段,仍需要更多的理论和实例加以论证。结合上文提到的案例,即便是在事实清楚、没有争议的情况下对于老人的人身损害赔偿也很难得到具体的界定和实现,其根源在于我国现行法律对于非财产损失赔偿请求权仍未出台明确规定,在理论界也存在争议,对违反附随义务导致的人身损害赔偿请求权的适用问题还没有明确的结论。

综上所述,在商品经济和网络产业迅猛发展的今天,快递服务日渐成为人们社会生活中不可或缺的要素。实践中出现的快递物品丢失、损毁,快递服务延误,应当"送货上门"的快递服务被以第三方代收代取、自助取件等其他形式代替的违约现象屡见不鲜,这不仅是对快递服务合同相对方权利的一种损害,也会导致合同目的难以实现等问题。快递服务合同作为社会生活中大众最容易接触、使用到的合同类型,也是实践中合同权利经常受到损害的一种合同类型。因而,有必要完善快递服务合同内容,进而厘清各方的权利与义务,以利于快递延伸拓展的服务更加规范。

① 韩世远:《合同法总论》,法律出版社,2018,第 779—782 页。

文学作品实质性相似认定的“相关读者”标准

王宏军[①] 程梦婷[②]

一、问题提出

在鼓励文化创作与文化创新的环境下，文学作品侵权案件也与日俱增。我国著作权法并未明确对文学作品侵权案件的具体判断标准，但在司法实践中逐渐形成了“实质性相似 + 接触”的认定标准。实质性相似作为著作权侵权案件中司法审查的逻辑顺序以及举证责任分配的构成要素[③]，美国司法界将其解释为“一般的非专业的评判者认识到被告的作品抄袭了原告的版权作品”。我国司法实践中将其总结为：“著作权人的作品与被诉侵权作品中的表达构成相似，并且相似达到一定程度，可以引起读者相同或近似的欣赏体验。”[④]

作为文学作品著作权侵权案件的典型案例，在“某瑶诉某正案”中，两审法院尽可能详细地阐释了实质性相似在文学作品侵权案件中的运用。2014 年 5 月，某瑶对某正提起诉讼，认为某正的某宫斗剧

---

① 王宏军，天津商业大学法学院教授，法学博士。

② 程梦婷，天津商业大学法学院硕士研究生。

③ 吴汉东：《试论“实质性相似 + 接触”的侵权认定规则》，《法学》2015 年第 8 期。

④ 王金山主编：《北京知识产权法院典型案例评析》，知识产权出版社，2020，第 159 页。

作品抄袭了自己的某言情剧作品,侵犯了其改编权。在本案的审理过程中,一审法院认为“被告作品在情节排布及逻辑推演上与原告作品整体外观上的相似性,引发读者受众相似的观赏体验和感受”。一审法院将网络调查结果作为侵权认定中的重要因素,运用“整体观感法”对两部作品进行实质性相似认定,认为“(某宫斗剧)剧本虽然在部分情节上与某言情剧存在差异,但是从整体的人物关系,情节表达顺序和结构来看,两部作品的整体外观相似程度比例很高,在内容设置和情节的推进上具有一致性,足以让普通公众对两部作品产生相似的感受和体验”。因此,法院认定两部作品构成实质性相似。而二审法院认为对网络调查结果直接采纳不妥,还是应将剧本和剧本、小说和剧本之间进行比对后得出最后的结论,并且认定小说实质性相似的大众读者必须是小说作品的直接阅读者,不包括小说作品的间接了解者(比如看的是经过小说改编的电视剧、电影等)。从该案件可以看出,两个法院都认为实质性相似的认定应有对应的主体标准,但是并没有统一该主体标准,也未对其进行详细的解释。拟制主体在大陆法系起源于罗马法的“善良家父的勤谨注意”的归责标准①,在英美法系起源于侵权领域的“理性人”标准,作为一种具有主观认知的客观标准,旨在把抽象的伦理要求和行为规范加以人格化。实质性相似的认定对于著作权侵权案件的判定至关重要,那么到底应该采取何种主体标准进行实质性相似的内在认定?

二、司法中实质性相似认定的主体标准

在对两部文学作品进行实质性相似判断的过程中,法院经常会采用拟制主体比较两部作品的相似程度。理论界和实务界都希望拟定一个绝对客观和理性的主体标准,但在具体的司法裁判中该认定

① 陈志红:《罗马法“善良家父的勤谨注意”研究》,《西南民族大学学报》(人文社科版)2005 年第 8 期。

标准适用的模糊性和主观性仍然存在，主体标准选择多样性的同时也带来了各种拟制主体标准的争议。具体有以下几种：

（一）“普通公众标准”

“普通公众标准”不考虑专家或其他具有技术含量的测试方法，主要依靠一个普通公众对两部作品相似内容的感觉或认知。在上述案例中，法官就从普通公众的角度出发，认为两部作品存在相似，使读者产生相同或近似的体验，该结论的得出参考了原告向法庭提交的一份网上民意调查问卷。从普通公众的角度进行判断可以减少成本，作为法官拟制的主体没有必要调查作品所针对的对象。但是由于抽象主体与真实公众之间存在一定的时空距离，给予了裁判者潜在的操作空间。另外，一般公众并不会仔细比较作品间的差异，作者会极力提出对自己有利的读者感受，并且对于公众感受的搜集也是极为困难和不确定的事情，很可能最后投入了时间、经历、财力却得不到真实有效的公众意见。一般公众在侵权判断中的适用还面临着主观性过多、认知能力不足等问题。

（二）“专家标准”

司法实践中，不少法院在认定实质性相似时秉持着“专家标准”，即从具备特定知识或专业技能的人的视角对实质性相似做出判定，类似于美国法提出的具有特定注意力的读者标准。① 对于一些相对复杂的领域比如计算机软件、建筑，审判中法官倾向于采用抽象分离法，借助专家的意见先将这些作品中不受著作权法保护的范围剔除出去，再对余下的部分进行比较。由于这些领域的作品专业技术门槛过高，往往晦涩难懂，普通公众缺少相应的认知能力和相关专业技能，不能进行客观的分析和判断。② 以专家视角进行实质性相似的

① 梁志文：《版权法上实质性相似的判断》，《法学家》2015 年第 6 期。

② 袁锋：《论著作权法中的拟制主体》，《电子知识产权》2020 年第 12 期。

认定通常以专家意见或者专家证人的形式出现,在司法中对其采取严格适用的程序,通常在作品目标受众具有特定技能时采用。

但在文学作品实质性相似认定时过于依赖专家,会缩小文学作品的读者范围,不符合作品获利的市场逻辑。在传统的文学作品领域也认为,专家意见只能被用来判定被告是否复制原告的作品,而对于复制是否合法即实质性相似问题的判定不能依赖专家意见。

(三)"混合标准"

"混合标准"即同时适用"普通公众标准"以及"专家标准"或"法官 + 其他主体"进行实质性相似的判断,该标准的适用和实质性相似的判断方法联系紧密,在对两部作品的实质性相似进行内、外部测试时即采用"混合标准"下的拟制视角,外部测试时会对两部作品的构成要素进行解构,在对要素进行分析的过程更适合采取专家的视角,因为其具有操作性和难度。而内部判断不需要结合专家意见,偏向于普通公众对作品的主观印象。采取"混合标准"的视角可以避免单纯的以法官或专家、公众为判断主体所存在的问题,但是由于"混合标准"下各主体间的意见分量不一、随意性过大,在"法官 +"的标准下仍会以法官的判断为主要视角,使得实质性相似认定的过程充满冲突与矛盾。

(四)"相关读者标准"

"相关读者"应当是对作品具有常识性了解,并且具有分辨力的人。从相关读者角度对两部文学作品的实质性相似认定进行判定时应以文学作品的主要欣赏或消费人群的认知能力为基础,并从该人群的视角对相似度作出判断。

三、"相关读者"主体标准的合理性

虽然著作权法未明文规定文学作品实质性相似判定的主体标准,但理论界和实务界都对该问题倾注了一定的关注度,司法实践中因为采取的标准不同,同案不同判的现象时有发生。究竟如何选择该主体标准,在综合选取的认知水平、价值基础以及实现成本要素后,以“相关读者”作为实质性相似判断的主体标准更为合适,主要原因有以下几点:

(一)文学作品的特殊性

早在20世纪90年代,我国文学界就曾组织过对“笔墨官司笔墨打还是法院打”的专题讨论,肯定了法律对文学作品干预的正当性和合法性。但是由于文学作品的含混性、文学对语境的依赖性以及文学作品的特殊性,司法实践中并不能准确把握这些特征和差异,以致或多或少的误判的发生,所以在肯定司法手段解决文学作品侵权纠纷的前提下,我们要进一步提高司法解决的准确性。① 对文学作品实质性相似的认定应看到文学作品的特殊性。文学是在作家的创作、读者的阅读活动中呈现的一种动态存在,作品是连接作者与读者的关系纽带。文学作品需要引起相关读者的共鸣,其价值体现在激发读者的阅读欲,并使读者更为专注地对内容进行比对和评判,获得更多思考和感悟。总的来说,文学艺术作品的意义和内涵在于读者对相关文本的理解和解读,因而读者是文本意义和内涵的最终缔造者。②

另外,从对文学作品美学价值意义的变化以及现代著作权演进的过程来看,文学作品中的侵权判断不应只围绕作者的个人目的和行为,相关读者的反馈和需求应该得到重视,读者反馈也是对作品的意义和作者的目的进行的阐释,并且不同的文学作品会涉及不同的目标读者,当读者对于某一类型文学作品具有相应的关注度和熟悉

---

① 刘汉波主编:《著作权司法实践中的文学观念批判——以文学剽窃的认定为中心的考察》,中国社会科学出版社,2014,第36页。

② [美]斯坦利·费什:《读者反应批评:理论与实践》,文楚安译,中国社会科学出版社,1998,第135页。

度后,会形成相对固定的阐释共同体。[①] 此时,作为作品的相关读者对于作品是否是实质性相似的意见和判断显得尤为重要。

(二)邻近规则的借鉴

知识产权法上的商标法在对商标"混淆可能性"进行认定时会采取拟制主体进行判断,专利法上对发明和实用新型的创造性以及权利要求的解释上也涉及相关拟制主体的判断。从知识产权部门法之间的结构化框架以及理论的认知层面来看,著作权法中文学作品侵权的认定可以借鉴商标法和专利法中的思维框架和逻辑价值,积极的借鉴相对成熟的理论和制度是对这些现有宝贵资源的有效利用。[②]

商标法所保护的商标权人的利益市场和著作权法保护的创作者的利益市场具有共通性,商标法中对近似商标的判断标准对文学作品侵权时的实质性相似认定具有重要的借鉴意义。在商标法中"混淆可能性"是侵权认定的主要标准。最高人民法院颁布的《关于审理商标民事纠纷案件适用法律若干问题的解释》第十条规定明确指出,认定商标相同或近似的原则首先要以相关公众的一般注意力为标准。[③] 该解释明确了相关公众是具有一般的社会和生活经验、中等

① [美]斯坦利·费什:《读者反应批评:理论与实践》,文楚安译,中国社会科学出版社,1998,第47页。

② 蒋舸:《著作权直接侵权认定中的"用户感知"因素——从复制权到信息网络传播权》,《环球法律评论》2021年第2期。

③ 《最高人民法院关于审理商标民事纠纷案件适用法律若干问题的解释》第十条:"人民法院依据商标法第五十七条第(一)(二)项的规定,认定商标相同或者近似按照以下原则进行:(一)以相关公众的一般注意力为标准;(二)既要进行对商标的整体比对,又要进行对商标主要部分的比对,比对应当在比对对象隔离的状态下分别进行;(三)判断商标是否近似,应当考虑请求保护注册商标的显著性和知名度。"

的智力水平和认识能力等的相关领域的普通公众。① 有学者进一步总结出相关公众或消费者混淆的可能性是商标侵权与否的试金石，商标侵权取决于为数可观的合理谨慎的消费者头脑中是否具有混淆的可能性。消费者的认知成为商标功能（保障消费者和经营者信息传递的对等性）发挥的心理基础。② 同样，在文学作品侵权案件中，对于两部作品是否存在实质性相似应将相关读者的感受居于首要位置，因为相关读者的地位是在文学作品的价值和作者行使的排他权利中体现的，是作品与作者之间通信的重要角色，也是作品想要传递信息的最终目标。

专利法上对于专利侵权诉讼中的权利要求强调从“本领域普通技术人员”角度进行解释，并且明确了裁判要旨：“在专利授权确权案件中，应当以本领域技术人员在阅读权利要求书、说明书及附图后所理解的通常含义，界定权利要求的用语。”以“本领域普通技术人员”为解释主体和邻近度的检验息息相关。实践中，虽然权利要求书多为专利律师和专利代理人代为起草，但是从事技术开发、应用和设计的却是普通技术人员，从专利要求的解释主体和解释对象来看，普通技术人员与专利要求所要传递的信息之间具有最小的距离，是与专利规则邻近度最高的群体，该主体解释的过程中专利规则的适用精确度以及信息传导的有效性会得到提升。同样在对文学作品的相似程度进行判断时，对于可选择的主体视角标准，相关公众和实质性相似判断的结果最近，两者之间的邻近度最大。因为在文学作品侵权案件中，无论原告是为了保护自己的作品完整性还是为自己争取作品的获利市场，这些目的的实现都与相关读者相联系。因为相关读

---

① 《最高人民法院关于审理商标民事纠纷案件适用法律若干问题的解释》第八条：“相关公众是指具有一般的社会和生活经验、中等的智力水平和认识能力等的相关领域的普通公众，而不是该领域的专业人员，如具有高度的识别能力和谨慎习惯的人，也不是认知能力低于普通水平的人员，如粗心大意或者愚蠢的人。”

② 王太平：《论商标法中消费者的地位》，《知识产权》2011 年第 5 期。

者对于作者的作品有一定的关注度,也是市场消费者的一部分,作品的获利和相关读者贡献的市场份额成正比。所以相关读者最能接受邻近度的检验,是合适的主体选择。

(三)选择的价值基础

近代私法意义的著作权制度是在适应著作权市场需要的基础上产生的,其制度功能是通过对著作权人、传播者与社会公众之间的利益分配实现的。具体而言,著作权法赋予创作者一定期限的排他权,目的在于鼓励更多的作品被创作出来,满足公众的需要,而要实现该目的,应当保障已有作品的广泛传播,从而使权利人能够从中获取相应的利益。对于权利人而言,行使排他权只是工具,通过行使权利获得市场利益才是最终的目的。一方面,"相关读者"正是作者获得市场利益的关键,而相关读者对作品的需求是有限的,在文学作品的侵权案件中,如果读者从被告作品处取得了需求,那么对于原告作品的需求就会减少,原告作品的获利市场会被挤占。另一方面,作为文学财产,作者在其作品上倾注了个人心血和劳动,对于这种劳动进行奖励具有理论的正当性,因为它满足了相关读者的需求,文学作品的实质性相似判断引入"相关读者标准"才能直观体现作品对社会的价值以及赋予权利人排他权的重要性,也更符合著作权法激励创新的立法价值和目标。①

除上述原因外,"相关读者标准"的客观性以及包容程度更高。从客观性来说,"相关读者"是现实存在的,相较于其他主体而言可以更好地避免个人或法官的审美歧视②,其对作品价值的影响也反映在客观的市场份额上。从包容度来看,因为文学作品的目标读者并不是单一群体,而是多元群体,其常常和一般公众、法官、专家等身份

① [美]马克:《版权的起源》,杨明译,商务印书馆,2018,第3页。

② 梁志文:《版权法上的审美判断》,《法学家》2017年第6期。

混同，可以涵盖和包容这些对象，也可以兼顾实质性相似判断的规则简化和效率。

四、“相关读者”主体标准的司法适用

对于“相关读者”在实质性相似判断中所起的作用应当予以高度重视，如何将这一标准更好地融入司法审判案件中，使得法院的裁判规则更具方向性，判决结果更加合理妥当，值得进一步讨论。

（一）“相关读者”视角＋其他要素

在上面的分析中提到商标法与著作权法有很多的共通性，在两者都选择较为相似的拟制主体作为商标近似和作品实质性相似认定时，商标法中对于这一拟制主体明确且丰富的运用研究值得参考。

法院在对混淆性相似进行认定时采取的是相关公众视角，但是也会综合其他因素进行考量，因为没有一种主体可以预先阐明构成确定混淆可能性市场的所有因素。在多因素判断的过程中会综合考量原告商标的强度（显著性和知名度）、商标的相似性和类似性、被告意图以及实际混淆的证据等。① 从文学作品实质性相似认定的客观性、科学性以及信服度出发，在认定时也要考虑专家意见或者专业的鉴定机构意见以及作者的主观创作意图，考量这些因素尤其是专家意见可以有效补足“相关读者”不当扩大著作权保护范围的问题，专家判断便于抽离出文学作品中不受保护的思想和事实以及功能性问题。总的来说，“相关读者”是法官判定实质性相似时的主体标准，但是这和在具体的案件中针对涉案作品参考创作者意图、专家证言等证据并不冲突，相反，这些证据可以使法官的判决结果更准确。②

---

① 王太平：《商标侵权的判断标准：相似性与混淆可能性之关系》，《法学研究》2014年第6期。

② 袁锋：《论著作权法中的拟制主体》，《电子知识产权》2020年第12期。

(二)结合实质性相似判断方法

在商标法领域以“相关商品领域合理谨慎的消费者”为标准对商标或商品、服务进行相似性判断时,会综合运用“显著部分观察比较”和“整体观察比较”的方法。对文学作品的实质性相似认定时也应综合运用“抽象检测法(部分比较法)”“整体观感法(整体比较法)”。

抽象检测法是寻找“思想与表达”分界线的一种方法,由美国著名的汉德法官在“尼科尔诉环境电影公司案”中提出,该认定方法的理论基础是“思想与表达二分原则”,即对作品的构成元素(思想和表达)不断进行抽象、概括后形成一个区分“思想与表达”的临界点,超过这一临界点作品不再受保护。① 具体操作是将被告作品初步筛选为思想、表达,将不受保护的思想以及抽象出表达中的公有领域元素以及唯一表达过滤掉排除在外,最后将剩下部分与原告作品整体进行比较,如果仍有相似部分则构成实质性相似。“整体观感法”是指以一个普通的理性人对作品的整体感受来判断实质性相似与否,它在“抽象检测法”的基础上更加强调从整体上判断作品是否构成实质性相似,也更加强调作品受众主体的感受,由罗思案所创,美国第九巡回法院在著名的克罗夫案中将该方法称为“外部测试”。对两部文学作品实质性相似进行判断时,应该根据文学作品构成的要素,站在“相关读者”的角度,从细节和整体两方面进行观察和对比。

(三)“相关读者”意见的获取和采纳

实践中,有些文学作品会标注出适合观看和阅读的受众,但是大多数作品的创作者在创作过程中并没有预先设计好具体受众。相关读者并不是指作品的全部受众而是一部分主要受众,对这部分受众范围的确定可以结合作品形成的相关市场份额进行确定,将与市场对应的主要消费人群作为主要的“相关读者”。

---

① 王迁主编:《知识产权法教程》,中国人民大学出版社,2021,第87页。

对于“相关读者”意见的获取应该考虑实现成本和实现的可能性,不可否认将所有相关读者的意见进行搜集对于实质性相似的认定大有裨益,但是从现实来看实现可能性极低,因为“相关读者”中既包括实际消费人群也包括潜在的消费者。可以借鉴商标法中的做法采取抽样方式进行调查,为保证抽样过程的公开和公平性,建议委托专业的第三方机构对于有代表性的被调查对象(相关读者)进行作品间的相似度判断。在调查过程中注意对调查问题的设计,避免被调查对象知道两部作品所属的是原告方还是被告方。另外,还可以通过身份混同方式获取相关读者意见,即在案件审判法官与文学作品的相关读者发生身份混同的情况下:法官是涉案文学作品的消费者或潜在消费者。此时,裁判者的意见即可代表“相关读者”的意见。①

对于“相关读者”意见的采纳而言,我们首先要明确的是相关读者是实质性相似判断的主体标准,但是并不是裁判结果的做出者,裁判者是以“相关读者标准”给出最终裁判意见的人。对“相关读者”意见的抽样结果的采纳可以设置比例,比如在抽样的人群中如果超出30%的人觉得两部作品存在实质性相似可作为文学作品侵权的证据。另外,在身份混同情况下对相关读者意见的采纳必须和专家意见相结合,毕竟法官只是相关读者的一部分并不能代表全部相关读者。所以,为了避免代表性不足以及法官的审美偏见,最好结合专家意见保障实质性相似认定结果的客观性。

结语

实质性相似认定原则的开放性和非法定性导致实质性相似认定主体标准的模糊性。本文从文学类作品出发,结合法院对实质性相似认定的案例,在司法实践对实质性相似认定选择的主体标准中重

---

① 杨红军:《论著作权侵权判断主体的界定》,《东岳论丛》2020年第1期。

点阐述了“相关读者”作为实质性相似认定主体标准的合理性以及适用规范,并且尝试从邻近规则借鉴相关经验,以期为文学作品侵权案件中实质性相似的认定确定一个统一的主体标准,进一步提高司法解决的确定性,但对于在实践操作中的细节还需要进一步完善和检验。

人工智能生成物的权利归属问题研究

——以科斯定理为视角

邹晓玫[①] 孟庆灏[②]

一、人工智能生成物的权利归属亟待界定

人工智能又称 AI(Artificial Intelligence),是以人类逻辑思维的规律为研究对象,并依此创造具有相似智能的人工的系统,研究如何让基于计算机实体的程序去完成以往需要人的思维判断才能胜任的工作或行为的基本理论、方法和技术。[③] 人工智能随着计算机科技的发展不断进步。从最早将英语的"眼不见心不烦"翻译成俄语的"又聋又瞎"的人工智能翻译器,到 20 世纪 70 年代战胜国际象棋大师卡斯帕罗夫的人工智能"深蓝",到对矿藏资源进行估计与预测成功找到数亿美元矿藏的矿产勘探系统,再到仅仅数秒之内即可自动生成新闻稿件的"腾讯写作机器人"……人工智能不断在更多行业和领域体现出越来越大的价值,正如布雷特先生所说:"人工智能将重新定义人类的下一个时代。"[④]基于这样的价值考量,各国纷纷出台

---

① 邹晓玫,天津商业大学法学院副教授,法学博士。

② 孟庆灏,天津商业大学法学院硕士研究生。

③ 计效园:《单件化与智能化方法及其在铸造信息化中的应用》,华中科技大学博士学位论文,2013 年,第 67 页。

④ [美]布雷特·金、亚历克斯·莱特曼、JP. 兰加斯瓦米、安迪·拉克:《智能浪潮》,刘林德、冯斌、张百玲译,中信出版集团,2017,第 41 页。

人工智能相关政策。美国在2016年出台《国家人工智能研发战略计划》,并于2019年由特朗普政府更新。我国对人工智能的法律研究也从最初的简单技术规范逐渐深入到对人工智能机器和智能算法的规制,再进一步延伸到人工智能生成物的权利归属等更深层次且更具前瞻性的领域。

我国涉及人工智能生成物纠纷的首个案件于2018年末在北京互联网法院开庭审理,案件核心争议聚焦于人工智能生成物构成作品与否。虽然该案的裁判结果认为涉案文章内容不构成著作权上的作品,同时指出其相关内容亦不能自由使用,但这向我们展示了未来人工智能著作权保护法律图景,提示我们人工智能生成物问题不再是一个仅存在于学术领域的问题,而是已经成为一个充满社会需求和亟待解决的法律问题。而在这一法律问题中,重中之重即人工智能是否构成法律主体。在由此引发的研究热潮中,学者们从不同研究视角出发分别提出了人工智能生成物权利归属的投资者说、设计者(或生产者)说、使用者说和人工智能主体说等学说。其中投资者说、设计者(或生产者)说、使用者说等均基于传统的人工智能工具主义定位,因而主张者众;而采取相对激进立场的归属于人工智能本身的学说则支持者相对较少。本文并不想讨论人工智能是否应当构成法律意义上的主体,而是试图从科斯定理出发,通过对不同的权利归属模式进行法律经济学分析,比较其制度成本高低,从而为未来法律规制模式的选择提供另外一种参照性的考量维度。

二、法律确立权利归属的考量因素及其观点构造

在人类漫长的法律发展史中,任何一种新的社会事物出现时,都会引发法律世界对其法律性质和调整方式的广泛热议。而法律确立任何一种权利归属的诸多考量因素大体可归为三个大类:伦理应然性、规范可行性以及社会效用性。三要素相互依存,此消彼长,在不同历史时期和不同的理论框架中占据不同的角色地位。其中伦理应

然性通常是特定法律规制产生的出发点及基础影响因素，但某一法律若不符合规范可行性和社会效用性将是无法实施的。从法律历史发展的整体性进程来看，法律对特定事物的规制思路从单纯考虑伦理的应然性，到兼顾规范可行性和社会效用性，进而表现出在不违背前两者的基础上越来越重视社会效用性的趋势。

（一）法律确立权利归属的考量因素

1. 伦理正当性

所谓伦理正当性，即一件事物在其本身所处时代是符合社会一般伦理道德的。社会伦理是法律渊源的组成部分，人类社会中的伦理和习惯是法律的基石。正如恩格斯所言："在社会发展某个很早阶段产生了这样一种需要：把每天重复的生产、分配和交换产品的行为用一个共同规则概括起来，设法使个人服从生产和交换的一般条件。这个规则首先表现为习惯，后来便成了法律。"[①]法律应当在精神上体现伦理性。随着人类文明的不断发展，社会关系愈加复杂，人类对客观世界的认识加深，法律中的规范性和实效性等技术因素变得更加显著。这些变化使得伦理性相对于其他因素而言几乎是隐形的存在，但这只是将视野限于法律的一小部分之中。如果我们的眼光范围放大，放大至部门法甚至整个法律体系，将会发现伦理因素总是法律所遵循的重要因素，法律规范在整体上遵循着伦理的价值目标。即使社会因素对法律的伦理目的有一定影响，伦理上的正当性依然是法律合法性的重要来源和基础性条件。如果一个法律与社会伦理相悖，其造成的负面影响不仅是法律有效性的缺失，还将扩展到整个社会规范的崩塌和反人道的灾难，第二次世界大战时纳粹德国实行的纳粹法律所引发的种种历史灾难就是当法律缺失伦理标准时引发

① ［德］卡尔·马克思、弗里德里希·恩格斯：《马克思恩格斯选集》，中共中央马克思恩格斯列宁斯大林著作编译局编，人民出版社，1972，第538—539页。

灾难性后果最好的实例。可见,法律规范对社会伦理因素的充分考量,将有利于其社会执行效率和效果的实现。在法律确立某一特定权利归属的制度设计过程中,必然要求伦理正当性因素的考量,即在规范设计的理念和结果上体现或至少不违背所处时代的社会一般伦理标准。

2. 规范可行性

与伦理正当性不同,规范可行性是指特定法律制度与其身处的法律规范体系相适应,并可以产生与立法意图一致的实际作用的结果或状态。换句话说,就是该规范在法律体系中可以合理存在并顺畅运行的程度,既包括法理上的规范逻辑自洽也包括现实操作中的可接受性和可行性。法律规范只有在既有的社会结构、运行机制以及现有法律规范的基础上可以顺利运行,才可以实现其最终目的。因为法律的体系性要求法律规范应当有严格的结构和层次,每个居于其中的法律规范不仅发挥独特作用而且彼此联系,进而不同法律部门和法律制度构成紧密整体,不应有“无用”或“不可用”的法律规范。法律对权利归属的确认过程规范可行性因素同样不可或缺,体现为若一种权利归属规范与社会的现实条件适应性水平高,其规范目的方向上产生的作用大,那么就符合了规范可行性,是可以进一步确立的;相反,则有悖于规范可行性,是不可取的。

3. 社会效用性

法律规范所制定的目的,即在社会生活中被人们实际施行,使权利、义务内容得到普遍实现,使人们与法律规定的行为相一致,达到规范被实施和服从的状态。而这一状态的达到,不仅基于法律规范自身的规范可行性,还基于法律规范的社会效用性。社会效用性指的是社会存在与发展要合乎社会的理性原则、合乎基本理性人假设,即任何个体或群体的行为选择都倾向于以相对小的成本或代价去换取相对大的收益或相对好的行为效果。这里的效率优先是服务于社会利益的,目的是使社会利益最大化而不涉及运行效率。立法者在立法活动中通常会对法律法规的社会效用加以考察,以保证法律法规可使社会效率最大化,从而符合立法的社会效用性目标。对于确立权利归属而言,社会效用性同样重要。这是因为法律确立权利的归属往往有着数种方案,每一种权属方案所带来的社会收益和社会成本各不相同,故导致社会总效益不同,只有引入社会效用性比较标准,判别各种权属方案不同的社会效用,比较并确立社会效益最大的方案,才有可能制定出最具有社会效用性的法律规范,最终实现法律实效的最大化。

(二)三因素在人工智能生成物权利归属领域形成的主要观点

自从人工智能产品越来越多地出现在人们的日常生活中,关于人工智能体法律地位及其"行为"规制的讨论成为法学界的研究热点。随着人工智能体逐渐具备自主的深度学习能力,并日趋脱离人类的在场控制,逐渐进入原本仅有人类能胜任的"创作性"领域(如写诗、作画、撰写新闻稿件等),人工智能生成物的权利归属即成为法律世界不可回避的问题。在此问题上诸多学者基于伦理正当性和规范可行性进行了大量论述,但这些论述旨在提醒人们人工智能隐藏的危险性,而极少有着力于如何使人工智能最大程度造福人类,也极少有从不同权利归属方案的社会效用性角度来对可能性方案进行的讨论,这无疑使法律世界对人工智能生成物的权利归属问题的研究缺失了重要的一环。

1. 基于伦理正当性的讨论:两种观点分庭抗礼

在人工智能生成物的权利归属问题上,核心的规范争议焦点有二:其一,人工智能生成物是否能构成"作品";其二,如果能构成作品,其权利应当归属于人工智能体的投资者、设计者(或生产者)、使用者还是人工智能体本身?上述两问题又可归结为一个学界争论旷日持久且至今尚无定论的伦理正当性问题:人工智能是否有成为独立的法律主体的可能?目前,学者们对于人工智能获得法律主体地位持截然相反的两种态度。

否定论者从“理性”角度出发,认为人工智能拥有类似人类的智能,但是并未发展出人类理性,从而无法获得像自然人一般的法律主体资格。近代西方哲学创始人笛卡尔从理性主义认识论出发提出“我思故我在”①,开启了哲学研究向主体性哲学的转向,“我思故我在”使“自我意识”从幕后走向台前。康德通过对“我思”的探索,在两方面确立起人的主体地位:其一,在人与大自然的关系上,证明人是认知主体,具有为自然立法的能力;其二,在人与社会的关系上,康德提出人与其他生命体的区别在于人具有理性。② 他认为:“人虽然有着种种的感性欲望,但他并不由这些欲望决定,决定其行为的永远是理性,正因为这样,才能对人的行为进行道德评价。”③所以人具有双重性:一是生物性,作为具有血肉和欲望的动物,人与其他生物没有区别;二是理性,因此人成为自由的伦理主体,具有绝对的价值,而且本身即是目的。最终构建了“人是目的”的哲学理论,有理性是人类与其他生物的根本区别。人工智能不具有人类或者高度类似于人类的理性,因而不可能成为法律主体,更不可能独立享有其生成物上的权利。

肯定论者则认为人工智能所拥有的理性与人类是不一样的,如果单纯以人类理性作为标准将是武断的。把所有非自然人均排除在法律主体之外,显然是不合理也不符合人类法律进程的历史事实的。正如赫拉利所言,既然法律能认可公司这种既无身体也无心智的实体的法律主体地位,称之为“法人”,那么认可人工智能的法律主体资

---

① [法]笛卡尔:《谈谈方法》,王太庆译,商务印书馆,2000,第 27 页。

② 刘洪华:《论人工智能的法律地位》,《政治与法律》2019 年第 1 期。

③ [德]伊曼努尔·康德:《法的形而上学原理——权利的科学》,沈叔平译,商务印书馆,1991,第 131 页。

格也无不可。① 理性的评判标准不应是人类抽象的理性，而应当是外在决策和行动的理性。算法的发展以及对人脑机理认识的进步，使人工智能能够通过主动学习，在其未知的问题领域解决问题，转变了其仅能执行命令却没有不自主判断、决策的情况。学习能力的持有，使得人工智能只要处于可用数据资料充分的领域，几乎是全能的。又因为人工智能计算和处理信息能力远优于人类，人工智能在其工作应用领域中的决策与行动在同等条件下一定比人类更加符合理性。将人工智能生成物权利归属人工智能主体自身时，人工智能对于该权利进行利用的相关决策在理性方面甚至有可能优于人类自身。因而，赋予人工智能主体地位并使其成为"创作"作品的权利主体，并不必然违背伦理的正当性。

2. 基于规范可行性的讨论：法律拟制意义上的兼容可能

从规范可行性角度观察，法律将人工智能生成物的权利分配给人工智能体的投资者、设计者（或生产者）、使用者，都不会构成对原有法律规范体系的根本性挑战，唯有将其归于人工智能拟制主体自身这一方案在规范可行性上产生了一定程度的争议，主要集中于：其一，人工智能拟制为法律主体的可行性；其二，人工智能独立承担法律责任的可行性。首先，如前面所述，将人工智能生成物的权利归于人工智能本身并不违反法律运行，也并不触及法理伦理底线，这一方案是将人工智能生成物的权利归属于拟制法律主体的人工智能，与法律认可公司主体地位一样，没有威胁"人是目的"这一地位的危险性，符合认识论和康德哲学中关于"人是目的"的地位论断，并不必然产生所谓的理论障碍。其次，公司法人制度这一拟制法人制度在社会法律生活中的顺利运行、世界少数国家法律认定人工智能作为拟制法律主体的先行经验，为法律将人工智能生成物的权利分配给人

① ［以色列］尤瓦尔·赫拉利：《未来简史》，林俊宏译，中信出版社，2017，第 293 页。

工智能拟制主体自身这一方案有着良好现实运行可行性提供了有力证明。最后,在"不得危害人类"等算法原则的约束下,给予达到特定智能化程度的人工智能以法律主体地位并不会带来实际损害(至少在可预见的相当长一段时期内不会),同时可以通过设立公共风险基金的方式解决人工智能创造物的归属与人工智能所引起的损害赔偿责任承担问题。

基于上述讨论可以看出,对于人工智能生成物的权利归属问题,学者们从伦理正当性和规范可行性出发进行了深入探讨并提出了很多富有启发性的观点,但从社会效用角度研究该制度设计的合理性方案的成果却极少。对于人工智能生成物的法律确定权利归属因素而言,社会效用性因素是不可或缺的考量环节。人工智能生成物法律权利归属应当是从人工智能生成物的权利分配给不同主体的不同方案中选出最优方案,而不同方案有着不同的社会效益。制度设计方案的选择本质上是一个社会效益衡量问题。本文试图从制度经济学的研究视角出发,以科斯定理为具体的分析工具,比较不同的权利归属方案在社会成本意义上的优劣,从而为上述制度选择提供一个社会效应维度的参考路径。

三、科斯定理及其方法价值

从上面论述可以看出,对于人工智能生成物权利归属的制度设计方案的选择,本质上是一个社会效益衡量问题,落入制度经济学的研究范围。但交易成本的存在本身是对于古典经济学中"零交易成本"这一美梦的打破,所以基于零交易成本的制度经济学显然无法解决问题,可能性路径基于存在交易成本的现实世界研究问题的新制度经济学中。而其中核心的部分即交易成本理论则来自科斯定理。本文对于人工智能生成物法律权利归属问题的讨论将基于科斯定理的运用。虽然将科斯定理作为问题解决的路径,但对于科斯定理内涵的理解学界至今有较大争议。无论是对科斯定理的支持还是批判都有对科斯定理内涵的定义不清,有必要予以厘定。

（一）波斯纳对于科斯定理的误读

波斯纳法官是法律经济学的奠基式人物,他对科斯定理的误解使得许多法律经济学的学者陷入了错误。波斯纳法官对于科斯定理的误解主要可分为两个方面:

1. 对于科斯定理本身讨论重点的忽视

科斯定理并不是科斯自己明确撰写的,而是由斯蒂格勒对科斯著作《企业、市场与法律》中《社会成本问题》一文中三段主要文字进行提炼而总结出的。[①] 这样就埋下了一个隐患,如果不回归科斯在其作品中的原意,就会由读者的主观意志所牵引从而造成对于科斯定理的误解,波斯纳法官对于科斯定理的理解就是如此。科斯定理是对《社会成本问题》的概括,主要有两部分内容:基于零交易成本和存在交易成本两种假设。科斯首创的“零成本交易”本质上是新古典经济学隐含的基础性假设。在零交易成本的前提下,产值最大化在经济领域是必然的,无须法律在内的各种社会规范进行初始权利配置。科斯的研究目的在于批判零交易成本缺陷,所以重点放在存在交易成本情形下的讨论即科斯第二定理上。证据在于科斯曾回应过这种误解:“零交易费用的世界已常常被说成是科斯世界。真理多走半步往往会变成谬误。科斯世界正是我竭力说服经济学家离开的现代经济学理论的世界。”[②]而波斯纳法官以及库特教授的理解重点基于零交易成本的新古典经济学,即科斯第一定理,导致他们只关注第一定理及其在高成本处的推论,而两者在法经济学的地位也使得学者们认为科斯第二定理只是从第一定理这一客观描述推出的规范命

---

① [美]罗纳德·哈里·科斯:《企业、市场与法律》,盛洪、陈郁译,格致出版社、上海三联书店、上海人民出版社,2009,第104页。

② [美]罗纳德·哈里·科斯:《企业、市场与法律》,盛洪、陈郁译,格致出版社、上海三联书店、上海人民出版社,2009,第169页。

题而予以忽视。

2. 对科斯定理部分推论的逻辑错误

波斯纳基于科斯第一定理做出了两个推论,一是科斯第二定理,二是在法律尽最大努力交易成本仍极高的领域,法律应通过将产权配置给对他来说价值最大的使用者,来模拟市场对于资源的分配。①笔者认为第二个推论其实犯了一个否定前件式的逻辑错误。科斯第一定理的逻辑表述:A(权利确定,无交易成本)→B(最终权利由最高出价者享有,资源实现有效配置)。而在否定前件错误后就成为上述波斯纳的第二个推论:A(权利确定,有交易成本)→B(最终权利不由最高出价者享有,资源没有实现有效配置②)。显然出于对现实世界存在交易成本的考虑,波斯纳基于上述逻辑得出第二个推论,但问题是交易成本的存在并不能证时市场配置资源无效,继而要求法律外部强制,所以其第二点推论不能被证明是正确的。

(二)科斯定理的真意

将波斯纳法官对于科斯定理的误读进行释清后,我们可以得出正交易成本的两个结论:“存在交易成本时,权利界定与初始分配导致不同效益的资源配置;而产权(法律)制度设置是优化资源配置的基础。”③科斯定理本质上是一种界权经济学,其主张与新古典经济学认为的理想世界不同。现实世界存在交易成本,它影响着我们对权利的配置和运用,应当将交易成本分析纳入制度经济学分析框架,由此出发讨论法律如何界定权利制定规则才能促进社会效益最大化。对于人工智能生成作品著作权归属这个问题,立法者基于科斯定理的交易成本分析框架,对不同权利分配方案的交易成本进行比

① [美]理查德·A. 波斯纳:《法律理论的前沿》,武欣、凌斌译,中国政法大学出版社,2003,第 6 页。

② 艾佳慧:《科斯定理还是波斯纳定理:法律经济学基础理论的混乱与澄清》,《法制与社会发展》2019 年第 1 期,第 129 页。

③ 程承坪:《理解科斯定理》,《学术月刊》2009 年第 4 期,第 57 页。

较，确立社会效用性最合理的方案作为法律规则，以降低与其相关的社会交易成本，最终达到这一领域社会效率最大化的目的。

四、科斯定理下人工智能生成物权属方案的交易成本比较

根据现有研究中涉及的法律规范设计，人工智能生成物的权利（为讨论方便，本文仅以人工智能机器“创作”的书画、诗歌等作品的著作权为例展开论述。这里讨论的著作权是包括署名、复制、使用、收益等各项权能在内的整体权利，暂不考虑各种权能在不同主体之间分离的情形）配置大致可以分为四种方案，即分配给人工智能投资者、设计者（或生产者）、使用者或人工智能本身。以科斯定理的视角，对四种情况所产生的社会交易成本进行分析，最终比较得出社会交易成本最低方案。

这里的交易成本具体包括：搜寻成本、信息成本、议价成本、决策成本、监督交易成本以及违约成本。为了便于计算和比对，本文将按照威廉姆森教授提出的分类方法，以交易达成为界点将其分为两大类：事前交易成本，包括搜寻成本、信息成本、议价成本和决策成本；事后交易成本，包括监督交易成本以及违约成本。[①] 为便于理解和讨论，我们设想一种场景：一位投资者投资了一位设计者所开发的作画机器人，某商城购买了该机器人并在商场中使用以招揽顾客。一位消费者在商场中看到并想要购买作画机器人所创作的画作。则其在市场中搜寻交易对象（明确卖方）的活动本身费用为搜寻成本（下文中用 A 表示），获得交易相关信息的费用为信息成本（下文中用 B 表示），与卖方就商品成交价格商议的费用为议价成本（下文中用 C 表示），进行交易相关决策与订立合同的费用为决策成本（下文中用 D 表示），以合同中标的标准监督交易对象是否依合约履行的费用为

---

① 林自强：《华人企业非洲直接投资绩效影响因素之研究》，暨南大学博士学位论文，2010 年，第 168 页。

监督成本(下文中用 E 表示),在交易完成后违约所付费用为违约成本(下文中用 F 表示),违约成本中包括重新磋商成本及诉讼成本,以上各成本不仅包括金钱还包括时间。

(一)人工智能生成物权利归属于使用者的交易成本分析

这种情形下,法律规范将人工智能所生成的作品著作权配置给人工智能的使用者。在著作权保护下的作品交易中的交易成本是由人工智能的使用者与作品交易相对方两个主体之间的交易成本决定的。在这种分配方案下:消费者想要购买机器人的画作,他需要在看到画作展览的商场中找到商场店员,然后向他询问画作是否出售及其价格,在对价格进行商议后确定购买,向商场支付价款后从店员那里接收画作。而在这一过程中产生的交易成本如下:

事前交易成本构成:当消费者在商场中寻找人工智能画作售卖的店员时,其搜寻交易对象活动本身将产生的时间与精力上的耗费,其属于搜寻成本,我们称之为 A0。在找到店员后,消费者需要通过对店员的询问或对方的主动介绍来获得有关画作的相关信息,获得信息的方式可能是语言上的也可能是通过阅读商品宣传单,在这一过程中产生的时间精力的耗费属于信息成本,设为 B0。在了解画作相关信息后,消费者为了取得自己理想中的价格,将和店员进行讨价还价,在这一过程中时间精力的耗费属于议价成本,我们称之为 C0。在议价结束后,消费者会思考自身需求与最终价格是否匹配,考虑是否以该价格购买,在决定购买后将向店员或指定银台交付钱款,而对方会开具发票作为交易凭证,这一过程实质上是交易的决策及合同的签订,产生的耗费属于决策成本,我们称之为 D0。

事后交易成本构成:消费者交付货款后,店员凭其出示的发票向其交付画作,而消费者需要检查交付货物是否符合合同目的,这一过程中产生的耗费是监督成本,我们称之为 E0。在收到画作后,如果消费者发现并非自己订立的合同意欲购买的画作,他就会向店员反映并与其商讨如何换购自己欲购买的商品,这其中的耗费是重新契约成本。在人工智能生成作品侵权受到起诉时,这其中的耗费为诉讼成本。由于重新缔约成本与诉讼成本都属于违约后产生的耗费,所以两者之和为违约成本,我们称之为 F0。

综上,在人工智能生成物权利归属于使用者情况下:交易成本 P0 = A0 + B0 + C0 + D0 + E0 + F0。

(二)人工智能生成物权利归属于设计者(或生产者)的交易成本分析

这种情形下法律规范将人工智能所生成的作品著作权配置给人工智能机器人的设计者(或生产者)。在著作权保护下的作品交易中的交易成本是由人工智能的设计者(或生产者)与作品购买者两个主体之间的交易成本决定的。在这种分配方案下:如果消费者想要购买机器人的画作,他需要在看到画作展览的商场中找到店员向他询问如何购买,通过店员找到智能机器人的设计者(或生产者),对价格进行商议后确定购买,在购买后从设计者那里接收画作。而在这一过程中产生的交易成本如下:

事前交易成本构成:此分配方案下,消费者不仅需要找到人工智能机器人的直接使用者,还需通过使用者找到背后的设计者(或生产者)这一实际权利人商议购买画作,相比使用者方案增加了一个寻找的过程,过程所需耗费必然较大,所以此方案下的搜寻成本 A1 大于 A0。在找到设计者(或生产者)后,消费者需要通过与其进行交流来获得有关画作的相关信息,但我们不能期待设计者(或生产者)像店员一样随时在商城等候顾客。两者无论采取线上还是线下交流磋商方式都会额外产生金钱支出和时间耗费,因此其信息成本必然大于使用者方案,即信息成本 B1 > B0。消费者与设计者(或生产者)议价过程相对于与店员议价没有显著区别,两者在议价成本上相当,即 C1 = C0。议价后消费者需要和设计者(或生产者)签订合同,无论是双方线下约见签订合同还是设计者(或生产者)委托商场与其签订合同,相较于使用者方案其过程更复杂,时间和金钱耗费更多,其决策成本 D1 > D0。

事后交易成本构成:消费者在对交付货物的检验中,相较于使用者方案货物和标准同一,所耗费的成本相当,即监督交易成本 E1 = E0。交易产生问题后,消费者与设计者(或生产者)重新契约及诉讼过程相较于与使用者进行同样过程没有显著区别,两者在违约成本上相当,即 F1 = F0。

综上,在人工智能生成物权利归属于设计者(或生产者)情况下:交易成本 P1 = A1 + B1 + C1 + D1 + E1 + F1。

(三)人工智能生成物权利归属于投资者的交易成本分析

这种情形下法律规范将人工智能所生成的作品著作权配置给出资制造人工智能机器人的投资者。在著作权保护下的作品交易中的交易成本是由人工智能的投资者与作品交易相对方两个主体之间的交易成本决定的。在这种分配方案下:如果消费者想要购买机器人的画作,他需要在看到画作展览的商场中找到店员向他询问如何购买,很可能需要通过店员找到智能机器人的设计者(或生产者),再通过设计者(或生产者)找到其投资者,与其对交易事项进行商议并购买,购买后从投资者那里获得画作。而在这一过程中产生的交易成本如下:

事前交易成本构成:此分配方案下,消费者不仅需要找到智能机器的设计者(或生产者),还需通过其找到背后的投资者这一实际著作权人商议购买,相比设计者(或生产者)方案增加了寻找投资者的过程,耗费必然大于设计者(或生产者)方案,故搜寻成本 A2 > A1。消费者与投资者交流画作信息过程中,我们同样不能期待投资者随时在商城等候,交流方式与效率将和投资者方案相同,所以信息成本 B2 = B1。消费者与投资者议价过程相较于前两种方案没有显著区别,故议价成本上相当,即 C2 = C1 = C0。在合同的签订上,投资者方案与设计者方案相同,需采取线下或委托的方式,故决策成本上相当,即 D2 = D1。

事后交易成本构成:交付货物的检验方面,投资者方案与前两种方案货物和标准同一,消费者在三种方案中所耗费的成本相当,即监督交易成本 E2 = E1 = E0。交易产生问题后,消费者与设计者(或生产者)重新契约及诉讼相较于前两种方案没有显著区别,三者在违约成本上相当,即 F2 = F1 = F0。

综上,在人工智能生成物权利归属于投资者情况下:交易成本 P2 = A2 + B2 + C2 + D2 + E2 + F2。

(四)人工智能生成物权利归属于人工智能的交易成本分析

这种权属方案是假设法律规范将人工智能拟制为法律主体,并将其生成的作品著作权赋予人工智能本身。在著作权保护下的人工智能生成物交易中的交易成本是由人工智能法律主体与作品购买方两个主体之间的交易费用决定的。在这种分配方案下:如果消费者想要购买机器人的画作,他直接向作画的机器人作者询问画作价格,对价格进行商议后确定购买,购买后直接从机器人手中接收画作。而在这一过程中产生的交易成本如下:

事前交易成本构成:消费者直接与作画的机器人作者交流,其所用时间比寻找店员还要短,故此方案下搜寻成本 A3 < A0。消费者需要通过对机器人的询问或通过其主动介绍来获得有关画作的相关信息,相较于自然人店员,机器人有着更快的思维运算能力和更加充足的数据库支持,机器人能基于数据库用多媒体方式给消费者更高效更全面的展示画作信息,此过程中时间与精力的耗费将低于使用者方案,即此方案下信息成本 B3 < B0。在议价方面,机器人将直接给出画作的售价,并不像与自然人主体议价一般需要在双方讨价还价后确定价格,故消费者时间精力的耗费将低于前三种方案,即此方案

下议价成本 C3 < C0。议价结束后,消费者可以直接与机器人订立合同并交付货款,机器人直接开具发票凭证,相较于使用者方案节省了向店员或寻找指定银台交付钱款和人工开具发票的时间成本,此方案下决策成本低于使用者方案,即 D3 < D0。

事后交易成本构成:消费者对交付货物的检验,相较于使用者方案货物与标准同一,所耗费的成本相当,即此方案下监督交易成本 E3 = E0。交易产生问题后,消费者可以在机器人上进行问题反馈与换购,无须与店员进行交流,在换购条件相同情况下,相较于使用者方案能更快进行换购,故此方案下重新缔约成本低于使用者方案中的缔约成本。若人工智能作品涉及侵犯他人著作权,由于将人工智能拟制为一种法律主体,则侵权责任首先由人工智能本身承担。本文认为在此种分配方案下应配合一种风险责任分担制度,在人工智能纯收益中首先扣除一部分用于侵权风险保险的投入,设立专用于人工智能机器人行为导致侵权的责任保险,主要目的是规避人工智能参与社会交往带来的不确定的侵权风险。这样在保险中约定的侵权责任出现,保险人在被保险人依法应对第三者负赔偿民事责任,在被提出赔偿要求时经过简单的合法性审查即可承担赔偿责任,此种制度的建立使得侵权损害关系双方无须付出漫长且高昂的诉讼成本。基于这一制度,人工智能权属方案下的诉讼成本将低于使用者方案。故此方案下的违约成本将低于使用者方案,即 F3 < F0。

综上,在人工智能生成物著作权归属于本身的情况下:交易成本 P3 = A3 + B3 + C3 + D3 + E3 + F3。

结论

通过对人工智能生成的作品著作权益分别赋予四类主体的四种情况进行细致的成本分析,我们将四种情形下交易成本进行横向比较可知:就搜寻成本而言,A3 < A0 < A1 < A2;就信息成本而言,B3 < B0 < B1 = B2;就议价成本而言,C3 < C0 = C1 = C2;就决策成本而言,

D3 < D0 < D1 < D2；就监督成本而言，四种方案成本相同 E3 = E0 = E1 = E2；就违约成本而言，F3 < F0 = F1 = F2。最终综合各成本构成来看，四种不同的权利初始配置情况下总交易成本关系为：P3 < P0 < P1 < P2。由此可以清楚地看到：当法律将人工智能生成作品的著作权益配置给人工智能主体时，社会为人工智能生成物在社会上的正常流转所支付的交易成本最低。从科斯定理的社会效益、福利最大化的角度来看，将人工智能拟制为法律主体并将其产生的作品著作权界定给人工智能是最符合社会效用性要求的选择。

法学界关于人工智能是否具有理性的激辩，至今为止也未能尘埃落定。也许确如吴汉东先生所言：机器人虽然具有相当智性，但不具有人之心性和灵性。① 但这并不必然妨碍法律将人工智能生成物的权利分配给人工智能拟制主体自身，这一方案不仅并不违背法律设定权利归属伦理正当性、规范可行性要求，而且在诸多方案中具备最高的社会效用性价值。在人工智能的外在行为能力达到足以参与正常社会交往的前提下，将人工智能生成物的权利赋予交易成本最低、社会效益最大的人工智能法律主体本身，也是一种具有可行性的备选方案。

---

① 吴汉东、张平、张晓津：《人工智能对知识产权法律保护的挑战》，《中国法律评论》2018 年第 2 期，第 3 页。

“公共地役权”制度适用于历史风貌建筑保护的合理性分析①

吕姝洁② 文 莉③

一、问题的提出

法律的稳定性与抽象性决定了现有法律体系的变动规律。一方面,相对稳定的成文法与变动的社会生活之间的矛盾必然产生法律的滞后;另一方面,抽象的成文法决定了制定法体系的开放性,对于需要赋予法律强制力保护的法律利益,以一定的方式纳入法律体系保护的范围之内。当人们对新生利益在既有法律体系下无法寻求到法律的保护时,国家会对亟须保护的利益予以法律上的认可。在民事领域中,新型民事权利的产生也需要经过复杂的认证过程,从漏洞弥补到法律解释,最后才是法律制定,“在类推适用、法律原则、侵权责任、习惯、自由裁量等现行法律体系的张力下无法得到充分保障时,才具有界定为新型民事权利、通过立法程序确认其作为法定权利的必要性”④。在论证一项新的利益是否需要制定法予以保护时,先从现有的法律体出发,在分析该利益纳入法律体系保护的必要的基

---

① 2018 年天津市哲学社会科学规划项目(TJFX18-009):文物保护所涉私法问题的研究。

② 吕姝洁,女,天津商业大学法学院副教授,法学博士,主要从事债权理论实务研究。

③ 文莉,女,天津商业大学法学院硕士研究生在读,主要从事民商事法学研究。

④ 姚宇:《新型民事权利的界限及其证成》,《学术交流》2016 年第 11 期。

础上,论证完善制定法的必要性。

被认定为历史风貌建筑①的不动产具有一定的观赏价值、研究价值和文化价值,是民族精神和民族文化的重要载体,属于社会的公共资源,其产生的精神利益应当属于全体社会成员。但很大一部分历史风貌建筑仍然处于使用中,由一定的单位、个人办公或居住,是所有权人重要的个人财产。在公共利益与个人利益双重价值之下,历史风貌建筑具有个人属性与公共属性,不再是普通的建筑物。承载着公共利益的个人所有的历史风貌建筑,在"私有所有权社会化"理论背景下,所有权人权利的行使必定受到公权力的制约。然而,"私有所有权社会化"并不意味着属于个人的财产可以视为"公物",仅以历史风貌建筑所有权人行使权利受到的限制,而认为其是公法上的标的物,应当容忍该物使用的理论,似乎并不能合理,也不能有效解决个人利益与公共利益之间的冲突。

从私法的角度来讲,其保护的权利在内涵与外延上呈开放的状态,当新的物质条件和语境出现时,人们对新生利益会诉诸法律,请求法律的确认与保护,当既有的民事权利体系无法供给时,会促使民法学者以新型民事权利为对象探求既有权利体系的发展。历史风貌建筑所有权人行使权利受到的限制,是为满足公众利益而对个人利益的限制,这一点与地役权制度的设立有相同之处。地役权制度产生之初,就是为"特定土地或特定人的便利而利用他人之物的权利"②。近现代以后,大陆法系国家和英美法系国家先后提出了"公

---

① 《天津市历史风貌建筑保护条例》将历史风貌建筑界定为:"建成50年以上的建筑,有下列情形之一的,可以确定为历史风貌建筑:(一)建筑样式、结构、施工工艺和工程技术等方面具有建筑艺术特色和科学价值;(二)反映本市历史文化和民俗传统,具有时代特色和地域特色;(三)具有异国建筑风格特点;(四)著名建筑师的代表作品;(五)在革命发展史上具有特殊纪念意义;(六)在产业发展史上具有代表性的作坊、商铺、厂房和仓库等;(七)名人故居;(八)其他具有特殊历史意义的建筑。"

② 周枏:《罗马法原论》(上),商务印书馆,1994,第360页。

共地役权”的概念,即为公共或地方利益设定的地役权。关于“公共地役权”制度,有学者认为,它并不是私法人上的权利,更不是地役权,仅从受役时之不动产的角度观察,具有“供役”负担,与私法上的地役权具有一定的相似性,其应当是公共地役关系。① 学者对“公共地役权”的定性一直有争议,大陆法系和英美法系关于此类地役权制度,也呈现出不同的立法模式。因此,本文以有效保护历史风貌建筑为目的,在分析公共地役权制度性质的基础上,论证我国为保护历史风貌建筑而设立公共地役权制度的合理性,以及我国设立的公共地役权的属性问题。

二、比较法上“公共役权”之权利属性

在公有制时期,土地是全体社员共同利用的,土地私有化后,仍需允许相邻土地所有人为了自己土地使用的需要,对相邻土地进行一定的利用。地役权是充分利用土地实现物权的权利,同时也是对私有物权的限制。随着城市的发展、人口的增加,城市的土地和空间都成为稀缺资源,这势必要求提高土地利用的强度和效率,使更多的人能够共享土地资源,法律也应当保护土地利用的强度和效率。现代法律开始从“对不动产所有权的保护”转向“对不动产利用的保护”层面。② “公共地役权”在有限限制不动产权利人权利的基础上,提高了不动产利用的效率,实现了不动产价值的最大化。无论是大陆法系还是英美法系,都先后制定类似的法律制度。

(一)意思自治下的美国文化遗产地役权制度

16 世纪英国发生圈地运动,农民不能再自由地在乡村土地上行走,而工业大革命进一步要求为铁路、运河和其他改善物设立受到法律保护的通行权。在上述情形影响下,有关地役权的各项法律规则

① 李遐桢:《我国地役权法律制度研究》,中国政法大学出版社,2014,第 239 页。

② 海尔穆特·库勒尔:《德国民法典的过去与现在》,孙宪宗译,法律出版社,1994,第 244 页。

产生,其中大部分规则后来都为美国法所继承。该制度在《美国财产法》中称为便役权①,之后《财产法第三次重述:役权》中建议将便役权以及类似的地役权和衡役权的规则进行重大改革,把三者统称为役权。英美地役权的设立,先取决于当事人的意图,法院也会考虑地役权设立时的具体情形,包括是否属于明示、默示及设立地役权的用途等。② 关于历史文化遗产的保护,在《第三次财产法重述:役权》中规定,可以设立"保存地役权",确定"保存地役权"是一种由慈善组织基于保存或保育目的而设立的地役权,目的是对财产的历史、建筑、考古或文化方面价值的保持。③

"保存地役权"是出于保护公共利益的需要而设立的地役权,其属性难免引起学界的讨论。1981 年,美国颁布了为保护自然资源等公共利益的《统一保护地役权法案》,在权利属性上将"保存地役权"界定为私权。"保存地役权"在美国的私权属性,是判例法国家的必然产物。只要经过法院认可,任何关于不动产的利益都可以成为财产权。美国的地役权,是指使用他人占有的不动产的非占有性权利。④ 法官发挥主观能动性,兼顾公平加以判决,为"保存地役权"的设定提供可能性。当司法实践认可这种形式的财产权益时,制定法基于对公共利益的保护,进一步规范"保存地役权"设立的形式、内容,即使有制定法的规范,"保存地役权"仍只需"依合同成立"便可设定,强调意思自治,权利的设定具有较大的灵活性,对许多期望保持私人产权的人来说,是极具吸引力的。土地或历史建筑的拥有人

---

① [美]约翰·G. 斯普兰克林:《美国财产法精解》,钟书峰译,北京大学出版社,2009,第 506 页。

② [美]约翰·G. 斯普兰克林:《美国财产法精解》,钟书峰译,北京大学出版社,2009,第 526 页。

③ The American Law Institut. *Restatement of the Law*, Third, Property (Servitudes). 1.6.

④ [美]约翰·G. 斯普兰克林:《美国财产法精解》,钟书峰译,北京大学出版社,2009,第 507 页。

和特定的保护组织或政府机构为实现遗产保护达成法定协议,供役地永久性出让部分权益并由此受到物业使用的限制。

当然,在“保存地役权”的性质问题上,英美国家学者也有认为是公权力的。持公权力说的学者认为,“保存地役权”是一个抽象的权力,是由政府作为公众代表,为了维护公共利益,以公权力的形式限制供役地人忍受某种负担。在“美国佩恩中心运输公司诉纽约市”中,佩恩公司的火车站大楼为“纪念建筑物”,禁止其改建。① 学者认为,该案中,由政府作为公众代表,为了维护公共利益,以公权力的形式限制供役地人权利的行使。② 关于“保存地役权”的性质,其私权属性很突出。

从“保存地役权”设立的形式、主体等方面来看,“保存地役权”很明显是一种私权的体现。协议双方在法律地位上平等,对协议的内容可以进行一定的协商,虽然协议签订的目的是保护文化遗产这一公共利益,但协议的目的并不影响其系私法上的合同。协议双方平等的地位,决定了协议的性质。从“保存地役权”内容来看,“保存地役权”在供役人不放弃所有权的前提下,对未来的土地开发进行限制,以保障社会公众或生态保护的需要,并使供役人可以获得在所得税、遗产税和赠予税上的减扣。在限制所有权人利益的同时,也保护了所有权人的利益。因此,从结果论的角度看,将“保存地役权”界定为一种私权,其优点也非常明显,可以满足土地权利人维持土地特征或历史价值的愿望,其私权属性也吸引了很多土地权利人。③ 该制

① Penn Cent. Transp. Co. v. New York City,438 U. S. 104(1978). pp. 136 ~138. 转引自李遐桢《我国地役权法律制度研究》,中国政法大学出版社,2014,第 239 页。

② Andrew Dana and Michael Ramsey,“Conversation Easements and the Common Law”,8 Stan. Envtl. L. J. 1(1989),p. 22. 转引自李遐桢《我国地役权法律制度研究》,中国政法大学出版社,2014,第 239 页。

③ 唐孝辉:《我国自然资源保护地役权制度构建》,吉林大学博士学位论文,2014 年,第 14 页。

度被加拿大、澳大利亚等国家采纳。采纳“保存地役权”概念的国家，多由一些专门的民间组织或基金会来负责与所有权人签订协议，就文化遗产设立“保存地役权”。协议签订后，所有权人在有限的范围内使用该不动产，而无力修缮该文化遗产的所有权人也可以得到政府的帮助。

（二）行政强制下的大陆法系“公共地役权”制度

在大陆法系国家涉及公共利益的地役权系“公共地役权”，是与英美法系“保存地役权”制度设立目的相似的制度。当然，在大陆法系国家，“公共地役权”制度也存在较大的争议，学界也没有形成权威的说法。从各国的立法来看，在法国，“公共地役权”被视为为公共或地方利益设定的地役权，《法国民法典》第650条规定：“为公共的或地方的利益所设定的地役权，得以沿通航河道的纤道、道路及其他公共工程或地方设施的建筑或修缮为标的。一切有关此种地役权的事宜，由法律及特定规章确定。”①从该定义可以看出，公共地役权适用于特定的领域，其中文化遗产的保护也是公共利益。其设立需基于法律或规章的规定，即“依法设立”，是典型的“行政地役权”。根据法律或规章的规定，文化遗产的所有权人权利的行使受到法律的限制。

在意大利，如果法律有特别规定的，可以设立地役权，是具有一定强制性的“公共地役权”。《意大利民法典》第1032条规定：“法律有规定的，土地的所有人有权在他人的土地上设立地役权；没有契约的，该地役权由判决设立。有法律特别规定的，行政机关也可以实施这一设立。”②国家因公共利益的需要，根据法律的规定，可以设定地役权，不动产所有权人或使用权人应当容忍这种不利益或负担，否则

① 弗朗索瓦·泰勒、菲利普·森勒尔：《法国财产法》，罗结珍译，中国法制出版社，2008，第1024页。

② 《意大利民法典》，费安玲、丁玫、张宓译，中国政法大学出版社，2004，第253页。

应当承担法律上不利的后果。在《德国民法典》中,地役权属于役权的一种。2001年制定的《俄罗斯联邦土地法典》中也规定了“公共地役权”制度,其设立依俄联邦、俄联邦主体和自治市组织的法律或其他规范性法律文件的规定而设立。设立前必须进行听证,同时要对私有财产主体进行一定的补偿。

在大陆法系国家,公共地役权主要是因为公共设施的建设和使用而制定的制度,旨在解决城市发展带来的新问题,如公用设施的建设、矿产资源的利用及日益严重的环境问题的解决等。从大陆法系各国关于公共地役权的立法来看,普遍认为,公共地役权是基于公共利益的需要而产生的,它牺牲了所有权人的利益,是法律在平衡公共利益与个人利益的基础上而规定的一项制度,且公共地役权的设立是出于保护公共利益的需要,其设立应当是无偿取得的。公共地役权法律关系中,实际享受益处的是社会公众,其不需要承担任何管理文化遗产的责任,行使公共地役权从而承担管理责任的是国家,文化遗产所有权人要承担所有权行使受限制的责任,国家与文化遗产所有权人分别为行政机关和相对人,所以公共地役权关系应定位为公法关系而非双方法律地位平等权利义务对等的私法上之法律关系。

三、两种制度之取舍——以历史风貌建筑的保护为基础

所有权人对历史风貌建筑的使用是对其物质意义上价值的使用,而对历史风貌建筑的保护是对其所体现的精神价值的保护,前者是个人的物质利益,后者是社会的公共利益。法律对历史风貌建筑使用的限制,是从其公共利益的角度出发,并没有过多考虑所有权人的个人利益。但关于历史风貌建筑的保护问题并不是一个单一的问题,是关于个人利益与公共利益平衡的问题。在制度设计上,关注个人利益和公共利益的制度,才是最为理想的保护历史风貌建筑的制度。评价英美法系和大陆法系两种制度,也应当从该角度出发。

(一)设立的目的是保护公共利益和个人利益

公共利益是高度抽象的概念,考量其价值必须以变迁中的社会

经济、政治、文化等社会因素为依据。对历史风貌建筑的保护,便是对文化的保护,旨在实现社会公共利益。在依法保护历史风貌建筑的背景下①,应将历史风貌建筑的保护纳入现有的法律体系中。我国制定的《中华人民共和国城乡规划法》(以下简称《城乡规划法》)、历史风貌建筑保护条例等,仅是一些原则性的规定或是对所有权人的使用行为进行条件或程序上的限制,这些较为"刚性"的立法,只注重公共利益的保护,忽略了个人利益的保护,难以实现对历史风貌建筑的可持续性保护。因此,以保护个人利益和公共利益为目的的立法,才是能够实现历史风貌建筑可持续性保护的立法。这一点也是评价公共地役权制度合理性的出发点。

在大陆法系,各国学说大多认为这种公共地役权并非民法上的地役权,是行政法或公法体系借用民法名词而已,是公法上一项独立的制度。"这种行政地役权究其实质,应视为一种行政机关依公共利益而对私人利益的剥夺、征用,属于一种类似征用私人财产的准征用行为。"②国家基于保护公共利益的目的,对个人的所有权进行法律上的限制,所有权人权利受到限制而得到的补偿,是基于法律的规定,所有权人并没有协商的余地。在物质上,所有权人得到的补偿不一定合理;在心理上,所有权人是基于行政管理而被动放弃自己的权利,积极性并不高。两种消极影响之下,文化遗产所有权并不能积极参与到文化遗产的保护中,文化遗产也不能得到有效的、及时的保护。就公法的性质而言,公法以强制性规范为主,不具有变通的特点,决定法律不能第一时间介入历史风貌的保护中,很难实现公共利益与所有权人个人利益之间的平衡。将涉及文物保护的"公共地役

① 法治是现代文明的基本特征之一,文物也是法治文明的重要见证和深厚滋养。推进国家治理体系和治理能力现代化,要实现党、国家、社会各项事务治理制度化、规范化、程序化,文物事业也不应例外。参见张舜玺《习近平文物事业法治思想研究》,《中国法学》2017 年第 4 期。

② 王利明:《物权法专题研究》(上),吉林人民出版社,2002,第 730 页。

权”的设定由公法进行调整,国家、社会不特定公众与不动产所有人之间充分协商的地位就无法保障,没有基于充分的协商,三方面的利益就不能真正平衡。

在英美法系国家,基于契约等法律行为而设定的“保存地役权”,可以是有偿的,也可以是无偿的,所有权人放弃自己权利的同时,可以进行一定的“讨价还价”,个人权利得到尊重与保护,有利于调动所有权人的积极性,鼓励更多的人参与到历史风貌建筑的保护中。私法强调意思自治,以当事人之间的自由协商为基础,保障的是当事人之间能充分表达自己的利益诉求。自由协商的各方,经过讨论,在衡量自己利益的基础上,作出最终的意思表示。该意思表示一旦作出,就具有强制性。平等的各方基于契约设定“保存地役权”,该权利的设定,在保护公共利益的基础上,也充分保护了个人利益。相较于大陆法系国家设定“公共地役权”的目的是保护公共利益而言,英美法系国家设定“保存地役权”的目的是保护公共利益和个人利益,后者实现了保护多方主体利益的目的,是较前者更为合理的一项制度。

(二)有效保护历史风貌建筑

亚当·斯密时代以来,经济学开始对法学进行渗透,随后产生了法律经济学这一学科,1973年波斯纳的《法律的经济分析》一书,奠定了法律经济学的地位。法律经济学在价值界定上,将效率的观念导入法律中,认为法的宗旨是以价值得以极大化的方式分配和使用资源。在评价法律制度及其功能和效果时,以实现经济效率为标准。权利并不限定于正义价值的实现,还意味着理性的效率价值的实现。在历史风貌建筑的保护过程中,能够最大程度、最有效地保护各方利益的制度,是评价其合理性的重要标准。

就其成本而言,协商的成本明显要低于强制的成本。对于单个的私主体来说,可能意味着流离失所、失去唯一的谋生手段,同时也埋下了社会不安定的隐患,国家在对无收入社会居民的安置或者社会秩序管理方面的公共支出必然会加大。如果公权力主体以实现公共利益为目的,通过牺牲一部分人利益的方式来满足社会公众的利益,这样可能增加了社会福祉的总量,但不能称之为实现公共利益。为多数人的利益而牺牲少数人的利益并不一定符合公平正义原则。地役权制度本是对个人权利进行限制的制度,会对一些利益构成"威胁",在其设立上,应当秉持其设立的初衷,如调节不动产的利用关系。无论是大陆法系的"公共地役权"制度还是英美法系的"保存地役权"制度,在本质上都是一种役权制度,其设立的目的是调节不动产的利用关系。在评价大陆法系"公共地役权"制度和英美法系"保存地役权"制度时,应当以哪种制度更能有效地调节不动产的利用关系为准。

大陆法系的"公共地役权"制度为保护文化遗产而设定时,必定以行政强制手段限制所有权人所有权的行使,限制的手段包括禁止改建、扩建,禁止买卖、抵押等,同时要求所有权人承担一定的修缮等义务。所有权人承担义务的同时,并未获得一定的利益,政府的补偿也是在有限的范围之内。虽然所有权人也是文化遗产所体现的公共利益的受益者之一,但相较其他受益者而言,所有权人明显承担了过多的义务。收益与付出的不成比例,导致所有权人缺乏配合的动力,会使保护文化遗产的效果显著降低。对于政府而言,尽管在此过程中处于主导地位,但是强制设定公共地役权也存在一定的成本,并非越多以强制手段设定公共地役权越好。相反,在减少行政强制的同时,弱化地方政府的主导作用,强化文化遗产所有权人的行为选择自由,那么就更容易满足文化遗产所有权人的目标。此外,通过法律、法规设定公共地役权制度,难以避开法律本身制定的滞后性这一问题,法律、法规的制定需要一定的时间,不可能永久性保护历史风貌建筑。可见,英美法系私法发生的"保存地役权"较大陆法系的"公共地役权"制度,在弱化行政强制手段的同时,调动了私主体的积极性,其有效性是显而易见的。

四、我国确定公共地役权制度的必要性及其路径选择

我国法律关于历史风貌建筑的保护主要是一些限制性条款,如《历史文化名城名镇名村保护条例》第二十四条、第二十八条的规定,禁止开山、开矿等破坏传统风格和历史风貌的活动,不得在历史街区进行新建、扩建活动等。立法的宗旨是保护历史风貌建筑,保护不特定多数人的利益。其中,也有关于禁止扩建、新建、拆除等活动的规定。① 无论是国家的关于历史风貌建筑保护的条例,还是地方的相关条例都不涉及公共地役权设定的问题。随着城市建筑的不断进行与完善,各种公共设施随处可见,为此制定了相关的法律、法规,主要适用于供电、通信、消防、市政等领域,要求土地的使用人或不动产的所有人、使用人负有容忍的义务,但这类制度既不是大陆法系的"公共地役权"制度,也不是英美法系的"保存地役权"制度。目前我国并没有关于公共地役权的立法,在司法实务中普遍将类似情形定性为相邻权,但相邻权并不足以涵盖公共地役权的内容,而公共地役权制度在保护历史风貌建筑方面的优势也很明显。为有效保护历史风貌建筑,应当确定公共地役权制度。

(一)制定公共地役权制度的必要性

单一的行政手段难以实现个人利益与公共利益的平衡,而具有

---

① 《历史文化名城名镇名村保护条例》第二十四条:"在历史文化名城、名镇、名村保护范围内禁止进行下列活动:(一)开山、采石、开矿等破坏传统格局和历史风貌的活动;(二)占用保护规划确定保留的园林绿地、河湖水系、道路等;(三)修建生产、储存爆炸性、易燃性、放射性、毒害性、腐蚀性物品的工厂、仓库等;(四)在历史建筑上刻划、涂污。"第二十八条:"在历史文化街区、名镇、名村核心保护范围内,不得进行新建、扩建活动。但是,新建、扩建必要的基础设施和公共服务设施除外。在历史文化街区、名镇、名村核心保护范围内,新建、扩建必要的基础设施和公共服务设施的,城市、县人民政府城乡规划主管部门核发建设工程规划许可证、乡村建设规划许可证前,应当征求同级文物主管部门的意见。在历史文化街区、名镇、名村核心保护范围内,拆除历史建筑以外的建筑物、构筑物或者其他设施的,应当经城市、县人民政府城乡规划主管部门会同同级文物主管部门批准。"

私法属性的“保存地役权”制度无论是在权利行使、保护、救济方面，对于涉及公共利益的历史文化遗产的保护都具有积极的作用。我国制定类似于“保存地役权”的公共地役权制度，可以弥补在历史风貌建筑保护相关立法上的不足。

其一，我国现有的制度在历史风貌建筑保护中存在不足。目前，关于历史风貌建筑保护的法律主要有《城乡规划法》《历史文化名城名镇名村保护条例》及地方历史风貌建筑保护条例。《城乡规划法》多系原则性规定，《历史文化名城名镇名村保护条例》多系禁止性规定，各地方的历史风貌建筑保护条例有一些操作性较强的规定。如《天津市历史风貌建筑保护条例》第三章“保护和利用”中规定了历史风貌建筑的所有权人、经营管理人和使用人保护的义务、保护的方式、保护资金的来源等内容。其中最为明显的问题是，所有权人、使用人承担了过多的保护义务，以及政府的行政管理内容太多。前者导致所有权人、使用人参与历史风貌建筑保护的积极性降低，后者导致政府参与历史风貌建筑保护的途径不明确。这两点在《历史文化名城名镇名村保护条例》和地方历史风貌建筑保护条例的立法中都有体现。而问题的根源在于，国家基于保护公共利益的需要，以行政强制的手段，强化政府的管理职能，却忽视了个人利益的保护。但历史风貌建筑的保护不仅涉及公共利益，也涉及个人利益，法律不能仅以保护公共利益为宗旨，这与现代的法治理念不符，容易在实践中产生激烈的社会矛盾。如果制定以私权形态存在的“公共地役权”制度，以协商的方式，可减少财产所有权人与公权力机关之间的冲突。任何人或组织在实施某一行为之前，都会事先对实施该行为要付出的代价以及获得收益进行考量，以期以尽可能小的代价获得尽可能多的利益。

其二，我国现有地役权制度不能用于保护历史风貌建筑。公共地役权的概念来源于传统的地役权制度，我国涉及地役权的相关法律仅限于《中华人民共和国物权法》(以下简称《物权法》)第十四章,其中涉及地役权的设立、消灭等内容,没有提出“公共地役权”的概念。一些特别立法中,有一些类似于公共地役权的规定,以公法的手段调节此类问题,如《电力设施保护条例》及其实施细则规定:“不得在电力线路保护区内兴建建筑物、构筑物等。”《中华人民共和国石油天然气管道保护法》对在一定范围内的土地使用行为和其他行为进行了限制。此类法律的强制性规定,只要基于公共利益的需要,或是为了公共设施的建设和安全等而使用他人土地,直接对不动产的使用进行限制,是强加给不动产所有人的义务,且不给予一定的补偿。与之前分析的能同时保护个人利益和公共利益的英美法系的“保存地役权”制度不同。如果仅在现有的制度上完善,从体系上来说,无法实现将公共地役权界定为特殊的地役权制度,更多的行政上的强制性手段,并不利于历史风貌建筑的保护。而《物权法》没有对公共地役权作出规定,公共地役权特殊的法权构造对公共利益的实现具有重要的制度意义,在历史风貌建筑的保护中,公共地役权具有不替代的优势,应当将其视为历史风貌建筑保护的一项重要制度。

(二)合理的“公共役权”制度有利于历史风貌建筑

20世纪中期,大部分地区的多数公共地役权采用了强制设立的模式,现在,尽管有些国家仍然采用公共地役权的强制设立,但这已经不再是公共地役权的主要设立方式。在美国的“保存地役权”制度中,土地或历史建筑的所有权人与特定的机构以实现文化遗产保护为目的签订协议,所有权人(供役权人)承诺保持标的物不改变形态,特定的机构(受役权人)获得地役权后将有权根据协议对该标的物进行限制和监控。当然,有学者否定制定公共地役权制度,国家对土地的使用不是通过创设地役权而是可以直接征收或征用。尽管土地使用权、承包权、租赁权等类似私人所有权的存在使得直接征收变得不那么容易,但是国家还是“超级用户”。[①] 这种观点一味扩大了公权力的行使范围,与《中华人民共和国民法总则》保护私权的立法理念相悖。我国在制定公共地役权制度时,应当综合考虑,结合我国现有的法律制度体系予以完善。

一是基于历史风貌建筑保护涉及个人利益与公共利益,公共地役权应当具有私权属性。因历史风貌建筑保护而设定的公共地役权制度,主要是对历史风貌建筑的权利人施加不作为义务,以此取得的役权。以合同的形式设立,使供役人通过协商的方式对设立的内容进行规定,较好地协调个人利益与公共利益。在保护历史风貌建筑所体现的公共利益的同时,尽可能将私人文物所有权限制控制在必要限度之内,给予权利受限制的私人文物所有权人以补偿并规定必要的法律救济措施,以实现所有权人权利与义务的平衡,进而调动私人文物所有权人参与历史风貌建筑保护的积极性。私法上的公共地役权制度中,财产权行使受限制的内容和程度以及补偿的数额标准以及方式等重要问题上能够达成一致,避免私产权利人在公共地役权设立及补偿标准等问题上与公权力机关完全无法达成一致的情况下公权力机关强行设立公共地役权等状况的发生。

二是应当在物权法地役权制度中规定公共地役权,将公共地役权制度视为一种特殊的地役权制度。从法史学的角度来讲,“任何人想了解法的当下情况,就必须同时考量它的在历史演进以及它对于未来的开放性。过往对于——在历史演变之——法的持续影响”[②]。地役权重要功能之一在于土地利用的调节,即通过土地所有人或土地使用人间的约定而发生的调节。近代以来,民法在地役权主体、客体范围、权利义务内容等方面都进行了变革。公共地役权产生的背

---

① 李安刚,张龙:《土地公有制度下的地役权问题探讨》,《当代法学》2002 年第 1 期。

② [德]卡尔·拉伦茨:《法学方法论》,陈爱娥译,商务印书馆,2016,第 73 页。

景是为文化遗产而由供役者永久性地出让部分权益并由此而受到物业使用的限制,及立法对私有财产保护的重视。其在权利设定模式上与传统地役权制度是一致的,是传统地役权制度发展的必然结果。因此,应当在《物权法》地役权制度中规定公共地役权,将为保护历史风貌建筑而设立的公共地役权制度作为地役权的特殊类型。其设立、行使包括救济等先以《物权法》的相关规定为依据,如《物权法》没有规定时,再进行补充性规定。如根据《物权法》第一百五十七条的规定:"设定地役权,当事人应当采取书面形式订立地役权合同。"因历史风貌建筑设定的公共地役权,由当事人采取书面形式订立公共地役权合同。此外,学界也一直探讨公共地役与传统地役权之间的关系,理清历史风貌建筑保护中设定公共地役权的法律性质,也有利于我国确定的公共地役权制度。

结语

因历史风貌建筑而设定公共地役权的目的是实现历史风貌建筑的保护,其核心是解决关于个人利益与公共利益之间的矛盾,与地役权制度一脉相承。但作为一种新型的财产权,其设立应当进行合理的论证与理论分析。理论界关于公共地役权的概念已经基本达成共识,但是公共地役权制度构建还未形成体系,也存在许多未解决的问题。① 为妥善处理历史风貌建筑所涉利益问题,应当加强对涉及历史风貌建筑衍生新型权利的研究。公共地役权作为一种特殊的物权类型,其本身有着太多的个性特征,特别是对其性质的认定,学界还存在很大的争议。所以,对于公共地役权相关理论的研究依然是紧迫而富有意义的。

---

① 在《第四届"新兴(新型)权利与法治中国"学术研讨会综述》中,孙悦提出,公共地役权引入的必要性、适用范围、与传统地役权的关系等都是公共地役权制度设立时需要考虑的问题。

论我国平台公司与网约车司机劳动关系之认定

才　圣[①]　马嘉唯[②]

一、问题的提出

共享经济的出现,为互联网技术的发展提供了加速器,并呈现出新的商业模式,以 Uber(优步)、滴滴为代表的平台经济已成为较为流行的出行模式,在给社会带来活力和就业动力的同时,也给大工业时代下产生的用工模式和劳动保障制度带来了诸多的考验。其中就包括了平台经济背景下的平台用工关系,尤其是网约车平台用工关系的认定问题。平台经济的发展,不仅产生了平台型企业这一新的形式,还产生了大量具有灵活就业特征的新的就业群体——平台从业者,从而使平台用工关系与传统的企业与从业者的关系相比发生了很大的变化。在互联网、大数据的时代背景下所产生的平台用工关系存在如下特征:

第一,平台用工关系具有显著的去固定化、去契约化的特征。平台与平台从业者之间不签订劳动合同,平台通过技术算法来引导平台从业者,使得从业者的工作时间、空间更加灵活和自主化、用工关系的多样化、职业生涯的零散化;平台与从业者之间的关系已经不仅

---

① 才圣,天津商业大学法学院讲师,法学博士。
② 马嘉唯,天津商业大学法学院硕士研究生。

是管理控制关系,平等性、自主性的因素也不断增强,在网约车领域,平台对劳动过程管控的同时,从业者亦拥有相当的工作自主选择权。

第二,平台用工的劳资关系定位模糊。目前平台从业者在各个国家的法律制度中普遍难以明确定位,且从平台对从业者责任承担方面考量,平台具有明显的“去雇主化”倾向。

第三,平台用工关系出现了界限认定不清、有所扩展的特征。目前,大量的网约车平台从业者是在没有“劳动者身份”的情形下接受互联网平台技术指令而工作,并且,网约车平台企业对平台从业者的管理已经跨越了传统的空间边界和雇佣边界而延伸到外部市场中,实践中,平台从业者多平台就业的事实,实际上是跨越了不同平台的边界,由此也给平台用工劳动关系的认定带来了一定的困难。①

故在网约车责任纠纷的法律实践中,必然会产生网约车平台与从业者关系认定的法律问题:平台经济中的网约车平台与司机之间应当认定为何种法律关系?二者是平等、合作的劳务关系?还是居间关系,还是传统意义上的劳动关系?而这恰恰是解决这类纠纷案件的前提,所以,需要我们进行较为细致的辨析和论证。

二、法律关系认定上的争议

网约车用工的核心是法律关系的认定问题,以及是否可以将其纳入传统劳动关系的认定标准的范围,仍值得探讨。

目前,我国的网约车运营模式分为两类:一类是重资产模式下的网约车平台;另一类是轻资产模式下的网约车平台。其中,重资产运营模式是车辆和司机都由平台公司来提供,由平台定期给司机发放工资并对车辆发生的损耗承担各种费用②,其中神州专车是典型的

---

① 参见陈微波《互联网平台用工关系治理的理论建构:三种理论视角的比较与反思》,《社会科学》2021年第10期。

② 参见彭倩文、曹大友《是劳动关系还是劳务关系?——以滴滴出行为例解析中国情境下互联网约租车平台的雇佣关系》,《中国人力资源开发》2016年第2期。

代表,神州专车的司机要进行统一的考核和严格的培训,并与神州专车签订劳动合同。因此对于这种运营模式顾名思义成立劳动关系。

而以滴滴出行为代表的轻资产运营模式是指车辆和司机都由私人提供,网约车平台在设备和人员方面的成本和税收就大大下降,这种模式在劳动关系认定方面存在较大的争议。① 从 2016 年开始,理论界与实务界对此问题开始关注并讨论至今,产生了两种相互对立的观点:

其一,认为这种运营模式下的网约车平台与司机之间不构成劳动关系。有学者认为网约车司机可以根据自己的自愿性决定工作的时间、路线和是否接单,司机对平台的人身从属性较弱,不符合劳动关系认定的判断标准。② 有的研究者认为“私家车 + 私家车车主”运营模式下网约车平台的法律地位为运输合同的中间商,即促成乘客与汽车租赁公司、劳务派遣公司交易的居间人。③ 因为在网约专车、快车模式下私家车车主对于网约车平台公司没有很强的人身和财产依附性,平台公司和私家车车主之间的法律关系更倾向于挂靠关系。而顺风车模式下,平台公司提供的不是传统的运输服务,而仅是提供乘车信息的媒介,作为司机和顾客之间提供乘车服务的信息平台,故平台与顺风车车主之间成立居间关系。④ 还有学者认为这种模式下司机与平台之间属于承揽关系。首先,网约车平台一方面会适度监督司机的运输服务状况,并给予协助,但其并不干涉司机决定线路和拼车等行车方式的自主选择权。其次,网约车司机自己提供设备(车

① 参见彭倩文、曹大友《是劳动关系还是劳务关系?——以滴滴出行为例解析中国情境下互联网约租车平台的雇佣关系》,《中国人力资源开发》2016 年第 2 期。

② 参见李雅男《网约车平台法律地位再定位与责任承担》,《河北法学》2018 年第 7 期。

③ 参见侯登华《共享经济下网络平台的法律地位——以网约车为研究对象》,《政法论坛》2017 年第 1 期。

④ 参见胡洁群《网约车司机用工关系认定研究》,《法制与经济》2019 年第 11 期。

辆)并承担维修保养费用,属于承担材料价格和应对路上突发状况以及任务完成前的灾害风险。最后,网约车平台与司机之间达成承揽合同,由司机按照合同的约定自行完成运输任务,并且不得随意转让自己的服务身份,也不得由他人代理完成。故符合严格意义上的承揽关系。①

实践中如北京发生的快车司机、专车司机引发的劳动争议仲裁,司机请求确认其与网约车平台之间成立劳动关系。仲裁委经过审理后认为,双方在管理上较为松散。此外,快车或专车司机出行不受平台的严格限制,比如在时间和地点方面,甚至有的专车司机都不知晓公司的具体位置和管理他的上司,平台公司也不会按照统一的标准对其进行相应的培训和考核,故否认双方之间存在"从属性",即不构成劳动关系。②

其二,认为"私家车 + 私家车主"运营模式下的网约车平台与司机之间成立劳动关系。有学者认为虽然现在共享经济下网络平台用工模式的确给传统劳动关系认定标准带来了不小的挑战,但是若要从认定劳动关系的本质"从属性"出发,再脱去那些网络用工的外衣,究其内在,仍然存在着控制与被控制的因素,只是方式和手段方面发生了一些改变,但仍然具备传统劳动关系中"从属性"这一特质。③还有研究者也同意前述所说的劳动关系,并且网约车平台用工的人身从属性不但没有消失,反而更加严重。该观点指出,现在的平台用工从传统的雇主将员工置于特定的劳动场所,在固定的时间内劳动的方式转为使用科学技术来进行管理,不仅节约了成本,还提高了管

---

① 参见陈一新《网约车平台与驾驶员间法律关系厘定》,《天津法学》2017 年第 4 期。

② 参见苏庆华《纠结的关系——互联网 + 背景下的出租行业用工关系问题探析》,《中国人力资源开发》2015 年第 22 期。

③ 参见谢增毅《互联网平台用工劳动关系认定》,《社会科学文摘》2019 年第 2 期。

理的效率。所以传统劳动关系的认定标准仍然发挥着它的作用。① 实践中，北京二中院审理的司机代驾案，认定代驾行为是公司职务的一部分，司机符合“因执行工作任务造成他人损害”的情形，应由平台公司承担相应的侵权责任。② 另外，上海浦东新区法院也认定司机代驾属于履行职务的行为，由公司作为用人单位承担责任。③ 法院还在司法建议书中指出：制定行业准则，加强对代驾公司的监管。第一，严格审核代驾公司的资质，并进行备案登记。第二，要求代驾公司与司机签署劳动协议，明确双方的权利义务，从而解决法律关系认定上的困境。第三，严格把控代驾驾驶员的考核标准。第四，对代驾服务市场价格进行合理管控，禁止恶性竞争。④

可见，关于轻资产模式下，网约车平台与司机之间是否构成劳动关系，无论是在理论中还是在实践中都存在较大的争议，而关于这一问题的认定，还需要对我国劳动关系认定的法律依据进行深入的分析。

三、平台经济下劳动关系认定之辨析

目前，《中华人民共和国劳动法》与《中华人民共和国劳动合同法》都未对劳动关系的认定标准作出明确而详细的规定，司法实践中多以原劳动和社会保障部2005年颁布的《关于确立劳动关系有关事项的通知》为依据，其第一条中规定，在用人单位与劳动者没有签订书面劳动合同的情况下，具有法律、法规规定的劳动者身份，依据单位的规章制度从事劳动，接受单位管理并定期发放工资，此外劳动者实施的工作属于单位职务的组成部分的条件就成立劳动关系。

---

① 参见常凯《平台企业用工关系的性质特点及其法律规制》，《中国法律评论》2021年第4期。

② 参见北京市第二中级人民法院判决书，(2014)京二中民终字第07157号。

③ 参见上海市浦东新区人民法院判决书，(2014)浦民一初字第37776号。

④ 参见李峰《分享经济背景下劳动关系探析——以网约车为例》，《中国劳动》2017年第1期。

可见,劳动关系的认定在我国的司法实践中主要依据主体资格、人格从属性和经济从属性这三个判断因素。通说认为,从属性是劳动关系中基本的要素,因此,从属性也成为劳动合同中优先考虑的因素。由于实践中劳动关系的复杂多变,在法律上很难给出一个十分明确、具体的规定和判断方式。因此,各国立法对劳动关系的认定标准普遍以“从属性”为核心,建构一个相对抽象的概念和原则,为今后出现复杂的劳动关系认定提供较为合理的裁量空间。从比较法的视角来看,无论是美国“控制”标准或“经济现实”标准,还是德国“从属性”理论,其概念的规定都较为抽象,并给出了较多的考虑因素,从而使得法律概念富有较强的灵活性和适应性,同时为个案更恰当的审理提供了正当性。① 因此,其均强调将劳动者对雇主的人身依附性和雇主对劳动者的控制程度作为劳动关系认定的核心考量因素。

网约车平台这种用工模式与传统劳动用工的特征相比,的确呈现出一定的新颖性和独特性。这也是诸多学者和实务界判例否认其成立劳动关系的主要原因。然而,笔者认为就“私家车 + 私家车车主”模式下网约车平台与司机之间——特别是对于那些以从事网约车服务为主要职业或作为主要收入来源的司机群体而言——很可能依然未脱离“从属性”这一核心特质,具体表现在以下两个方面:

一是网约车平台外观上的宽松管理实则是内在的严格管控。在传统的劳动关系中,劳动者对雇主的人身依赖程度越高,被认定为劳动关系的可能性则越大。在互联网经济的大时代下,由于网络平台对劳动者的工作地点、工作时间的管控较为宽松,劳动者从事劳动的方式也就更为自由。因此有学者认为,企业平台这种“宽松”的管理方式不符合劳动关系的成立条件,故不能认定为二者之间成立劳动关系。从表面上看,互联网企业与劳动提供者之间的管控强度弱化

---

① 参见谢增毅《互联网平台用工劳动关系认定》,《社会科学文摘》2019 年第 2 期。

了,但实际上这种管控不但没有减弱反倒更加严格了。依靠传统的人力时时刻刻盯着雇员劳动的高成本手段已经被科技手段所代替,企业以此为抓手既可以提高对工作的管理效率,又可以节省大量的人力和物力成本。网约车司机虽然经常被认定为“独立承包人”,但是网约车平台依靠技术手段时刻管控着司机是否决定对其派单、如何对其进行星级评价,从而影响着他们获得工作的机会。所以,如果轻视平台对司机从事服务过程实质性的严格管理而只注重宽松传送服务信息的外在表象①,那么这种用工模式的实质性就被掩盖了,也即错失对该法律关系认定的这一关键因素。

在网约车行业,一旦驾驶员登录了接单的应用软件,平台公司会期待司机接受给其推送的每一单任务,虽然现在网约车平台对司机是否提供服务、服务时间、场所在表面上的控制力度已经大大下降,但是平台公司对司机拒绝接受系统派单、随意取消订单、私留号码、获得较差服务体验的评价等级等行为有较为严格的惩罚措施。此外,从平台系统提供订单信息到严格的线路规划再到乘客对司机服务质量评价的监督,都能看到平台对司机实施着间接控制。所以,司机掌控自我行程的可能性就会大大缩水。② 例如,“在美国以 Douglas O’Connor(道格拉斯·奥康纳)为首的司机诉 Uber(优步)公司案中,法院在判定时认为,虽然司机可以掌握自己的行程,但是 Uber 却是其工资收入的唯一发放者和最主要的管理者,Uber 独立规定费用标准并固定抽取每单 20% 的费用,司机对于这项格式条款没有谈判的权利,此为单向控制”③。所以,网约车平台企业在对影响劳动者

① 参见常凯、郑小静《雇佣关系还是合作关系?——互联网经济中用工关系性质辨析》,《中国人民大学学报》2019 年第 2 期。

② 参见常凯、郑小静《雇佣关系还是合作关系?——互联网经济中用工关系性质辨析》,《中国人民大学学报》2019 年第 2 期。

③ 常凯、郑小静:《雇佣关系还是合作关系?——互联网经济中用工关系性质辨析》,《中国人民大学学报》2019 年第 2 期。

劳动过程、工资状况、接单机会、绩效评定等重要因素方面依然发挥着很强的掌控作用,反过来,司机对平台的依赖性也不曾减弱。

二是网约车司机外观上的自主性实则是劳动从属性。一方面,从“经济从属性”的角度来看,当前的分享经济为大量的就业提供了蓬勃的生存空间,但是这些多为低技能、低学历、低门槛的工作。因此在没有高水准的入职要求的情况下,大量的同质劳动力就会充斥于劳动市场,所谓“以稠为贱”,即任一劳动者都易被他人替代。面对较大的生活和就业压力,平台从业者大都只能在当前工作中投入更多的时间和精力,来提高自己的竞争优势,进而更加依赖企业所提供给他们的工作机会和工资。因此,虽然平台提供了更多的就业灵活性,更加宽松的就业环境和用工关系的多重化,但是这也给劳动者的工作带来更多的不稳定性,造成劳动保障的缺乏,劳动者抵御风险的能力也在减弱,而这恰恰成了平台公司不担责的充分理由,并把这种责任推卸在劳动者身上。网约车平台用工实践中,较为灵活的用工模式在带来便利的同时也给司机带来了忧虑,面对相对不稳定的收入与随时都可能导致失业的风险,司机对网约车平台的经济依赖程度比传统的劳动用工关系还要高。有学者指出:“共享经济本质是劳动密集型经济”①,就是通过低成本的人力来实现经济利润的提高,网约车平台在这方面就更为突出。

此外,从“人格从属性”的角度来看,网约车平台用工不是将劳动者限制在固定的时间和空间内,而是通过网络界面呈现的方式引导司机和顾客按步骤推进行程、完成任务、结束交易。对于司机来说,其劳动过程基本由应用系统提前规划好,劳动者在平台上的任何操作都在互联网平台企业已经设定好的应用程序范围内完成。也即网

---

① 闻效益:《共享经济本质是劳动密集型经济》,澎湃新闻网,http://www.sohu.com/a/280985021_498982,2018 年 12 月 11 日。

约车平台企业时时刻刻都在对驾驶员下达着命令和工作指挥，司机只是在平台给定的规则下从事劳动，这套规则，笔者认为可以将其比作传统劳动关系中的“固定劳动场所”。可以说，互联网环境下的平台用工劳动比传统劳动用工的劳动者具有更强的人身依附性。

综上分析，网约车平台与司机之间，依然有可能符合劳动关系认定中的核心特质，即“从属性”，从而构成“劳动关系”。因此，司法实践中需要通过一些具体的要素，作为判定网约车司机与平台之间是否存在“从属性”，进而作为是否存在“劳动关系”的依据。

对此，首先应当摆脱传统劳动关系认定的固化标准——必须要求固定的工作场所，要求固定的工作时间和定期内给付报酬。用更为开放灵活的思维去判断这类关系的认定，那种将雇员置于固定的劳动场所已经被现代科技所代替，人类已经将最原始的管理方式升级为一种更高端的控制模式，不但节省了时间而且减少了资源的浪费，进一步使社会在有限的时间内取得更大的进步。互联网将世界变成了地球村，只需要一台电脑甚至是一部手机就可以了解到世界角角落落发生的一切，而劳动关系之所以会发生变化，是因为我们的时代在进步，人类在发展。因此，我们的认知和思维也应当与时俱变、应时而变。网络经济下，平台不仅对司机的行程和服务质量进行线上和线下的管理，还给予司机较大的自主性和灵活性，并根据自己的喜好决定工作时间和地点。这就类似于一个牵着线的风筝，风筝就是司机，而另一头——握着线的一方是平台公司，中间的线则是技术算法。平台所施行控制与管理的机制是，司机若按照平台的要求进行运营并且服务质量高，平台就会给司机更多的接单机会。若是相反的结果，则司机的接单机会将大大缩水，而这将直接影响司机的收入甚至生活。

所以，要认定二者之间构成劳动关系，一方面要看司机从事网约车服务行业的收入在其个人总收入的占比，若是网约车司机的收入是以从事该行业为主,那么就可以说明司机对网约车平台公司的经济依赖性是较强的。而另一方面要考虑的是,网约车司机从事运输服务的时间占据自己总工作时间的长短。若司机从事该行业的时间占据其绝大部分的个人工作时间,则说明司机对网约车平台的人身依附性是很强的。马克思曾指出,劳动关系的最根本特征是资本对雇佣劳动的剥削关系,生产过程中发挥决定性作用的是雇佣工人的劳动力。我们知道,平台虽然想要推卸责任认为自己只是一个提供信息的中间人,但是这种信息的提供将司机与平台紧密联系在一起,平台是通过司机的劳动而从中获得大量的利润,若平台从中无利可图,那平台公司绝不会创设这样的打车模式。

归根结底,司机在网约车平台的收入占比和工作时间,乃是其劳动关系认定中的重要考虑因素。

结语

目前,我国认定劳动关系的法律依据仅有三个条文,但是其指明了劳动关系的本质即“从属性”,无论劳动关系认定方面复杂到何种程度,其基本的特征——从属性是不会发生变化的。我们要从实质上把握劳动关系的从属性这一特征,避免被用工方式和手段方面的创新而蒙蔽。同时,将网约车司机收入来源的占比以及工作时长作为判断“从属性”的重要考虑因素。当司机收入的绝大多数都来自从事的网约车服务行业,其大部分的时间都用在该服务上时,司机对平台的人身从属性就愈发明显。

论民事一审普通程序独任制适用范围

娄 超① 冷可可②

2020年发起的繁简分流改革吹响了扩大独任制适用的号角，《民事诉讼程序繁简分流改革试点实施办法》（以下简称《实施办法》）扩大了独任制适用的范围。同时《最高人民法院发布民事诉讼程序繁简分流改革试点问答口径（一）》（以下简称《问答口径》）规定，试点法院要综合考虑案件性质、案由、标的额、当事人数量、疑难复杂程度、社会关注程度等因素，判断案件繁简难易程度，初步确定应当适用的审理程序和审判组织类型。但根据新修的《中华人民共和国民事诉讼法》（以下简称《民事诉讼法》）第四十条第二款的内容，此次修改并没有对审判组织适用的案件范围作出具体的规定。"繁简分流"改革欲将独任制扩大适用，以达到司法资源与司法需求合理有效配置的目的，其功效恐因民事案件适用独任制的类型不明确而大打折扣。

① 娄超，天津商业大学法学院讲师，法学博士。
② 冷可可，天津商业大学法学院2020级诉讼法专业硕士研究生。

一、独任制盲目扩大适用的弊端

自2020年1月15日最高法印发《实施办法》之日起,我国一审普通程序适用独任制审理的民事案件数量呈井喷式增长,2020年至2021年底,一审普通程序适用独任制的案件数量由零增至一万多件。① 一方面,这是繁简分流改革在审判组织改革领域取得的重大成果;另一方面,也为减轻地方"案多人少"的压力做出了有益探索。不过,笔者通过分析试点省份民事案件适用独任制的有关数据发现,独任制的扩大适用虽然得到了实务界的肯定,但《实施办法》中"探索基层人民法院可以由法官一人适用普通程序独任审理部分民事案件,明确适用独任制审理第一审普通程序案件的具体情形"这一要求并没有在《民事诉讼法》第四十条中得到回应。适用独任制审理的一审普通程序的案件类型没有具体情形的规定,这就容易导致实务界对不同案件类型适用何种审判组织形式的问题产生迷茫。笔者将通过试点过程中的一些数据表明扩大独任制适用改革过程中所呈现出的相同案件类型适用不同审判组织形式混乱的情形,以及可能带来的相应后果。

(一)盲目扩大独任制适用有损司法公信力

我国原有的"合议制为主,独任制为辅"的审判原则,主要受大陆法系国家崇尚合议制的影响。② 由于积案压力,简易程序的扩充适用成为必然,而简易程序捆绑独任制表面看进一步提升了司法资源的利用率,可是却排除了普通程序适用独任制的可能。《民事诉讼法》第四十条打破了这一局限,由于民诉法生效不久,且新修部分几乎与《试点办法》规定无异,笔者便以试点省份数据作为参照,结合最高人民法院官网公示的2020年及之前的案件审结情况(见表1、表2),对目前独任制在普通程序中的适用情况有直观反映。

---

① 数据来源:北大法宝。"以本案适用普通程序,由法官独任审理"为关键词进行搜索,截至2022年3月11日,共检索到10748篇裁判文书。

② 蔡彦敏:《断裂与修正:我国民事审判组织之嬗变》,《政法论坛》2014年第2期。

表1　2020年民事案件数据简表

2020年	案件总数(件)	普通程序独任制案件数量(件)	其余案件数量(件)
一审	13305873	7475	13298398
二审	1343485	3644	1339841
上诉率	10.09%	48.74%	10.07%

注:1. 上诉率＝二审案件数量/一审案件数量

2. 其余案件包括简易程序独任制和合议制案件

表2　2019年至今(2022年3月6日)民事案件数据简表

年份	一审案件总数(件)	二审改判案件总数(件)	改判率(%)
2019	13929634	169598	1.21
2020	13305873	172648	1.29
2020年至今(普通程序独任制适用情形)	5616	1606	28.5

注:改判率＝二审改判案件数量/一审案件数量

由表1可知,2020年民事案件的上诉率为10.09%,而进行繁简分流改革的若干省区的独任制案件的上诉率则高达48.74%;2019年和2020年民事案件改判率为1.2%左右。然而,历时两年的扩大独任制适用改革过程中适用独任制审理的民事案件的改判率则高达28.5%。据此看出,在一审普通程序采用独任制进行审理的案件中,当事人对审判结果的接受度要明显低于以往,案件裁判结果的可接受度明显低于简易程序独任制和普通程序合议制的形式。这大致可以归为以下几种原因:第一,由于司法传统惯用合议制形式,一审普通程序对独任制的贸然适用,加剧了当事人及其诉讼代理人对案件处理结果的不满;第二,审理法官由多人转换为一人,参与审判人数的骤降实质性降低了案件的处理水平,导致案件审判质量的下降,增加了上诉率;第三,案件繁简标准划分不明确,导致案件难易程度与独任法官能力不匹配。

无论是以上何种原因,抑或其他原因,盲目扩大独任制的适用,导致案件审判质量降低,案件上诉、改判比例提高,都会造成司法公信力的损失,也会降低繁简分流改革提升案件审结效率的功效。

(二)不同试点地区适用独任制的案件类型混乱

《实施办法》明确要求要根据案由等要素区分案件的难易程度以此匹配审判组织的类型,试点省份对此问题的探索反映出了若不区分民事案件类型而盲目对民事案件适用独任制,造成相同案件类型却适用不同审判组织的窘态,便有碍于我国"统一法律适用"的司法改革。对此,"北大法宝"根据案由将民事案件大致分为:人格权纠纷;婚姻、家庭纠纷;物权纠纷;合同、准合同纠纷;劳动争议、人事争议;海事海商纠纷;与公司、证券、保险、票据等有关的民事纠纷;侵权责任纠纷;知识产权与竞争纠纷等。表3是对试点过程中民事一审普通程序适用独任制的简要数据呈现。

表3 试点各省不同类型民事案件数量① 单位:件

省份 类型	合同	劳动	婚姻	物权	知产	人格	公司	侵权	海事
北京	96	10	9	7		5	5	2	
上海	1004	65	17	30	16	6	28	10	
江苏	30	45	1	2	7	1	5	12	
浙江	21	1	2	11		1			

① 《实施办法》仅适用于北京、上海市辖区内中级人民法院、基层人民法院,南京、苏州、杭州、宁波、合肥、福州、厦门、济南、郑州、洛阳、武汉、广州、深圳、成都、贵阳、昆明、西安、银川市中级人民法院及其辖区内基层人民法院,北京、上海、广州知识产权法院,上海金融法院,北京、杭州、广州互联网法院。

续表

省份 类型	合同	劳动	婚姻	物权	知产	人格	公司	侵权	海事
安徽	432	135	6	1	9	4	28	6	
福建	424	9	8	14	5	1	4	42	
山东	146	7	1	2	8	1	12	14	
河南	210	1	26	8	4	17	20	15	
湖北	642	13	8	10	2	8	29	33	4
广东	3065	488	41	78	117	70			
四川	55				123	1	2	2	
贵州	63		16	14		2	1	26	
云南	1033	34	35	12		15	24	60	
陕西	281	8	5	17	3	2	21	18	
山西			1						
宁夏	164	24		20		8	7	2	

注:各类型民事案件均为简称。

表 4　各类型适用独任制审理的民事案件在试点省份的占比

省份 类型	合同	劳动	婚姻	物权	知产	人格	公司	侵权	海事	总数
北京	96	10	9	7		5	5	2		133
上海	1004	65	17	30	16	6	28	10		1162
江苏	30	45	1	2	7	1	5	12		93
浙江	21		1	2	11		1			42
安徽	432	135		6	1	9	4	28	6	623
福建	424	9	8	14	5	1	4	42		508
山东	146	7	1	2	8	1	12	14		203
河南	210	1	26	8	4	17	20	15		306
湖北	642	13	8	10	2	8	29	33	4	785

续表

省份 类型	合同	劳动	婚姻	物权	知产	人格	公司	侵权	海事	总数
广东	3065	488	41	78	117	70	157	162		4211
四川	55				123	1	2	2		219
贵州	63		16	14		2	1	26		122
云南	1033	34	35	12		15	24	60		1214
陕西	281	8	5	17	3	2	21	18		352
山西			1							1
宁夏	164	24		20		8	7	2		231
总数	7502	815	169	202	297	138	311	424	10	

通过对表3、表4进行数据分析可知,绝大多数试点省份中,合同、准合同纠纷占适用独任制审理案件数量的70%以上,但在江苏省、四川省试点过程中,合同、准合同类型占比却低于30%;另外关于知识产权与竞争纠纷类型的民事案件,四川省的占比高达56%,然而更多的则是不到5%,独任制适用的民事案件中不包含知识产权类型案件的省份也不在少数。婚姻家庭类纠纷在独任制适用问题上同样有较大分歧,整体看来,绝大多数的试点省份均涉及婚姻家庭类民事案件,不过占比均较低,少有占比超过10%的省份。另外,像浙江、安徽、四川这三个省份并没用对婚姻、家庭类民事案件适用独任制。另外,一些案件类型也都存在着独任制适用案件占比差异化严重的问题,这便很直接地反映出在扩大独任制适用的改革过程中,不同种类的民事案件独任制的适用存在很大分歧。这不得不归因于法院在案件繁简分流过程中,对独任制功能以及案件繁简程度的划分标准的理解存在偏差。案件繁简分流改革仅涉及14个省区,倘若独任制适用的案件类型仍不能得到明确,那么不仅我国目前"统一法律适用"的进程会受到更大的阻力,而且繁简分流改革力图以独任制的扩大

适用提高司法资源使用效率的目的恐不能得以实现。并且,如果独任制的不当扩大适用,将导致案件的上诉、发回重申、改判等的比例不断提高,这必定严重损害司法公正环境及司法形象。

二、一审普通程序独任制规范适用的论证基础

繁简分流改革对独任制的扩大适用无疑有助于对民事案件进行“轻重分离、快慢分道”。可是,不对独任制适用的案件类型进行限定,盲目扩大独任制适用势必影响繁简分流改革目的的实现。要明确独任制与合议制的功能定位,结合民事案件类型的特征,对案件类型进行难易划分,提高案件的审判质量,真正实现案件的难易程度与审判组织类型相匹配,提升案件审结效率。

(一)明确独任制与合议制的功能定位

独任制与合议制的适用问题是公正与效率命题项下的突出显现。早在2003年张晋红教授就指出我国的司法公正与司法效率的改革如同疑难杂症,司法信任危机与司法效率低下的问题同时存在。① 在我国后来的繁简分流改革中,独任制的扩大适用更被视为提升诉讼效率的“良药”,毕竟独任制相较于合议制对提升司法资源适用效率有着明显优势。往年司法实践中司空见惯的“形合实独”现象就是对基层审判人员为解决人案矛盾而变相扩大独任制适用范围的最好印证。但理论界更多的是洞察独任制与合议制不同功能价值的理性,独任制下的法官责任专一,审理程序快速高效且具有弹性,有利于降低司法成本;合议制下的法官能够集思广益、审慎周详,有助于实现事实认定与法律见解的正确性。② 姜世明教授一语中的,独任制比合议制明显具有效率优势,更适合快速解决一些简单的案件,合议制可以利用集团优势解决复杂的争议,得出更让人信服的结

---

① 张晋红:《民事诉讼独任制适用范围研究》,《广东社会科学》2004年第4期。
② 姜世明:《法院组织法》,中国台湾新学林出版股份有限公司,2014。

果。不仅如此,如果将视角放在具体的法官个人身上,一个出色的独任法官肯定胜过一个中等的合议庭。① 也有学者认为,合议制的适用可以减少司法腐败的发生,并且可以很好地预防法官专断。② 毋庸置疑,独任制与合议制各有其优势与不足,独任制更适用于简单案件的快速审理,合议制更适合对复杂案件的处理,以达到提高裁判正确率、提升司法公信力的效果。那么,在简单案件占绝大多数的基层法院中,扩大独任制的适用范围便成了情理之事。并且,有学者通过抽样调查发现,对基层法院审理的多数案情简单的民事案件来说,独任制与合议制的审判质量并没有太大的区别,改判发回率也基本一致。③

基于此,繁简分流改革扩大独任制的适用完全符合司法现状,改革过程中之所以还会出现独任制案件上诉率、改判率极高的现象,说明了试点法院对审判组织的功能定位不准确,没有对案件类型进行准确的划分并匹配适合的审判组织形式。为此,应该明确独任制作为快速审理案件的手段,匹配相对简易的案件,提高司法资源利用率;合议制发挥人数优势,提高疑难复杂案件的正确率。

(二)案件繁简程度可与审判组织相匹配

何为繁案?何为简案?关于此问题的理解具有多重标准。其中,程序烦琐能否被认定为繁案?程序繁杂势必会造成诉讼审理时间长,耗时久又是否会增加法官的办案难度?对事实问题和法律问题的不同见解是否又会造成法官的审理障碍?这些问题都是在认定案件难易程度时需要考虑的。笔者认为,在法律适用不存在分歧的前提下,仅是程序繁杂这一点并不足以说明案件会给独任法官造成

---

① [德]奥特马·尧厄尼希:《民事诉讼法》,周翠译注,法律出版社,2003,第39页。

② 蔡彦敏:《中美民事陪审制度比较研究——兼对中国民事诉讼简易程序扩大化趋向分析》,《学术研究》2003年第4期。

③ 陈莉:《"形合实独"的实践困局与制度转型——以基层法院的民事诉讼程序为对象》,《南京大学法律评论》2019年第1期。

难以逾越的障碍。就有学者对此持相同观点:以医疗纠纷为例,为查明医疗机构对患者诊疗是否存在过错、与患者损害结果是否具有因果关系等重要事实,有时要进行医疗损害鉴定。法官需在核对病历、确认检材(病历及影像学片、病理资料等)、选定鉴定机构、及时送检等程序性事项上花费较多时间。① 然而,针对医疗纠纷,德国通说则将医疗纠纷这一专业性极高的诉讼视为“事实或法律上具有特别困难”的案件,适用合议制审理。② 如果仅是程序琐碎和时间上的耗费,那么一类型的专业案件便不具有适用合议制的必要。可是以医疗纠纷、银行金融纠纷等为典型的专业案件,因其复杂的专业问题并不适宜交由独任法官审理。那么,《实施办法》中规定的“疑难复杂”的案件便应做缩小解释,至少在普通民商事案件中,只因为当事人请求或者案件性质导致的程序繁杂的情况并不是不适用独任制的理由。所以,案件的繁简程度要综合考虑目前我国法官的审理水平并结合案件本身所涉要素,判断案件对独任法官的审判工作是否造成了难以逾越的障碍。以重要或者繁简程度将案件进行分类以匹配对应的审判组织、审判程序与审判级别,是各国提升司法资源配置效率的通行做法。分类方式大致有三种类型:

第一,根据案件类型进行分类。如德国《民事诉讼法》第 348 条第一款规定一审民事案件原则上适用独任制,特定类型的案件适用合议制,这些案件主要是指银行金融、建筑交易、知识产权、信息技术等一些专业性强的案件。

第二,我国更多的则是根据案件的性质进行分类。典型的便是《实施办法》第十七条和《民事诉讼法》第四十二条规定的不得适用

① 何帆:《完善民事诉讼独任制适用范围应当把握的六个问题》,《人民法院报》2020 年 3 月 12 日第 005 版。

② 占善刚、曹影:《民事诉讼独任制扩张的制度逻辑与中国路径》,《内蒙古社会科学》2021 年第 5 期。

独任制审理的情形。①

第三,有学者指出可以根据案件的审理特性来判断该案适合何种审判组织形式。② 无论以上何种分类方式,都足以说明民事案件具有适用不同审判组织形式的内在规律,探究各类民事案件繁简程度划分标准的机理以匹配其对应的审判组织形式便是此次厘定独任制适用范围的关键。

(三)影响独任制适用的要素分类

我国民事诉讼法学界并无针对具体案件类型适用审判组织的先例,相同性质的案件适用相同的审判组织形式则是我国的惯常做法。为此,考虑到司法习惯及民事案件分类的复杂性,有必要按照共同要素对民事案件进行分类并匹配相应的审判组织类型。

通过上面简要分析,并结合业界对民事案件分类的通常做法,可以大致总结出一些影响案件类型的因素:①诉讼标的额;②所涉案件事实问题的专业性;③涉外因素;④是否具有原则性的指导意义;⑤社会影响;⑥涉案人数等。这些要素大致构成了影响案件适用何种审判组织形式的要素。下面是对以上可能存在分歧理解的要素进行的论证。

1. 诉讼标的额

诉讼标的额历来都是各国区分案件繁简程度的重要标准。有学者就认为诉讼标的额对于判断“事实和法律上的特别困难”并不具有决定性意义。③ 出于绝对公平的考虑,并不应该将诉讼标的额的大

---

① 基层人民法院审理的案件,具备下列情形之一的,应当依法组成合议庭,适用普通程序审理:(一)涉及国家利益、公共利益的;(二)涉及群体性纠纷,可能影响社会稳定的;(三)产生较大社会影响,人民群众广泛关注的;(四)新类型或者疑难复杂的;(五)与本院或者上级人民法院已经生效的类案判决可能发生冲突的;(六)发回重审的;(七)适用审判监督程序的;(八)第三人起诉请求改变或者撤销生效判决、裁定、调解书的;(九)其他不宜采用独任制的案件。

② 张蘁:《从粗放到精细——繁简分流系统化模式之构建》,《法律适用》2020年第9期。

③ 占善刚、曹影:《民事诉讼独任制扩张的制度逻辑与中国路径》,《内蒙古社会科学》2021年第5期。

小作为案件繁简程度的考量因素,大公司的大标的额案件适用更高的审级、充分的审判人员、烦琐严谨的审判程序,而市井小民的小标的额案件则是通过超简易独任审理的小额诉讼案件,表面上是有一种司法唯资本马首是瞻的观感。可是,在有限的司法资源面前,如果能够通过较少的人力物力资源保证简单案件的公正结案,反而投入较多的司法资源,这不仅增加了司法系统的负担,更是对那些需要更多审判资源投入的当事人的不公。从公共资源的公平分配角度看,金钱诉讼的成本和收益都比较单纯,其对于社会的价值主要以标的额为标准衡量,小额诉讼所占用的司法公共资源最多不能大于社会因此而挽回的经济损失。① 我国《民事事诉讼法》第一百六十五条关于小额诉讼程序的规定便是我国以诉讼标的额为标准,弹性适用小额程序,从而达到繁简分流、快慢分道的目的。诉讼标的额的大小一定程度上也证明了案件的繁简程度,若再辅之以其他参考要素,便可以为独任制适用范围的确定树立一个确定性、客观性的判别标准。

2. 所涉案件事实问题的专业性

案件事实问题的专业性势必影响着法官审理民事案件的难度。法官是法律适用问题上的佼佼者,可是涉及其他领域的专业事实问题的判断,则明显不如该领域的专业人员。根据德国《民事诉讼法》第 348 条第 1 款规定,特定类型案件不得适用独任制,其中主要包括银行金融、建筑交易、知识产权、信息技术等专业性、技术性较强的案件。以上类型的案件对德国基层法院法官独任审理具有相当大的挑战性,合议制通过不同专业能力法官的组合,可以更高效、准确地解决专业案件的事实问题和法律问题。与此同时,对“事实或法律上的特别困难”的认定往往取决于案件的专业性,如医疗诉讼、特别困难的保证诉讼、需要大范围适用外国法的诉讼等。纯粹的某一个事实

① 傅郁林:《繁简分流与程序保障》,《法学研究》2003 年第 1 期。

上的问题,如建筑案件中计算上的困难则不能成为案件存在特别困难的理由。[①] 民事案件必然涉及法律问题和事实问题的判断,如何认定事实问题的判断是否为其他领域的专业问题则是划分该案件能否适用独任制的关键。试点过程中的数据表明,合同、准合同这一类型的纠纷适用独任制审理的比例普遍高于一审普通程序适用独任制案件总数的70%。可以说,合同、准合同纠纷适宜采用独任制审理已经取得实务界的共识。与公司、证券、保险、票据等有关的民事纠纷,知识产权与竞争纠纷,海事、海商纠纷,这三类纠纷由于具有明显的涉及多重专业领域的性质,少有试点省份对这几类型案件适用独任制审理。所以,面对不擅长的其他领域的专业问题,法官也并不情愿采用独任制审理,合议制群策群力的功能优势便可以显现。

3. 涉外因素

《民事诉讼法》第十九条规定的重大涉外案件由中级人民法院管辖,那么基层法院审理的普通的涉外案件,又该适用哪种审判组织形式?《实施办法》并没有将涉外因素列为排除独任制适用的情形,这显然不合理。语言文字和法律理解都存在障碍的情况下,通过将语言和不同法系的优势与其他专业法官组合而成的合议庭会更有利于案件的高效高质推进。试点过程中,极少出现海事、海商纠纷适用独任制审理的情形,其纠纷所涉领域复杂广泛,并常伴随多国、不同语言、不同法系等情况的出现,这便直观反映出实务界对涉外案件适用独任制的坚决抵制的态度。但有一点,在我国涉外水平较高的发达沿海地区,由于天然的地理优势,当地的基层法官并不缺少学习并适用常见的域外法规的经历,所以对于此类地区,普通的涉外案件对法官并不构成挑战,可适用独任制的范围显然更广。因此,涉外因素也必然影响独任制的适用,只不过不同的区域适用域外法律存在明显

---

① Stackmann. *Münchener Kommentar zur ZPO*, München: VerlagC. H. Beck, 2020.

的差别，在法律适用上可以因情况放宽适用，沿海发达地区大部分的涉外民商事案件依然可以适用独任制，相对闭塞的内陆地区则更多适用合议制审理。弹性的审判组织的适用方式，更有利于解决因司法资源不平衡而产生的案件审理难度等级不同的问题。

以上是对具有较大分歧的要素进行的分析，是否具有原则性的指导意义、案件的社会影响、涉案人数等都对案件的繁简程度造成影响。以是否具有原则性的指导意义为例，也就是说案件是否属于新类型或者法律适用存在分歧。对受理法官而言，此类案件不仅不能借鉴之前的审理经验，而且或可能成为某类型案件的指导性案例，所以也不可能草率交由一人独任审理。在此，合议制的一项至关重要的功能常常被我国司法界忽略，当司法需要承担起确定政策、创制规则 、维护秩序或司法审查的职能时，参与决策的法官的人数意味着代表不同群体利益或不同意见的人数可能增多，因而决策的结果可能更具有普遍性和正当性。[①] 而且，德国《民事诉讼法》第 348 条第 3 款也作出了同样的规定，由独任法官审理的案件一旦出现事实或法律上的特别困难、法律问题具有原则性意义、双方当事人一致申请适用合议制的情况，独任法官应将案件提交合议庭裁定是否对其进行接管。[②] 合议制对案件的审理更全面、更准确，从而更具有说服力，对具有原则性指导意义案件的处理便适宜采用多人的合议制进行审理。毋庸置疑，案件的社会影响程度、涉案人数等都影响着办案难度，只是需要对实际操作标准进一步细化。除以上对案件是否具有原则性指导意义的论证外，案件的社会影响、涉案人数等都对案件的繁简程度造成影响，也可以说，案件社会影响大、涉案人数多必然要适用合议制审理。

---

① 占善刚、曹影：《民事诉讼独任制扩张的制度逻辑与中国路径》，《内蒙古社会科学》2021 年第 5 期。

② Vorwerk. *Wolf. BeckOkZPO*, München: VerlagC. H. Beck, 2020.

三、厘定独任制适用范围的可行路径

繁简分流改革过程中所暴露出的问题表明了一审普通程序适用独任制仍需要进一步对案件分类、诉讼程序选用、当事人权利保障、法官选任等问题进行重新定位考量。但不可否认的是,一审普通程序适用独任制确实可行并带来了积极效果。在解决上述问题前,首先要解决的便是案件冗杂造成的法官结案压力大的问题,为此仍需沿用扩大独任制的基本思路,不过要对独任制的扩大适用的范围进行明确限定,并对案件类型根据难易程度进行划分,即基层法院受理的普通程序案件原则上适用独任法官审理,将确定为疑难复杂的案件类型采用合议制,或在审判过程中发现不适宜独任法官审理的,通过程序转换交由合议庭审理。

(一)确立独任制为主合议制为辅的原则

从长远来看,合议制度可能产生明智的决策,这不只是比较而言的优点。更要紧的是,这一论点表现了对合议制度这一集体决策机制能做出相对合理之判决的信心。① 然而,合议制的适用极其耗费司法资源。我国法治事业的进步阶段,民事案件的爆炸式增长,合议制为主的审判组织适用方式使得司法资源早已枯竭的我国出现了"形合实独"的窘态。独任制的效率优势迎合了目前的司法资源与司法需求不对等的问题。但独任制的功能预设不应简单等同于提升效率,而是应立足多元化的诉讼价值理念。② 独任制的价值并不只在于提升司法资源的使用效率,尊其根本,独任法官有相较于合议庭的功能优势,独任制法官责任专一且程序具有弹性。随着我国法官水平的不断提升,以往出于对法官能力不信任的考虑便可束之高阁。遵循基层人民法院审理的一审民事案件大多为简单的民事案件现

---

① 蔡彦敏:《断裂与修正:我国民事审判组织之嬗变》,《政法论坛》2014 年第 2 期。

② 陈琨:《扩大民事案件独任制适用范围的现实路径 ——基于 B 省近 3 年独任制适用情况的实践考察 》,《法律适用》2019 年第 15 期。

状,这便是我国基层法院民事案件以独任制为原则的基本条件。适用独任制优先并辅之以合议制以此确保案件的审判质量并保障当事人的合法权益,是我国司法提升审判效率并保证案件质量的可行路径。

如若基层法院审理适用简易程序和普通程序的一审民事案件均以独任制审理为原则,并明确列举不可独任审理的案件类型,再辅之以程序转换的方式救济当事人权利,便可在尊重案件本身对审判组织类型的有明确需求的前提下,有效提升司法资源的利用效率并纠正审理期间可能存在的独任制不能胜任案件审判的问题。

（二）明确排除独任制适用的案件范围

《实施办法》中要求要"明确适用独任制审理第一审普通程序案件的具体情形",若适用"独任制为主,合议制为辅"的审判组织适用模式,便可明确禁止适用独任制案件类型的"黑名单"。《民事诉讼法》第四十二条规定了六种适用合议制审理的情形,该条以案件性质为标准对民事案件适用不得适用独任制的情形进行归类。该条虽然属于开放式规定,但对基层法院受理一审民事案件选用何种审判组织类型并不具有实际操作意义。若采用独任制为主合议制为辅的审判组织适用方式,那么不得适用独任制的案件类型应做更加明确的限定。除《民事诉讼法》第四十二条使用的原则性列举的方式外,还应充分考虑本文第二部分第二节所论证之情形。根据表3、表4分析得出:人格权纠纷,物权纠纷,劳动争议、人事争议,与公司、证券、保险、票据等有关的民事纠纷,侵权责任纠纷,知识产权与竞争纠纷、海事海商等类型的案件,在试点过程中适用独任制比例极低,此几类案件或者属于人身权相关,或者属于专业性较高的案件,适用独任制不仅不会提升审判效率,反而有可能增加案件上诉率、发回改判率,影响司法公正并加大二审法院的压力,均不宜大范围适用独任制。除人格权纠纷、婚姻家庭继承纠纷涉及人身关系外,其余案件可针对案件类型特点依据诉讼标的额这一要素,对物权纠纷,劳动争议、人事争议,与公司、证券、保险、票据等有关的民事纠纷,侵权责任纠纷,知识产权与竞争纠纷、海事海商中诉讼标的额较大的案件适用合议制进行审理。审理过程中,要赋予当事人与审理法官对审判组织的适用提出异议权利,及时进行审判组织转换。

(三)列明排除独任制适用案件的分类要素

列明具有相同性质民事案件排除独任制适用,不仅是我国目前采用的做法,同样在其他法律文件中也曾多次采用此种方式列明独任制或者合议制的案件范围。该方法可以高效率的概括出大体的审判组织适用类型,是弥补明确列举排除独任制适用案件范围不精准的有效方法。《实施办法》第十七条、《民事诉讼法》第四十二条明确列举了排除独任制适用的范围,在一些其他法律性文件中,如《最高人民法院关于完善人民法院司法责任制的若干意见》第二十四条、《最高人民法院关于完善人民法院审判权力和责任清单的指导意见》第八条规定的应当纳入院庭长个案监督范围的"四类案件"类型、《最高人民法院关于人民法院深化"分调裁审"机制改革的意见》(以下简称《"分调裁审"意见》)第十三条等都采用了相近似的方式排除了独任制适用的案件范围。其中同样具有相同的分类要素,如:①涉及国家利益、公共利益的;②涉及群体性纠纷,可能影响社会稳定的;③产生较大社会影响,人民群众广泛关注的;④新类型或者疑难复杂的;⑤与本院或者上级人民法院已经生效的类案判决可能发生冲突的等。这些要素是各类法律文件公认的需要排除独任制适用的案件类型,笔者对此不持异议。但除了相同因素外,仍有部分要素分类是不同时期法律文件采用的具有特色的分类方式,如《"分调裁审"意见》中就规定与破产有关的案件、执行异议之诉、第三人撤销之诉等适用合议制审理。同样,上面分析提到的涉外案件、所涉案件事实专业性较高的案件,关于此类独特的案件分类在立案阶段就应着重审查是否适宜交由本院法官独任审理,其余案件便可直接无异议的采用独任制的审理方式,同时赋予独任法官相较于其他普通案件独任法官特有的审判组织转换方式,如独任法官一经异议便可直接交由合议庭审理。

结语

独任制的扩大适用是大势所趋,可是如何厘定适用独任制的案件范围仍是学术界亟待解决的问题,合议制为主以及将简易程序与独任制捆绑适用的司法惯性均是独任制扩大适用的障碍。但是,民事案件具有适用不同审判组织形式的内在规律,探究各类民事案件背后的机理以匹配其对应的审判组织形式才是真正实现案件“轻重分离、快慢分道”的有效途径。独任制扩大适用后的当事人的权利保障、审判程序转换问题及二审适用独任制的可能性是需要我们进一步关注的问题。

中国国际商事法庭仲、诉、调衔接机制完善路径探析

孙佳颖[①] 刘 庆[②]

近年来,国家明确提出要建立诉讼与调解、仲裁有机衔接的国际商事纠纷解决平台,形成便利、快捷、低成本的"一站式"国际商事纠纷多元化解决机制。2018年6月,最高人民法院公布的《最高人民法院关于设立国际商事法庭若干问题的规定》也进一步确定该意见,明确了组建国际商事专家委员会,并选定符合条件的国际商事调解机构、国际商事仲裁机构与国际商事法庭共同构建调解、仲裁、诉讼有机衔接的纠纷解决平台,形成"一站式"国际商事纠纷解决机制。可见,要形成"一站式"国际商事纠纷机制,做好国际商事法庭、国际商事仲裁机构和国际商事调解机构之间的衔接机制是极其重要的。因此,对中国国际商事法庭诉讼、仲裁和调解衔接机制完善路径的探析具有很大的实践意义。此外,对中国国际商事法庭诉讼、仲裁和调解衔接机制完善路径进行研究,也会在现有理论基础上进一步完善国际商事纠纷解决机制理论,为"一站式"国际商事纠纷机制提供制度和理论支撑。

---

① 孙佳颖,天津商业大学法学院讲师,法学博士。
② 刘庆,天津商业大学法学院硕士研究生。

一、我国衔接机制的发展

在对国际商事法庭诉讼、仲裁及调解衔接机制现状梳理前，先对国内普通法院诉讼与非诉讼衔接机制的研究进程及现状进行阐述，以便在了解我国诉讼与非诉讼衔接机制的发展历程和研究方向基础上，更好地探索中国国际商事法庭诉讼、仲裁及调解衔接机制的发展路径。

（一）多元化纠纷解决机制的发展

21 世纪初，随着社会经济体制的改革和发展，社会矛盾和纠纷不断增加，仅靠诉讼方式解决纠纷难以符合时代的需要。因此，学者们开始对代替性纠纷解决方式进行梳理和介绍，探究多元纠纷解决机制。代替性纠纷解决方式并非突然被提出，而是一直普遍存在于社会中的纠纷解决方式。正如范愉教授指出的，对于大多数中国人，甚至法学界来说，代替性纠纷解决方式（ADR）还是一个颇为生疏的概念；但如果提及调解，则几乎尽人皆知。① 此后，学者们对代替性纠纷解决方式进行研究，试图将非诉纠纷解决方式更好的引入到民事诉讼各领域。一些学者研究了农村民事纠纷的非诉讼解决机制，试图通过对诉讼外纠纷解决机制的研究，维护农村的稳定和进一步发展。② 也有学者探索环境污染③、体育④及医疗⑤等领域纠纷的诉讼外解决方式，寻找缓解司法资源的有限性和法官专业知识的局限性的机制。因此，非诉纠纷解决方式迅速发展，也逐步形成了多元的纠纷解决机制。

---

① 范愉：《代替性纠纷解决方式（ADR）研究——兼论多元化纠纷解决机制》，《法哲学与法社会学论丛》（郑永流主编），中国政治大学出版社，1999。

② 陈运生、田赞：《农村民事纠纷的非诉讼解决机制》，《湖南公安高等专科学校学报》2001 年第 3 期。

③ 李宇：《环境污染民事纠纷的诉讼外解决机制研究》，武汉大学学位论文，2005 年。

④ 张毅、钟惠燕：《论体育纠纷的替代性解决机制的构建》，《体育科技文献通报》2007 年第 6 期。

⑤ 王艳翚：《非诉讼纠纷解决机制在医患纠纷处理中的应用与完善》，《中华医院管理杂志》2007 年第 8 期。

(二)普通法院诉讼与非诉讼衔接机制的发展

随着多元纠纷解决机制的发展,诉讼与非诉讼衔接也出现了矛盾与不足。2009 年,最高法院与各相关行政主管部门、调解、仲裁等实务机构、社会团体和行业协会相互协作,制定发布了《最高人民法院关于健全诉讼与非诉讼衔接的矛盾纠纷解决机制的若干意见》(以下简称《衔接意见》)。《衔接意见》从四个方面对诉讼与非诉讼衔接机制进行完善,包括促进非诉讼纠纷解决机制的发展,完善诉讼活动中多方参与的调解机制,规范和完善司法确认程序以及建立健全工作机制。《衔接意见》使普通法院诉讼与非诉讼衔接矛盾从多方面得以完善,也为学者们研究诉讼与非诉讼衔接机制提供了思路。谭玲在对广东省诉讼与非诉讼衔接机制进行调研后,在《衔接意见》的基础上,从七个方面提出了完善建议。尤其在制度建设上,要完善非诉解决纠纷的规范化,要发挥审判权的引导性,明确司法确认的文书形式及审查标准。① 2010 年,《衔接意见》确立的司法确认制度被《中华人民共和国人民调解法》(以下简称《人民调解法》)认可吸收,上升为法律制度。2011 年 3 月,最高人民法院在充分征求基层法院的意见和试点的基础上,制定发布了《关于人民调解协议司法确认程序的若干规定》,初步建立了司法确认程序。这也提升了非诉讼纠纷解决机制的权威性,并进一步完善了诉讼与非诉讼衔接机制。在此基础上,学者范愉认为多元化纠纷解决机制的观念已深入人心。② 当时,《中华人民共和国民事诉讼法》(以下简称《民事诉讼法》)的修改已提上立法日程。在此背景下,范愉认为可以通过民诉法的修改,将诉讼与非诉讼衔接机制进一步完善。她针对相关问题提出了具体建

---

① 谭玲:《关于完善诉讼与非诉讼矛盾处理衔接机制的调研报告》,《法律适用》2010 年第 8 期。

② 范愉:《诉讼与非诉讼程序衔接的若干问题——以〈民事诉讼法〉的修改为切入点》,《法律适用》2011 年第 9 期。

议，主要包括非诉讼调解的前置、非诉讼调解协议的法律效力、非诉讼调解协议的司法确认及委托调解问题。在2012年《民事诉讼法》的修订中，确实增加了对非诉讼纠纷解决机制的规定。如王峥和曹尹清指出，2012新修订的《民事诉讼法》有多处修改涉及仲裁，反映了立法者响应理论和实务界多年来的呼吁，给予仲裁更大支持的动向，也为仲裁法律制度的进一步完善提供了良好的契机。此外，2012年修订后的《民事诉讼法》，首次以基本法的形式将先行调解制度确定下来。[①] 2015年，最高人民法院发布《确定多元化纠纷解决机制改革示范法院的决定》，加快推动了诉讼与非诉讼相衔接的纠纷解决机制改革。也有学者在此基础上对衔接机制提出新的构想，包括在明确法院在纠纷解决中的职能定位、案件类型化现行调解机制及完善司法确认方面等。[②]

（三）国际商事法庭诉讼、仲裁及调解衔接机制现状

国际商事法庭（CICC）成立后，为了更好地建立“一站式”国际商事纠纷解决平台，对国际商事法庭诉讼与非诉讼衔接机制进行研究是必要的。因国际商事法庭刚成立不久，学界关于国际商事法庭诉讼与非诉讼衔接机制的专门研究较少。目前，有关衔接机制主要规定于《最高人民法院国际商事法庭程序规则》《最高人民法院国际商事专家委员会工作规则》以及最高人民法院选定的国际商事仲裁机构和国际商事调解机构的规则中。虽然国际商事法庭注重推进构建诉讼与仲裁、调解程序有机结合的纠纷解决机制，但仍存在需要完善的地方。如冯汉桥认为现有CICC衔接机制在衔接机制的主体资格与职能、机制的衔接模式以及法庭对仲裁或调解的监督与救济三个

① 王峥、曹伊清：《仲裁与诉讼衔接机制研究》，《南通大学学报》（社会科学版）2016年第6期。

② 韦大志、马伟：《人民法院参与多元化纠纷解决机制相关问题研究——以诉与非诉解纷衔接机制的理性建构为视角》，《法律与生活》2017年第10期。

层面存在缺陷,并分别从该三个方面提出了完善建议。① 侯苑认为在国际商事法庭的仲、诉、调衔接机制在仲裁机制参与度及审前调解两方面还存在不足。②

二、完善衔接机制的必要性

(一)最高人民法院国际商事法庭成立

为深入贯彻国家有关精神,建立诉讼与调解、仲裁有机衔接的国际商事纠纷解决平台,形成便利、快捷、低成本的“一站式”国际商事纠纷多元化解决机制,2018年6月27日,最高人民法院公布了《最高人民法院关于设立国际商事法庭若干问题的规定》(以下简称《规定》)。《规定》明确最高人民法院国际商事法庭(以下简称国际商事法庭)支持当事人通过调解、仲裁、诉讼有机衔接的纠纷解决平台,选择其认为适宜的方式解决国际商事纠纷。2018年6月29日,最高人民法院宣布成立国际商事法庭,分三批任命了18名国际商事法庭法官,现有16名国际商事法庭法官。③《规定》明确了组建国际商事专家委员会,并选定符合条件的国际商事调解机构、国际商事仲裁机构与国际商事法庭共同构建调解、仲裁、诉讼有机衔接的纠纷解决平台,形成“一站式”国际商事纠纷解决机制。

(二)“一站式”国际商事纠纷解决平台初具雏形

2018年11月13日,最高人民法院办公厅发布《关于确定首批纳入“一站式”国际商事纠纷多元化解决机制的国际商事仲裁及调解机构的通知》。为尽快落实该平台的建设,该通知确定了首批纳入中国国际商事法庭“一站式”国际商事纠纷多元化解决机制的仲裁和调解机构,包括中国国际经济贸易仲裁委员会、中国海事仲裁委员会、北

---

① 冯汉桥、沈旦:《国际商事法庭诉讼与仲裁、调解衔接机制的完善》,《怀化学院学报》2020年第2期。

② 侯苑:《中国国际商事法庭仲诉调衔接机制研究》,苏州大学学位论文,2020年。

③ 最高人民法院国际商事法庭官网:http://cicc.court.gov.cn/html/1/218/321/323/index.html。

京仲裁委员会、上海国际经济贸易仲裁委员会、深圳国际仲裁院、中国国际贸易促进委员会调解中心、上海经贸商事调解中心,共五家仲裁机构和两家调解机构。这也使建设"一站式"国际商事纠纷解决平台的设想初步成为现实。

在中国国际商事法庭成立和"一站式"国际商事纠纷解决平台初具雏形的时代背景下,加强对国际商事法庭诉讼、仲裁及调解衔接机制的研究是必要的。在对衔接机制进行研究和梳理前,有必要深入探析衔接机制的完善路径。

三、国外衔接机制的发展路径

随着全球化进程的加快,国际商事纠纷不断增加,世界各地相继成立了国际商事法庭来解决国际商事争端。国际商事法庭越来越成为时代发展趋势。本文主要介绍英国国际商事法庭、迪拜国际金融中心法院及新加坡国际商事法庭,梳理其诉讼、仲裁和调解衔接机制的发展现状和衔接机制路径趋势,以便取其精华,去其糟粕,进一步探析中国国际商事法庭相关衔接机制的完善和发展路径。

(一)英国商事法庭

1895 年,英国商事法庭成立。它的成立是应伦敦金融城和商界的要求,尽可能地避免不熟悉商业惯例的法官或陪审团导致审判冗长而昂贵。英国商事法庭是由具有商业纠纷知识和经验的法官组成的法庭,能够快速、经济地裁决此类纠纷,提高商事纠纷的裁判效率。商事法庭曾处理和审理各种金融危机引发的沉重而复杂的诉讼,包括 20 世纪 80 年代和 90 年代初劳合社保险市场的问题,以及 2007—2008 年全球金融危机问题。据统计,商业法庭 75% 的工作是国际性的,且这种情况已经持续了至少 20 年。[①] 这也使得英国商事法庭是

---

① 英国商事法庭官网:https://www.judiciary.uk/you-and-the-judiciary/going-to-court/high-court/queens-bench-division/courts-of-the-queens-bench-division/commercial-court/about-us/。

比较有名的国际商事纠纷解决法庭。该商事法庭目前的工作包括银行和金融、航运、保险和再保险以及商品领域的商业纠纷的所有方面。1998 年《英国民事诉讼规则》对民事诉讼进行的许多改革,多年来一直给商事法庭提供实践和程序上的指导。因此,商事法庭的运转主要受《英国民事诉讼规则》第 58 部分的管辖。当然,《商事法庭指南》对于商事法庭如何进行诉讼也列出了详细的信息。

在诉讼与仲裁的衔接机制上,商事法庭是国际仲裁的主要监督法庭,在英格兰和威尔士都设有一个席位,处理为协助仲裁而发出的冻结令和其他救济、对仲裁裁决的质疑和裁决的执行,这是在国际商事法庭对国际商事仲裁的支持和保障。目前,我国也存在国际商事法庭对国际商事仲裁的支持和保障制度。如当事人在申请仲裁前或者仲裁程序开始后,可以向国际商事法庭申请证据、财产或者行为保全。由此可见,在处理国际商事纠纷中,坚持并继续完善国际商事法庭对国际仲裁的支持、保障和监督是国际商事法庭诉讼、仲裁衔接机制的发展趋势。

(二)迪拜国际金融中心法院

迪拜国际金融中心法院是根据当时的迪拜统治者阿勒马克图姆颁布的两项法律建立的。根据 2004 年第 12 号《迪拜法》建立了迪拜金融中心法院,描述了法院的管辖权,并规定了迪拜金融中心法院的独立司法权。迪拜国际金融中心 2004 年第 10 号法律对迪拜国际金融中心法院的权力、程序、职能和管理等进行了详细规定。[①] 阿联酋迪拜国际金融中心法院是独立的,采用普通法系的审判模式,但与阿联酋大陆法系的民事法律体系相辅相成。迪拜国际金融中心法院以英语为工作语言,解决国家、地区和世界范围内的商事和民事纠纷争端。

---

① 迪拜国际金融中心法院官网:https://www.difccourts.ae/about/difc-courts。

在诉讼、仲裁及调解衔接机制上，迪拜国际金融中心《法院规则》第二十七部分特别单独规定了替代性争端解决方式。迪拜国际金融中心法院在强调其作为审理民商事案件的主要法庭的角色的同时，鼓励各方考虑使用其他争端解决办法(包括但不限于仲裁和调解)作为解决争端或特定问题的替代手段。迪拜国际金融中心 2004 年第 10 号法律对仲裁也作出了单独规定。此外，学者冯汉桥提出借鉴迪拜国际金融中心法院的做法，将法院判决转化为仲裁裁决通过《纽约公约》在缔约国得到执行。① 对于该制度是否能真正解决域外执行问题，在此不作讨论。但对于中国国际商事法庭诉讼和仲裁衔接机制的完善而言，将诉讼—仲裁和仲裁—诉讼作为衔接机制中独立的两条路线进行完善和发展，是可以尝试的。

(三)新加坡商事法庭

2013 年，首席法官梅农首次提出设立新加坡国际商事法院(SICC)的想法，以便发展法律服务行业，扩大新加坡法律的国际化和出口范围。后经过专家对可行性研究论证并经过公众咨询，新加坡国际商事法院于 2015 年 1 月 5 日正式成立。②

在新加坡国际商事法庭成立前，新加坡国际商事仲裁中心被公认为是重要的仲裁中心，也是国际律师事务所以及东南亚和南亚跨国公司的法律顾问的选择基地。新加坡商事法庭是仲裁的伙伴，而不是竞争对手，因为它在寻求一套可行的解决跨国商业纠纷的备选方案中，为跨国商业当事人提供更多的选择。新加坡国际商事法庭的设立，使两个机构更好地发挥诉讼和仲裁在解决国际商事纠纷中的互补优势，使新加坡在全球法律服务领域的份额不断提高。

在诉讼、仲裁和调解衔接机制上，新加坡商事法庭规则中大量规

---

① 冯汉桥、沈旦:《国际商事法庭诉讼与仲裁、调解衔接机制的完善》,《怀化学院学报》2020 年第 2 期。

② 新加坡国际商事法庭官网:https://www.sicc.gov.sg/about - the - sicc。

定了替代性纠纷解决办法,这是诉讼与非诉讼纠纷解决方式的衔接。且该规则第28(11)专门单独规定了替代性纠纷解决办法,并要求诉讼的个案当事人必须考虑替代性纠纷解决办法。此外,在2016新加坡国际商事仲裁中心规则中,有一份关于仲裁与调解衔接的特别机制,即新加坡国际仲裁中心—新加坡国际调解中心"仲裁—调解—仲裁"议定书(以下简称AMA议定书)。AMA议定书意味着商事纠纷可以在仲裁与调解之间进行有效衔接,双方可以在新加坡国际仲裁中心发起仲裁之后,在新加坡国际调解中心进行善意调解,而任何在调解过程中达成的和解,都应告知仲裁庭,仲裁庭可以据此作出裁决。AMA议定书机制很好地将仲裁和调解衔接起来,减少了商事争端解决的时间成本。

从国际商事法庭衔接机制完善路径角度看,新加坡国际商事法庭相关衔接机制是以国际仲裁为核心进行的,这与新加坡国际仲裁在其国内处于领先地位有关。但在我国而言,我国致力于打造的"一站式"国际商事纠纷解决平台更倾向于以国际商事法庭为中心。因此,结合我国国情及衔接机制的发展现状,探析国际商事诉讼、仲裁及调解衔接机制完善路径时,应当突出国际商事法庭的中心地位。

四、中国衔接机制的完善路径

国际商事法庭诉讼、仲裁和调解衔接机制主要规定于《最高人民法院国际商事法庭程序规则》和《最高人民法院国际商事专家委员会工作规则》中。在国际商事法庭的衔接机制中,专门设立了案件管理办公室,负责接待当事人,受理和管理案件,协调诉讼与调解、仲裁等诉讼外纠纷解决方式的衔接。但在诉讼与调解、诉讼与仲裁及仲裁与调解的具体衔接机制上,还存在很多空白和有待完善的地方。在诉讼与调解的衔接上,存在审前调解程序规定,但对于诉中调解和诉前调解没有作出规定;存在委托调解的调解协议的司法确认程序，但对于非委托调解协议的司法确认没有作出规定，在当事人直接选择调解时，国际商事法庭没有相关衔接程序及法律支持。在诉讼与仲裁的衔接上，当事人在申请仲裁前或者仲裁程序开始后，可以向国际商事法庭申请证据、财产或者行为保全。但对于直接选择仲裁以及仲裁—诉讼的模式而言，目前还没有相关的法律衔接机制。

结合对中国国际商事法庭诉讼、仲裁及调解衔接机制现状的梳理，以及国外商事法庭相关衔接机制路径的启发，以下通过图 1 对我国国际商事法庭诉讼、仲裁及调解衔接机制完善路径进行探析。如图 1 所示，分别表示中国国际商事法庭对直接提起单独的国际商事仲裁和国际商事调解的法律支持和保障，如裁决书和调解书法律效力的司法确认及其执行。图 1 表示国际商事纠纷当事人先通过仲裁解决商事争端，后衔接或转化为通过诉讼解决争端；表示国际商事纠纷当事人先通过诉讼解决商事争端，后衔接或转化为通过仲裁解决争端，也即表示诉讼与仲裁两种争端解决方式的相互衔接和转化。同样，图 1 也表示诉讼与调解间的相互衔接和转化。目前，在程序上，国际商事法庭对仲裁有一定的支持和保障，如当事人在申请仲裁前或者仲裁程序开始后，可以向国际商事法庭申请证据、财产或者行为保全。国际商事法庭对调解的支持和保障上，没有直接调解方面的支持和保障，仅存在对委托调解的调解协议的司法确认程序，即在当事人进入国际商事法庭的程序后，可以选择委托国际商事专家委员会或国际商事法庭规定的调解机构进行调解，形成的调解协议具有法律效力。此外，在程序上，我国国际商事法庭没有相关规定。在程序上，存在在仲裁过程中转化为诉讼的规定，但有待完善，在诉讼—仲裁转化衔接方面则暂时没有规定。在程序上，存在在诉讼过程中转化为调解的规定，但有待完善，而对于调解—诉讼转化衔接方面则没有作出规定。

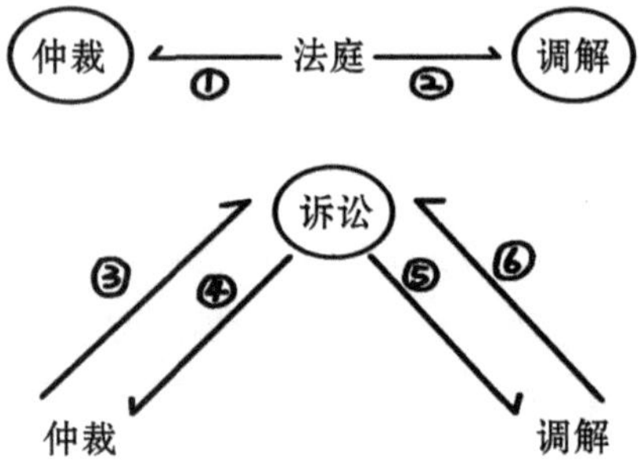

图 1　我国国际商事法庭诉讼、仲裁及调解衔接机制完善路径

总的来说,如图 1 所示,目前我国国际商事法庭诉讼、仲裁及调解衔接机制在上的衔接(法庭对直接仲裁的支持和保障、仲裁—诉讼衔接和诉讼—调解衔接),有待完善,在上的衔接(法庭对直接调解的支持和保障、诉讼—仲裁衔接和调解—诉讼衔接),较为空白。

总结

为深入贯彻落实国家关于争端解决机制等相关意见,中国国际商事法庭成立,诉讼与调解、仲裁有机衔接的国际商事纠纷解决平台开始建设。究其根本,都是为了形成便利、快捷、低成本的"一站式"国际商事纠纷多元化解决机制。其中,必然要对中国国际商事法庭仲、诉、调衔接机制进行完善和发展。本文主要对我国国际商事法庭仲、诉、调衔接机制完善路径进行探析,认为可以以国际商事法庭为中心,从直接仲裁、直接调解、诉讼—仲裁、诉讼—调解、仲裁—诉讼以及调解—诉讼,共六个路径进行完善和研究。通过对衔接机制路径进行探析,可以更系统地构建"一站式"国际商事纠纷解决平台相关衔接机制体系,形成便利、高效的衔接机制。

法律理论与法律方法

量刑决策过程中的三种情绪效应

艾 娟[①]

司法中的量刑决策是一种法律决策行为，同时也是一种社会决策行为。其社会属性主要体现在，量刑决策过程不可避免地会受到来自受害者、犯罪者以及司法审判决策者等诸多心理因素的影响，进而可能导致量刑决策过程产生一定的“偏差”。近年来，学界在影响量刑决策过程的心理因素研究专题中，尤其关注情绪所引发的量刑决策影响。依据目前此领域内研究的关注度和深入度，特对受害者的悲伤情绪、犯罪者的悔过情绪以及决策者的愤怒情绪对量刑决策过程的影响展开评论，以期促进司法实践领域的研究与反思。

一、受害者的悲伤情绪效应

受害者的悲伤情绪效应主要是指受害者以悲伤为主的负性情绪表达会影响对案件事实判断以及责任归因。比如，在性侵案件中，口头表达内容都一样的情况下，受害人声泪俱下要比克制情绪保持平静更让人相信其说辞可靠真实[②]；表现出负性情绪的儿童比镇静或

[①] 艾娟，天津商业大学法学院教授，博士。

[②] Hackett, L., Day, A., & Mohr, P. Expectancy violation and perceptions of rape victim credibility. *Legal & Criminological Psychology*, 2011, 13(2), 323 - 334.

者愤怒的儿童被认为更加可信真实①。受害者的悲伤情绪还会影响到司法对嫌疑人犯罪性质的判断与案件裁决②,受害者表现得越悲伤,犯罪者越倾向于受到更严重的惩罚③。

受害者悲伤情绪影响量刑决策主要有两种解释。其一是基于角色期望理论的解释。通常来讲,人们对受害者应该怎样表现存在一个"预期标准",即一种"受害者应该是什么样"的基本信念。如果受害者的行为方式与他们的期望不匹配,就会体验到较高水平的期望违背,受害者的可信度就会随之降低。相反,当期望匹配程度较高时,则更倾向于相信受害者所陈述的事件内容以及受害者所遭受的恶劣后果,给嫌疑人量刑的意愿也更加强烈④。当然,受害者表达的悲伤并非越多越好,受害者需要适时适度表达悲伤,"扮演"好受害者角色,强度和持续性要与伤害的严重性相一致⑤。其二是基于情绪信息功能的解释。悲伤情绪本身作为刺激具有一定的社会功能。以往研究发现,负性情感比如悲伤可以看作一种"说服性信息",它可以促使人们产生助人倾向,让人们更积极地帮助那些处于不利情境中的个体。⑥ 当表现出的消极情绪信息更容易被人们感知到时,人们

---

① Wessel, E., Magnussen, S., & Melinder, A. M. D. Expressed emotions and perceived credibility of child mock victims disclosing physical abuse. *Applied Cognitive Psychology*, 2013, 27(5), 611 - 616.

② Bollingmo, G. C., Wessel, E. O., Eilertsen, D. E., & Magnussen, S. Credibility of the emotional witness: a study of ratings by police investigators. *Psychology, Crime & Law*, 2008, 14(1), 29 - 40.

③ Rose, M. R., Nadler, J., & Clark, J. Appropriately upset? emotion norms and perceptions of crime victims. *Law and Human Behavior*, 2006, 30(2), 203 - 219.

④ Ask, K., & Landstr M, S. Why emotions matter: expectancy violation and affective response mediate the emotional victim effect. *Law & Human Behavior*, 2010, 34(5), 392 - 401.

⑤ Rose, M. R., Nadler, J., & Clark, J. Appropriately upset? emotion norms and perceptions of crime victims. *Law and Human Behavior*, 2006, 30(2), 203 - 219.

⑥ Campbell, R. G., & Babrow, A. S. The role of empathy in responses to persuasive risk communication: overcoming resistance to HIV prevention messages. *Health Communication*, 2004,16(2), 159 - 182.

会将更多的注意力聚集在受害者身上,对受害者产生更多的同情,却利用较少的认知资源去思考法律因素。①

量刑决策中受害者的悲伤情绪效应是一个颇受关注的话题,引发了关于司法实践中是否应该允许“受害者陈述”这一举措存在的争论。受害者陈述往往掺杂着一定的负性情绪表达,而带有情绪的受害者陈述又与惩罚决策紧密相关,这可能使得相关决策者不能充分发挥其主要角色所承担的责任,受害者陈述的煽动性诉求以及受害者陈述还可能对量刑决策的任意性判决具有潜在影响作用。② 从司法实践的层面来讲,有效控制量刑决策过程中的受害者悲伤情绪效应是需要的,这可以在一定程度上避免受害者情绪对司法决策的影响。

二、犯罪者的悔过情绪效应

司法实践中犯罪者的悔过表达会对量刑决策产生影响,通常情况下悔过会降低犯罪者所受到的惩罚强度。研究发现,没有表达悔过的犯罪者被判有罪的频率更高③,对自身的错误行为没有表现出任何情绪反应的犯罪者往往会受到更加严厉的判决惩罚④,悔过与否还会影响犯罪者获得刑期的长度⑤。我国法律中也认为,可以将

---

① Ask, K. , & Landstr M, S. Why emotions matter: expectancy violation and affective response mediate the emotional victim effect. *Law & Human Behavior*, 2010, 34(5), 392 - 401.

② Mcgowan, M. G. , & Myers, B. (2004). Who is the victim anyway? the effects of bystander victim impact statements on mock juror sentencing decisions. *Violence Victim*, 2004, 19 (19), 357 - 374.

③ Proeve, M. J. , & Howells, K. Effects of remorse and shame and criminal justice experience on judgement about a sex offender. *Psychology*, *Crime & Law*, 2006, 12(2), 145 - 161.

④ Brinke, L. T. , Macdonald, S. , Porter, S. , & O' Connor, B. Crocodile tears: facial, verbal and body language behaviour associated with genuine and fabricated remorse. *Law & Human Behavior* (*American Psychological Association*), 2012, 36(1), 1 - 11.

⑤ Kahn, R. E. , Byrd, A. L. , & Pardini, D. A. Callous - unemotional traits robustly predict future criminal offending in young men. *Law & Human Behavior*, 2013, 37(2), 87 - 97.

认罪态度作为一种“酌定量刑情节”,在实践层面上影响量刑的幅度,比如刑期的差异等①。

悔过情绪影响量刑决策还会受到其他因素的共同影响。首先,如果案件是经过周密计划实施的或者案件性质极其恶劣的情况下,犯罪者表现出来的悔过更不容易被陪审团接受,也不容易对量刑决策产生影响,而对于一些危害性不大的案件来讲,认罪态度的好坏对量刑决策的影响更为重要②。其次,犯罪者在案件审判中的行为表现比如沉默或辩解、否认等往往被看成是没有任何悔过迹象从而影响审判量刑,道歉则可以对悔过效应产生助力作用,当被告道歉并表现出自责时受到的量刑相对较轻③。最后,决策者的信念和个性特点很重要,支持法律死刑存在的陪审员更不相信犯罪者表现出来的悔过情绪④。

悔过情绪效应的产生主要有三种视角的解释。首先是基于期望视角的解释。从道德期望的层面上来讲,任何体面的、可救赎的人,无论年龄大小,在犯下一定的罪行后都会表现出悲伤和忏悔。⑤ 在审判过程中,同样会受到“犯错后就应该悔过”信念的支配,如果违背这样的信念就会引发外界的愤怒和厌恶。其次是基于预测视角的解释。普遍认为,悔过是个体对改变自身以往不良行为、开始良好行为

---

① 胡铭、冯姣:《认罪态度对法官判决影响的实证分析》,《江苏行政学院学报》2014年第2期。

② Wessel, E., Magnussen, S., & Melinder, A. M. D. Expressed emotions and perceived credibility of child mock victims disclosing physical abuse. *Applied Cognitive Psychology*, 2013, 27(5), 611 - 616.

③ Eaton, J., & Theuer, A. Apology and remorse in the last statements of death row prisoners. *Justice Quarterly*, 2009, 26(2), 327 - 347.

④ Batista, L. M., & Myers, W. Commentary: perception of remorse by mock jurors in a capital murder trial. *Journal of the American Academy of Psychiatry & the Law*, 2012, 40(1), 55 - 58.

⑤ Duncan, M. G. “so young and so untender”: remorseless children and the expectations of the law. *Social Science Electronic Publishing*, 2002, 102(6), 1469 - 1526.

的一个重要开端。悔过的表达不仅展现了个体认为自己过去的行为是错误的,而且已经认识到了自己所造成伤害的严重性,想要弥补它,并将尽一切努力避免这种行为在未来再次发生。从这个意义上讲,悔过被视为个体良好品格的一个标志,也是未来守法行为的一个良好的预测指标。① 最后是基于情感视角的解释。悔过可以看作一种情感刺激,它可以引起法官以及旁观者的共情,而共情在司法决策过程中具有一定的影响作用,如果陪审员对犯罪者产生了共情,就会认为其犯罪行为在一定程度上是可以被理解的,进而减少对其犯罪行为责任的认定与量刑结果。②

目前来看,围绕悔过效应主题而展开的相关研究还不够充分和全面,既有的研究多集中在国外法学与心理学的交叉领域,而国内相关实证研究较少。广泛存在的研究争议以及不一致的研究结论使得这一主题在今后的发展中充满了期待。比如,对于如何鉴别悔过见仁见智。法官们是基于"坦诚的罪行陈述、表情和眼神等非言语线索、对被告的整体印象、被告积极表现出的改过自新的行为、其他人提供的施害人人品等佐证信息、抑或是一种经验或者常识性的判断"③中的哪些标准而对悔过情感进行评估的呢?很明显,这些问题仍缺乏共识性。

三、相关决策者的愤怒情绪效应

相关决策者(比如法官、陪审员等)的情绪对量刑决策的影响广受关注。与案件有关的刺激引发的法官情绪以及法官本身自有的情

---

① Proeve, M., & Tudor, S. (2010). *Remorse: Psychological and jurisprudential perspectives. Farnham*, UK: Ashgate, 2010,48.

② Aderman, David, Sharon B., & Lawrence K. Empathic Observation of an Innocent Victim: The Just World Revisited. *Journal of Personality and Social Behavior*, 1974, 29, 342 - 347.

③ Zhong, R. Baranoski, M. Feigenson, N. So you' re sorry? the role of remorse in criminal law. *Journal of the American Academy of Psychiatry & the Law*, 2014, 42(1), 39 - 48.

绪,都有可能会影响法官的量刑决策过程。① 通过对法官进行访谈和问卷调查发现,案件本身最容易引发愤怒、同情和厌恶三种主要情绪。② 其中,法官经历的与案件有关的愤怒对量刑决策过程的影响最受关注。

在决策过程中,愤怒情绪与决策的确定性联系在一起,被激发的愤怒情绪越强烈,进行理性信息加工的可能性就越小,愤怒情绪让个体更加“自信”自己应该做出怎样的判断以及如何处理目前的事件。个体感受到的愤怒越强烈,其对自身的决策正确性越确定,愤怒导致人们在决策时更少考虑其他因素。那么,愤怒为什么会导致决策过程“确定性”水平的变化呢?这是因为愤怒引起了个体加工方式的变化。愤怒情绪促进了个体启发式加工方式的使用而非是系统加工方式的使用,愤怒情绪导致对具有说服力信息来源的专业知识的更大依赖,更为刻板,而对论点质量的关注更少。③ 愤怒的个体在做出判断时依赖的是启发式线索,愤怒更多触发表面性的、非分析性的信息处理加工。既然如此,愤怒是否会导致决策的“冲动”与“武断”?这种担心也得到了解答。研究发现,愤怒的个体比中性情绪的个体更容易区分弱论点和强论点,愤怒的个体可以同时拥有处理信息的能力和动机,他们会选择性地使用启发式方法,充分反映了个体对有用线索感知的有效性,其作出的理性分析并非是“失败”的。④ 对情绪

---

① 李婕、马皑、罗大华:《案件无关情绪和案件相关情绪对法官量刑决策影响的实验研究》,《心理科学》2015 年第 1 期。

② 王双等:《专业背景、主观印象及情绪对刑罚决策的影响》,《心理科学》2016 年第 2 期。

③ Tiedens, L. Z., & Linton, S. Judgment under emotional certainty and uncertainty: the effects of specific emotions on information processing. *J Pers Soc Psychol*, 2001, 81(6), 973 - 988.

④ Moons, W. G., & Mackie, D. M. Thinking straight while seeing red: the influence of anger on information processing. *Personality & Social Psychology Bulletin*, 2007, 33(5), 706 - 710.

动态性的测量研究进一步揭示了情绪在决策过程中的变化情况。比如，通过测量死刑审判不同时间点上陪审员的情绪波动后发现，在死刑审判过程中，愤怒情绪呈现出“开始增加然后减少”的趋势，陪审员的愤怒水平越高，罪犯被判处死刑的可能性就越大，而且当陪审员的愤怒情绪增加时，他们更不容易在意和考虑辩护人提出的减刑因素。①

神经科学研究为愤怒情绪影响决策提供了生理上的支持。很多与案件有关的因素，如可怕的尸检照片、受害者的影响陈述以及犯罪者悲惨的个人历史信息等不同情绪刺激会引发大脑对道德判断的活动不同，情绪刺激导致情绪高涨和认知加工效率下降，导致对罪犯做出更严重的惩罚。② 情绪可能通过腹内侧皮层的参与在法律决策中起到关键的促进作用，特别是在个人、社会和道德环境恶劣的法律领域（包括刑罚与量刑）。③ 通过功能磁共振成像研究法律决策过程中情绪和社会认知调节逻辑推理所涉及的大脑区域，也进一步发现，相比愤怒，厌恶感较弱的犯罪受到的惩罚比法律条款建议的要小得多，在逻辑推理过程中活跃的大脑区域对厌恶性较弱的犯罪作出的反应较少。④

关于情绪与决策的研究仍然需要进一步的突破性进展。首先，为什么案件激发了决策者愤怒和悲伤等多种情绪，却只有愤怒情绪

---

① Georges, L. C., Wiener, R. L., & Keller, S. R. The angry juror: sentencing decisions in first - degree murder. *Applied Cognitive Psychology*, 2013, 27(2), 156 - 166.

② Jessica, M. S. B. A., & Bette, L. B. P. D. Emotional evidence and jurors' judgments: the promise of neuroscience for informing psychology and law. *Behav Sci Law*, 2010, 27(2), 273 - 296.

③ Bennett, H., & Broe, G. A. Judicial decision - making and neurobiology: the role of emotion and the ventromedial cortex in deliberation and reasoning. *Australian Journal of Forensic Sciences*, 2010, 42(1), 11 - 18.

④ Capestany, B. H., & Harris, L. T. Disgust and biological descriptions bias logical reasoning during legal decision - making. *Social Neuroscience*, 2014, 9(3), 265 - 277.

的改变最终影响判决呢?其次,与责任和惩罚有关的决策更多是以道德判断为基础的,目前研究认为只有愤怒、同情才能影响对责任和惩罚的道德法律判断,而悲伤、焦虑、恐惧等其他情绪在道德判断中的作用还不清楚。最后,与案件无关的情绪是否影响量刑决策仍存在争议,“情绪法官”一定就是非理性的吗?有的研究认为法官的心情会对量刑决策产生影响,法官在悲伤情绪下所判刑期短于中性情绪,但也有研究认为,案件无关情绪对司法决策不会产生影响,这些问题仍需探究。

四、研究展望

法律与情感是新兴的、交叉性的领域,心理学更为关注的是关于法律行为人的决策过程如何受到情感的影响。虽然国外学界对“情感与司法决策”的研究较为丰富,但国内学界却少有人从心理学的视角来探讨情绪特征对量刑决策的影响作用。今后研究需要重点关注量刑决策过中的不同情绪效应,以期为有效指导司法实践、降低情绪对量刑决策的影响提供参考。

首先,应该加强对不同情感类型及其相互作用对量刑决策过程的影响研究。现在多数研究集中关注来自受害者、犯罪者以及相关决策者的悲伤、悔过、愤怒等,而对焦虑、同情等其相关情绪对量刑决策过程的影响则缺乏关注。因案件而产生的情感体验往往是多种情绪的混合状态,面对同一案件往往会引发他们不只一种情绪的复杂情绪状态,比如愤怒与厌恶、愤怒与悲伤、悲伤与共情等,这些情绪之间是否相互影响对量刑决策过程的影响也不明晰,仍需要更多的相关研究来清晰地解释情绪混合状态对量刑决策的影响机制。

其次,应该深入探讨情绪与其他因素的交互作用对量刑决策产生的影响。案例在结果严重程度、受害者的责任感和犯罪者的责任感上的不同,会影响到个体对案件的情绪反应、当事人过失责任分配以及案件的损失程度。[①] 很多情况下,情绪会与案件类型、案件性质等其他不同因素紧密联系在一起。只有深入探究量刑决策过程中其他因素与情绪的交互影响,才可以具体解答情绪、行为与决策之间的关系,明晰不同情况下情绪对决策的具体影响。

再次,需要探究情绪影响量刑决策的具体程度。也就是情感影响司法决策的程度到底有多大?决策主要受情感驱动还是说情感仅仅在决策中占有微不足道的分量?既有研究并未给出一致性的结论。可能的是,司法实践中情感对决策的影响作用被高估了。量刑决策者(法官)是具有专业背景的、受过专业训练的、能够理性思考的,他们经常面对多种多样的案件,所以决策过程中情感的影响作用可能是较小的。但今后仍需要更多的研究来确定这一影响程度,从司法实践的角度来讲,如果情绪对量刑决策过程存在较大的影响,更需解决的是如何有效降低来自各方面的情绪对量刑决策的影响,以保证法律的公正性和公信力。

最后,还需要关注量刑决策中公众的情绪效应。随着网络的发展,对于一些社会热点案件的公众关注度和公开性更为显著。针对每一个热点案件,在公开网络平台上数以百万计的评论都深刻反映出社会情感的基本走向。因此,案件的量刑决策作为对社会公众期望的一种回应,也必然需要考虑公众情绪因素的影响,以保证案件审理的结果能够最大限度地展现出社会警示性、规范性和公正性。但是,在量刑决策过程中,公众情绪对量刑决策的具体影响并未得到更加有效的探讨。比如,公众愤怒情绪作为多数民众对犯罪行为产生的一种强烈的愤怒表达会对案件审理决策产生影响吗?后宏伟等通过对两个司法案例的分析后指出,虽然我国刑法等诸多法律条款中

---

① Feigenson, N., Park, J., & Salovey, P. The role of emotions in comparative negligence judgments. *Journal of Applied Social Psychology*, 2001, 31(3), 28.

都没有明确规定民愤是否可以作为量刑参考,但是民愤确实影响到了个案的审判。从某种程度上来讲,民愤也是一种社会期望,司法实践如果与这种期望相违背,则很可能影响民众对司法公正的感知和满意度。应该警醒的是,公众愤怒作为一种社会情绪,复杂多样,其"真实性""易变性""时间性""地域性"等特点也可能会干扰司法独立性①,国内外学界需要展开公众愤怒等社会"大"情绪对司法实践影响的相关研究。

① 后宏伟:《对民愤作为酌定量刑情节的分析》,《黑龙江工业学院学报》(综合版)2010 年第 5 期。

学理解释表现形式及司法适用研究

吴春雷[①]　计小凡[②]

一、学理解释概念辨析

关于学理解释的概念,在我国一般归纳为以下几种代表性观点:

其一,学理解释是基于专业知识或常识对法律规范做出的解释内容。舒国滢教授在《法理学导论》中提出学理解释是由学者或其他个人及组织对法律规定所作的学术性和常识性解释。[③] 所有无权解释主体对法律规范所作学术性或常识性的解释内容都可以被称为学理解释。舒国滢教授将学理解释中的"学理"解释为学术或常识,扩大了学理的字面含义,相应扩大了学理解释的范围。

其二,无权解释不能直接作为法院审判的依据,只有参考意义。以研究生系列参考书《法律解释学》为例,张志铭教授指出学理解释是没有法定解释权的个人或团体对法律做出的不具有法律效力的解释[④];这一观点在马新福教授的《法理学》教材中也有体现,马新福教

① 吴春雷,天津商业大学法学院教授,法学博士。
② 计小凡,天津商业大学法学院硕士研究生。
③ 舒国滢:《法理学导论》,北京大学出版社,2012,第 235 页。
④ 张志铭:《法律解释学》,中国人民大学出版社,2015,第 16 页。

授将学理解释划归非正式解释中,是学者或其他个人及组织对法律规定所作的不具有法律约束力的解释。① 将学理解释定义为全部不具备法律效力的解释,代表着不具有法律解释权的主体所作的解释内容都可以被称为“学理解释”。从这一点也不难看出,当前有关学理解释研究的忽视性,无权解释等于学理解释无论从字面还是逻辑上都存在欠缺性。

其三,学理解释等同于学说。在朱景文教授编写的《法理学》中,学理解释是法学家对法律规范所进行的解释,即法律学说。② 同时,孙国华教授提出,学理解释即法学家在法学著作或讲授中从学理上所作的解释。③ 相较于前述两位学者对学理解释进行的明确定义,梁慧星教授则从实践中的表现形式较为隐晦地表达了学理解释的概念。梁教授认为学理解释的解释者是法学者;其根据是从事学术研究与法学专业的需要,不需要有什么权限;其针对假设性的或者曾经实际发生的案件,故也有个案针对性;其效力一个是给学生作示范,一个是为法官提供参考。④

上述三位学者对学理解释进行了明确的主体和内容定义,确定了学理解释的范围,使得学理解释的概念与名词之间完成了逻辑上的统一。这一概念也成为被学界普遍接受和承认的观点。吴传毅教授也在其学术文章中提出,学理解释即法学研究者对法律所作的说明和阐释。⑤

其四,学理解释是法律解释的方法。以周旺生教授为代表,在由北京大学众多学者共同编写的《北京大学法学百科全书》中,学理解释被认定为一种法律解释方法而非法律解释的种类,是有关主体或

① 马新福:《法理学》,科学出版社,2004,第235页。
② 朱景文:《法理学》,中国人民大学出版社,2015,第316页。
③ 孙国华:《关于法律解释的概念问题》,《求是学刊》2004年第6期。
④ 梁慧星:《裁判的方法》,法律出版社,2003,第64—65页。
⑤ 吴传毅:《论法律解释及分类》,《长沙理工大学学报》2006年第1期。

人员,从法学理论的角度对法或法律规定所作的解释。[①] 周旺生教授从解释主体、解释对象和“学理”一词的方法性含义否定了一般学术观点中学理解释的性质,支持学理解释作为法律解释方法存在。

(一)共同性

学理解释作为无权解释,不具备当然的法律效力;在有权解释尚未对既存事实作出回应时,相对于任意解释,学理解释具有一定的权威性,因此学理解释效力虽不及有权解释,但在有权解释空白期时,学理解释对于个案中法律的解释适用仍具备相当的借鉴价值。

(二)不同性

性质上,上述概念存在学理解释是法律解释的种类还是法律解释方法的争议。解释方法观点持有者认为,一旦将学理解释作为法律解释种类,所有拥有法律解释权的主体所作的都将是没有学理的解释,是不讲理的解释。这种情况下,如果以从法学理论的角度对法或法律规定所作的解释作为法律解释方法的分类标准,则需存在道德解释、情感解释、公众解释等社会学角度的分类才能构成一套完整的解释方法系统,便于解释时的运用,可此类社会学角度的分类由于社会主体各项主观因素的干涉,缺乏普遍性、客观性和严密的逻辑性,俨然不符合法学方法论研究的目的,不足以称之为解释方法,而单一的学理解释无法承担“方法”这一体系。此外,作为法学方法论,解释方法应详细、具体,便于阐述规则的实质含义,而“学理”一词过于抽象,作为方法运用时易产生较大分歧。因此,将学理解释作为法律解释方法存在一定的不合理之处,其更适宜作为法律解释种类。

内容上,关于解释主体,上述概念也存在不同的观点。一是以没有法律解释权的学者、其他个人及组织为主体;二是法学家。

首先,学理解释在英文中被翻译为 academic interpretation,《牛津

---

① 周旺生、朱苏力:《北京大学法学百科全书》,北京大学出版社,2010。

词典》将 academic 译为学术性的(与实践性、技术性相对)、纯理论的,因此学理解释也可以被直译为学术性的解释或纯理论的解释,当其作为法学专业名词时,学理解释就应被称作法学学术性解释或纯法学理论解释,这就说明能够做出学理解释的主体必定是经受过法学专业理论的训练,具有较高的法学专业素养,可以做出学术性解释。现实中,并非所有群体都接触过系统的法学专业训练,能够具备极高专业水平的群体更是少之又少,因此将所有不具有法律解释权主体所作的法律解释统称为学理解释,违背了学理解释的基本含义。

其次,学理解释作为法学方法论,需要服务于实践,司法审判中法官在充分考虑各种方案的合理性基础上,结合案件事实对适用的具体规范做出恰当的说理,确保裁判结果的合理合法,因此实践中通常将法官在审判过程中所作的解释划定为学理解释。可这种默认会造成,同样作为法律实践工作者,也经过一整套法学训练,具备法学专业理论的检察官和律师对于具体案件所作的解释的定性问题。学理解释承认主体在无权解释群体中的专业优越性,却无法对这些专业人员继续划分,这也是学理解释概念主体迟迟混淆不清、似乎各自有理的原因。要解决这一问题,就需要对这些专业人员体加以区别,而这些专业人员还有另一个名字——法律人。学界对于法律人的分类并无分歧,典型形象包括律师、法官、检察官以及法学者,而要区分学理解释和其他无权解释的关键在于法律人不同职业性质之间的差别。在司法实践中,律师代表着委托方的利益,比起事件的真相,这一群体更在意的是实现当事人的目的;检察官在公诉案件中则代表着国家,要求对破坏社会安定团结的犯罪嫌疑人处以相应刑罚;而法官更像是站在二者之间的一盏天平,对案件的审判不掺杂任何私人利益,以期在依法裁判的基础上实现个案的正义。从这一点看,法官对于法律规范的运用更加中立,加之实际操作对于法官解释的需求,无论是专业程度还是职业立场,法官对于法律的解释说明都与学理解释的含义大致趋同;法学家作为以法学研究为业的群体,作为学理解释主体是各家统一的结论,不再赘述。

关于解释对象,将学理解释作为法律解释种类之一,其解释范围也应与法律解释范围相一致。在上述学理解释定义中,将法律解释的对象仅限定在已出台的法律规范中显然是不符合社会现实情况对于法学研究的需求,许多引发社会公众强烈反响的事件背后所浮现的法律问题单凭已出台的法律规范无法具体地得到解决。基于该原因,学理解释的对象不应仅是既存的法律规范,也应涵盖与法律相关的实践内容。

综上所述,学理解释主体囊括所有无权解释主体不符合"学理"的内涵,仅限定为法学家无法满足司法实践要求,在有权解释无法对具体事件给予明确的法律解释时,学者及法官对于个案所做的合理解释说明也应属于学理解释。因此,学理解释应是从事法学研究的法学家和个案中持中立态度的法官对法律规范及与法律有关的社会现象所做的专业解释。

二、学理解释表现形式

学理解释作为法律解释种类之一,具有一定的抽象概括性。实践中,司法解释具体表现为最高院司法解释、最高检司法解释,同样,学理解释在实务中也存在多种表现形式。

(一)学说

学说指在学术上自成系统的观点或见解。通常表现为在学术研究、案例分析、法学教学以及其他法律相关的场合被广泛学习、运用的法学家学术观点。古今中外法学家的学说在其本国立法和法律的进步发展中发挥着重要的作用。

公元1世纪前后,罗马皇帝奥古斯都鉴于罗马共和政体后期法律解释的自由发展导致法律适用的混乱,损害法律的安定性,首创了法律解答权制度。他授予一些业绩优异的法学者解答法律问题的资格,从而使法学者的解释活动与国家权力联系起来。① 公元426年颁布并在东、西罗马帝国同样生效的《引证法》中正式承认盖尤斯、伯比尼安、乌尔比安、保罗和莫迪斯蒂努斯五大法学家的解答具有法律效力,并进一步规定,若五大法学家意见分歧,则以多数为准,如不能形成多数,则以伯比尼安为准,如伯比尼安未有意见表示,则由执法者自行选择,由此可见古罗马时期可采纳学说作为审判依据,可见当时统治者对法学家学说的重视程度。19世纪,德国为了能够拥有可和拿破仑法典相颉颃的近代法典,德国学者在罗马法的基础上,对罗马法加以解释、修正,使能适合德国之需要,经过长期"换骨"工作所变成之罗马法,与罗马法原貌自属有别,此种罗马法即德国法学者所创之学者法。因此,萨维尼主张,德国法律之编撰应以具有普遍效力之"学者法"为主。日本明治十三年后,法国法学家布瓦索纳指导编撰民法典,主要仿法国民法之例,掺入己见而成,但在身份法(家族法)方面,布瓦索纳仍请日本学者起草,以维持日本的传统家族制度。该民法典于明治二十三年完成并同年公布。②

当代国内学者的观点可分为两类,一是通说,即在学术研究和实际操作中得到广泛认可的学说;二是其他学说,存在一定合理性,但由于内容和实际应用中存在较大争议,无法得到广泛认同,因此无法成为通说。学说虽无法直接成为判决依据,但对理论和实践都具备相当程度的参考性。此时,若将所有的学说统称为学理解释,势必会引起个案中更大的争议,与法律解释的目的背道而驰。在2014年南京玄武区一份民事判决书中,审判长引用数名学者在刑民交叉问题上的学术观点,进行了完整的审判说理,极具创新性的同时也使得该案在法律尚未明确情形下得到了公正合理的判决。因此,在学理解

① 张志铭:《法律解释学》,中国人民大学出版社,2015,第16页。
② 杨仁寿:《法学方法论》,中国政法大学出版社,2012,第75-78、90-92页。

释范畴内，适应时下立法背景、立法目的，符合个案实际情况并得到大多数社会群体认可的学说，是学理解释的具体表现形式。

（二）学术论文

学术论文是一种典型的学理解释表现形式。近几年一些正当防卫案的相关学术论文层出不穷，此类论文中涉及的案件事实以及有关“正当防卫”“防卫过当”“特殊性质正当防卫”的分析，将案件事实涵摄到规范的要素之下，对于后期社会争论的调解和法院的裁判具有相当的参考价值。同时也存在部分已发表的学术论文，虽经过长时间的材料收集及缜密的逻辑推理，但其中不乏掺杂着学者的个人主观立场，观点早已不适应当前学术发展方向和实际案情需要，此类学术论文运用到司法实践中易引起强烈分歧，不适合作为学理解释。反观因个案产生的具有突破性价值的学术论文，以肖中华教授及其博士研究生的《论正当防卫中必要限度的激活》为例，该文通过数个案例重点探讨正当防卫中必要限度的条件，为“必要限度”设立合理的判断路径，突破既存思想，提出新概念和实现途径。① 综上，虽然学术论文是学理解释的重要形式，但并非所有的学术论文都可以称为学理解释，在案情发生后产生的学术争论过程中，那些具备创新性、独特性，对个案争议问题提出行之有效的判断方式、抚平各界争议的高价值学术论文，是成为学理解释的重要条件。

（三）法律专家意见书

法律专家意见书是法律专家对某一法律问题经过分析后发表的个人看法，当前有关法律专家意见书的研究中均认定其为学理解释，并划分为两类：一类是在学术研究讨论上分析而形成的意见；另一类是由当事人聘请，专家经过商量讨论后形成的最终向法院递交的专家法律意见书，是在司法审判过程中常见的具有参考价值的材料内

① 肖中华、朱璨：《论正当防卫中必要限度的激活》，《法学杂志》2019 年第 4 期。

容。法律专家意见书可追溯到20世纪80年代末期、21世纪初的少数案件。① 但其在司法实践中的存在作用褒贬不一。部分学者表示,法律专家意见书由于其针对性、有偿性、不公开性和主体受限性意图引导法官判案会对司法公正和司法独立造成不利的影响,因此应对法律专家意见书采取禁止的手段并寻求相应的替代方式。② 该观点主要针对受聘出具的专家意见书,当专家意见在有偿情况下提出,便不能完全确认该意见的中立性和客观性,而将存在偏颇和较强导向的意见书适用到司法实践中,会影响案件的公正裁决。但相较于学说、学术论文,法律专家意见书更具有针对性,更大程度考量案件实情。为解决个案中存在的特殊情形,既不能为了防止不良后果对专家意见"一刀斩断",也不能任由各类意见左右司法裁量。因此,能够作为学理解释表现形式的法律专家意见书,既要客观真实,符合当前法律规范和法律原则,也要能够在司法程序中充分发挥它的理论作用,获得案件审判机关的采纳。

三、学理解释存废之争

当前,有关学理解释存在的必要性有较大争议,最直接的是否定法律解释的分类,认为法律解释作为法学研究的工具,提出具体可行的方法远比进行分类更有研究价值。但无论在理论上还是实务中,即便使用相同的解释方法,主体的差异也会导致法律解释效力的参差。因此,法律解释分类有其存在的合理性,对不同效力主体所作解释的研究也为立法、司法理论上的完善添砖加瓦。

(一)法学理论中

1. 作为法律解释种类的必要性

目前,学理解释在法律解释中的性质仍存争议。将学理解释作

---

① 何志、何晓航:《为法律专家意见书把脉》,《北京航空航天大学学报》2012年第1期。

② 柳砚涛、刘孝堂:《"司法权威"与"学术权威"竞存》,《河南公安高等专科学校学报》2008年第2期。

为法律解释分类，不仅形式上与有权解释相对应，内容上更加细致地划分无权解释，有利于无权解释的进一步研究。

2. 独立分类的必要性

学理解释作为无权解释是学界的共识。针对无权解释进一步的划分，当前存在一种观点，即无权解释可以依照主体的不同，分为学理解释和任意解释。①

将解释主体按照专业程度的差异进一步分为学理解释和任意解释，其中学理解释主体为以法学研究为业的专业性群体。对此，张卫平教授曾区分过法学家与法律实务家，这也是同样具有法学的专业素养，经历过专业训练的部分主体所作解释不能成为学理理解的原因。但所有的法律实务者不应都被排除在学理解释范围之外，法官就是例外。基于前文表述，法官在个案中的立场与律师和检察官具有本质的区别，而学者对于法律问题的观点，根据自身的价值观表达自己的专业分析，存在必要的法学逻辑性和可推敲性，对于国内外的先进学理资讯较为及时地把握。因此，在无权解释中，需要根据主体的角色、立场和专业度进行下一步的区分研究。

此外，从法律解释宏观角度分析，有权解释中根据主体机关的不同，分为立法解释、司法解释、行政解释，那么无权解释中根据主体的差异，细化为学理解释和任意解释也并非无理可据。同时有学者提出，也可以根据其职业性质不同，分为学理解释、个案解释、任意解释。② 该观点有其合理性，但学理解释与个案解释存在部分重合，法官在审理案件中所形成的法律解释可以被学理解释所吸收。如今法官也并非仅就既存的法律规范进行解释，实践中部分案件情况远比法律规定的复杂，此时需要法官基于专业角度进行缜密清晰的解释

① 孙国华：《关于法律解释概念问题》，《求是学刊》2004 年第 6 期。
② 吴传毅：《论法律解释及分类》，《长沙理工大学学报》2006 年第 1 期。

分析,甚至案件审理解释对于后续类似案件的处理起到重要的指引作用,这时的法律解释就不再局限于个案,因此无须再将其剥离重新分类。

(二)社会实践中

1. 司法实务

实务中,学理解释多以专家法律意见书的形式出现。法律专家意见书对实践中个案的公正裁判起到了不可小觑的作用。

(1)确保当事人权利落实

古语云"拿人钱财,替人消灾",对案件审理产生负面影响,妨碍公平正义的实现,是部分学者建议取缔法律专家意见书的主要原因。柳砚涛、刘孝堂在论文中以法律专家意见书的针对性、有偿性、不公开性和主体受限性意图引导法官判案会对司法公正和司法独立造成不利的影响为由,认为应对法律专家意见书作出相应的规制,采取禁止的手段并寻求相应的替代方式。① 但法律专家意见书的存在并非毫无价值。首先,我国刑事诉讼法规定,未经人民法院依法判决,对任何人不得确定有罪,这也是无罪推定原则在我国法律规范中的具体体现。在法院尚未依法判决之前,案件被告人均为无罪。其次,刑事诉讼法中明确规定被告人享有自行辩护,聘请律师提供法律帮助,在符合法律的条件下获得免费内法律援助,对司法人员侵犯自己权利的行为提出申诉、控告,对审理自己案件的司法人员要求回避,对判决提出上诉、申诉以及不受非法拘留、逮捕和超期羁押等防止被告人权益受到侵犯的权利,仅以法律专家意见书会误导法官造成司法不公为由,提出撤销法律专家意见书,将会直接侵害刑事被告人合法权利。最后,因有偿性专家意见书的针对性、偏袒性便将其视为"过

① 柳砚涛、刘孝堂:《"司法权威"与"学术权威"竞存》,《河南公安高等专科学校学报》2008年第2期。

街老鼠”有失偏颇,法律专家意见书既是由当事人一方组织,就必然会存在侧重性,被告人聘请相关专家亦是期望在其帮助下承担对等的责任,实现自身的正义,盲目将法律专家意见书排除在审判过程之外,显然不利于当事人合法权利的具体落实。民众憎恶在资本驱使下,部分专家或辩护人使用不当手段干扰法官判断,影响案件公正,使犯罪人逍遥法外的行为,但不能为防范此类群体,便剥夺当事人在面对法庭审判时自我辩护的权利。而关于专家意见书的甄别和采纳程度应根据实际的可参考性交由审判人员裁量。

(2)合理监督个案

司法依赖于民众的信赖而生存。任何司法的公正性,在客观性和可撤销性方面的价值观,绝不可能与司法的信任相悖。[①] 专家学者既是学理解释的主体,也是社会民众的一员,出具专业解释的过程,也是对裁决的合理监督,推进审判结果的合理合法。

(3)增强判决说理性

实践中的案件不同于在专业学习过程中的案例分析,实践中的案件事实具有模糊性,而教学中案件事实是由出题人确定的,因此个案中的事实需要办案人员进行专业的调查分析,必要时引用相关的专家观点,再由审判机关进行说理,作出判决。学理解释在实践中的运用,有效帮助审判人员解决实践中复杂的矛盾纠纷,作出合情合理的司法判决,同时提高判决文书的说理性,实现个案的公平公正。

2. 社会舆论

学理解释比起一般舆论有更强的专业性和影响力。专家学者对于社会热点事件所作的专业解释影响着社会舆论的方向,因其专业性、客观性,使得未知全貌的社会大众了解案件的实情和裁决缘由,降低不良舆论对法官断案的冲击,引导社会正能量。

---

① 钱峰:《法官职业保障与独立审判》,《法律适用》2005 年第 1 期。

结语

理论上,由于社会关系日益复杂和法律的滞后性,已有法律规范无法事无巨细地解决各类纠纷,因此,法律解释的行为不应仅赋予具有法律解释权的主体。将主体范围扩大,推进学理解释研究,有利于法学方法论体系的完善,为实务中各类案情的解释需要提供坚实的理论基础。

实务中,司法判决书引用专家学者观点,反映出实务中愈发重视学理解释的积极作用,而部分学者反对将学理解释引用到司法程序,显然不利于出现复杂案情时审判人员对案件的合理裁判。针对学理解释阻碍案件公正的顾虑,一方面要严格审查有偿性、偏颇性专家意见书的参考价值;另一方面要引用积极客观、对个案审理具有参考和启发的学理解释。

学理解释对在既有立法不明确情况下的纠纷解决和复杂案件情况下的司法机关合理裁判起着关键作用,作为有权解释的重要补充形式存在,学理解释的存在和研究有其专业性和必要性。学理解释研究的深入在促进法律解释体系完善的同时,能够提高司法审判过程中疑难问题的解决效率,如今在学术理论和司法实践中都逐渐显示出对学理解释的需要,有关学理解释的研究势在必行。

商鞅的监察思想及其创造性转化

郑全红[①] 姜 民[②]

战国时期战乱频发,社会动荡,各国君主为了稳固政权,进一步加强中央集权,采用官僚制度,以取代贵族世袭制度。君主可以随时任命、撤换、甚至处死官吏;官吏的权力由君主授予,而非出生即有。随着官僚制度的设立,各国意识到了治理官吏的重要性。鲁国大夫臧哀伯曾告诫宋庄公说:"国家之败,由官邪也。"[③]《吕氏春秋》中亦强调:"故治天下之要,存乎除奸;除奸之要,存乎治官。"[④]治理官吏的核心在于防止官吏滥用权力,因此各国均赋予部分官吏监察职权,以达到监督和控制官吏权力的目的,例如御史。御史本是史官,其主要职责是负责记言记事,但由于御史具有直接将君主和官吏言行记录史册的权力,故其对官吏有一定的威慑作用。战国时期,御史的监察职权得到了强化,其可以随君主监督官吏,如《史记·滑稽列传》记载:"赐酒大王之前,执法在旁,御史在后,髡(人名,淳于髡)恐惧俯伏而饮,不过一斗径醉矣。"[⑤]但此时御史尚未成为专职监察官,其只

① 郑全红,天津商业大学法学院教授,博士。
② 姜民,天津商业大学法学院硕士研究生。
③ (春秋)左丘明撰:《左传》,蒋冀骋标点,岳麓书社,1988,第15页。
④ (战国)吕不韦:《吕氏春秋》,高诱注,上海书店,1986,第208页。
⑤ (汉)司马迁:《史记》,中华书局,1959,第3199页。

是兼有一定的监察职权,主要通过向君主检举揭发官吏不当行为的方式监督官吏权力行使是否符合君主预期,亦即其对官吏的监督是一种纠察式的监督。

商鞅认为仅通过设置监察官的方式仍不足以实现监督和控制官吏权力的目的,因为监察官也是人,也有趋利避害的本性,其可能为谋求私利而与被监察的官吏相勾结、相包庇,即使在监察官之上再设置监察官,也会有人脱离监察,这样的治吏方式只是一时之治,并不能从根本上对权力形成监督和控制,而权力一旦缺乏监督和控制,就必定会滋生腐败和犯罪。商鞅在变法过程中,提出了一些有关权力监察的思想理论,虽然其监察思想带有封建时期的通病,但其推动了秦国治吏建设的发展,并对后世监察制度的建设产生了深远的影响。本文拟在阐述商鞅监察思想内容的基础上,对其进行创造性转化,进而推动具有中国特色的监察法制建设的发展。

一、理论依据:人性逐利

商鞅认为:“人性本逐利,饥饿时追求食物,劳累时追求安逸,痛苦时追求欢乐,屈辱时追求荣誉。”①既然人存在就会无止境地追求私利或名誉,那么官吏也会为了追求名利而做出枉法行为,而官吏作为君主与民众之间沟通的桥梁,其枉法行为往往会削弱君主统治权,甚至扰乱国家稳定,因此,必须对官吏权力的行使进行监督和控制。若官吏权力缺乏监察,则会产生以下危害。第一,官吏逐利,则会侵害民众利益,从而使民众对官吏所代表的君主产生不满情绪,进而使民众与君主离心离德,或出走他国,或武力反抗,使国家产生裂痕,“大臣争于私而不顾其民,则下离上,下离上者国之隙也”②。第二,官吏枉法,则会影响君主政令的实施,官吏奉君主之命

---

① (战国)商鞅:《商君书》,张浩评译,北京联合出版公司,2020,第 49 页。

② (战国)商鞅:《商君书》,张浩评译,北京联合出版公司,2020,第 90 页。

管理和统治民众,负有将君主政令传达给民众之责,若不对官吏进行监察,其便会利用君主所授之权,谋求私利,使君主政令无法正常实行,从而导致国家危亡,“处君位而令不行,则危;五官分而无常,则乱”①。基于人性逐利和君主独权的认识,商鞅指出对官吏进行监察是必要的。

同时,商鞅还认为:用尺量东西的时候会取长弃短,用秤来称东西的时候会取重弃轻,是人之常情,因此人也会在衡量个人得失的时候选择对自己有利的。② 既然人可以在利害关系中计算得失,那么君主就可以利用此特性,对其希望民众所做之事加以赏赐,对其不希望民众所做之事加以惩罚,以此种方式来调控个人行为,其中亦包含官吏行使权力的行为。若官吏徇私枉法,招致的惩罚大于其可以获得的名利,则其在行使权力时就会为避免祸端而做到公私分明。因此,基于对人性趋利避害的认识,商鞅指出监察官吏是可行的。

二、监察思路:利异相监

商鞅在人性逐利的基础上提出了“利异相监”的监察思路。《商君书·禁使》篇指出利害不同是实现相互监督的前提,若利害一致,则可能相互包庇、相互掩盖枉法行为,以达到谋取个人利益的目的。对此,商鞅借马夫与马夫及马夫与马的关系加以说明,以马夫监督马夫是不可行的,因为他们之间事务相关且利害一致,若一方产生过错,另一方为使对方在自己过错时可以包庇自己,会选择掩盖其过错;但若马可以说话,马与马夫之间利害相冲突,掩盖马夫过错对马而言无利可图,故以马监督马夫是可行的。

商鞅的“利异相监”思想重点在“利异”,若双方“利合”,则无法“相监”。君主与官吏之间,事务相似但利害相冲突,君主和官吏虽同

---

① (战国)商鞅:《商君书》,张浩评译,北京联合出版公司,2020,第131页。

② (战国)商鞅:《商君书》,张浩评译,北京联合出版公司,2020,第53页。

为一国谋事,但彼此利害矛盾,君之最大利在集权专制,而吏之最大利是取君权而为己有,君吏利异是中国古代监察制度设立的根本原因之一,故监察实际上是君察吏。但仅凭君主一人无法对百官形成有效的监察,还须借助别的力量,所以让人们(尤其是官吏与官吏)之间的利害不同,甚至相冲突,是君主设立监察制度的基本思路。“吏之与吏,利合而恶同。夫事合而利异者,先王之所以为端也。”①欲使吏察吏,则须先“别其势”,设法让其利异而害不同,使之难以谋私,从而形成全面、有效的监察。综上可知,商鞅的监察思路以“君吏利异”和“官吏利异”为基础。

有学者认为商鞅从“官吏利异方可监”的角度进一步指出了监察独立的重要性。如张晋藩认为:“商鞅从官吏之间的利害关系视角分析了建立独立监督机构、设立专职监督官员的必要性。”②艾永明提出:“吏察吏的前提是官吏之间利害不同,故需要建立独立的监察体制和任用专职的监察官,使监察机构与其他机构事务不同,利害相异,从而形成有效的监察与被监察的关系。”③同时,也有学者对此提出了反对意见,如柴永昌指出:“从商鞅‘利异相监’思想中解读出‘监察独立的必要性’是一种误解,马夫不能相监实际上是在告诉人们利害不同才能相互监察,这其实是商鞅设置告奸制度的理论依据。”④对此,笔者赞同后一种说法,认为商鞅的“利异相监”思想并不包含“监察须独立”的内涵。首先,建立独立的监察机构和设置专职的监察官确实划分了监察主体与被监察对象的职权范围,但并不能保证其利害不同,监察主体为谋求私利仍有可能和被监察对象同流合污。其次,监察独立仅能保证监察主体可以对监察对象形成有效

---

① (战国)商鞅:《商君书》,张浩评译,北京联合出版公司,2020,第 137 页。

② 张晋藩:《中国古代监察法制史》,江苏人民出版社,2018,第 54 页。

③ 艾永明:《利异相监:法家理论与中国古代监察制度》,《法治现代化研究》2017 年第 6 期。

④ 柴永昌:《商鞅的廉政思想及其悖论》,《廉政文化研究》2018 年第 2 期。

的监察,是一种单向的监察,并不能达到"利异相监"所包含的相互监察的目的。最后,设置更多的专职监察官与商鞅所主张的"恃丞、监而治者,仅存之治也"①相矛盾,商鞅认为监察官吏不能依靠多设监察官,君主应依靠自己的势和术。

三、具体措施:以法察吏

作为法家的代表人物之一,商鞅主张"任法而治",认为"使吏非法无以守,则虽巧不得为奸""夫以法相治,以数相举"②,故其以"利异相监"为思路,设计了以法察吏的具体措施。这个思路体现在制度建设上就是通过区别官吏之间的利害关系,达到互相监督的目的。如何区别官吏之间的利害关系?首先要"别其势",并对超过"势"的行为配以相应的刑罚,以阻断官吏谋私的路径;其次通过"告奸",以利害关系促进相互监督的效果;最后设置"法官",补充监察。

(一)别其势,难其道

通过法律明确划分各官吏的职权范围,清楚各官吏的权力界限,同时对官吏的越权行为配以严厉的刑罚。如此规定,可以对官吏起到威慑作用,使其不敢轻易枉法以谋私,这利用了人性趋利避害的特点。划分官吏的权势,使之利害相冲突,掩盖一方过错于另一方而言没有利益可谋求,甚至可能引致祸事,则其可以做到互相监督。通过严格区分各官吏的权限,使其越权行为更易被察觉,如此"其势难匿者,虽跖不为非焉"③。但仅易被察觉还不足以阻断官吏之间的利害联系,还须借助刑罚。针对官吏的枉法行为,商鞅指出要以刑惩之,并反驳了儒家"刑不上大大夫"的主张,其认为相较于一般的枉法行为,官吏枉法造成的危害更大,官吏不遵守职权,则会导致国家混乱,因此其在"刑无等级"的基础上提出要以"重刑"惩罚官吏的枉法行

① (战国)商鞅:《商君书》,张浩评译,北京联合出版公司,2020,第135页。
② (战国)商鞅:《商君书》,张浩评译,北京联合出版公司,2020,第138页。
③ (战国)商鞅:《商君书》,张浩评译,北京联合出版公司,2020,第135页。

为。《商君书·赏刑》说:"刑无等级,自卿相、将军以至大夫、庶人,有不从王令、犯国禁、乱上制者,罪死不赦……守法守职之吏有不行王法者,罪死不赦,刑及三族。"①使用重刑,并株连他们的父、母、妻子,使其对刑罚的畏惧感大于谋私的满足感,不敢以身试法,故曰:"禁奸止过,莫若重刑。"②

(二)实施告奸

基于对人性逐利的认识,商鞅推行告奸制度,其提出:"若官吏周围的人之中有知晓官吏罪过并主动向君主检举揭发其罪行者,不仅可以使自己免受刑罚,而且不分身份贵贱,都能继承被举发官吏的官爵、田底和俸禄。"③以利益驱使人们(尤其是官吏)对官吏的监督。与儒家相反,法家学者并不认为逐利是恶人之性,其承认人的逐利本性,并重视如何利用这一本性治理国家,由国家对举发官吏枉法行为之人给予一定的奖励,可以激励官吏互相监督,充分发挥全民监督的效果。同时,商鞅还将告奸制度与连坐相结合,对不告奸者或匿奸者施以刑罚,"令民为什伍,而相牧司连坐。不告奸者腰斩,告奸者与斩敌首同赏,匿奸者与降敌同罚"④。不告奸、告奸和匿奸三种行为分别对应斩、赏和罚三种法律后果,这在一定程度上给特定人群设定了举发义务,即"官吏枉法,与其同居、同里、同曹内的人负有检举揭发的义务,若其知而不告,则将受到严厉的刑罚"⑤。这规定的是家属、亲友和邻里的举发义务,除此之外,上下级官吏、平级官吏之间都负有相互举发枉法行为的义务,从上述"周官之人,知而上报可免罪"可知,若枉法官吏周围的官吏知晓其罪行不上报的,应负刑责。通过

---

① (战国)商鞅:《商君书》,张浩评译,北京联合出版公司,2020,第101页。

② (战国)商鞅:《商君书》,张浩评译,北京联合出版公司,2020,第102页。

③ (战国)商鞅:《商君书》,张浩评译,北京联合出版公司,2020,第101页。

④ (汉)司马迁:《史记》,中华书局,1959,第2710页。

⑤ 龚先砦:《中国古代公务协助义务探析——立足古代告奸法技术性与伦理性的考察》,《湖北社会科学》2013年第5期。

重赏知而上报者、重惩知而不报者的方式,使每个官吏既是监察主体,又是被监察对象,如此"举发风气会非常流行,而相互监督的效果也较强"①,最终实现强制执行法令到自觉遵守的转变,从根本上消除官吏枉法行为。

(三)设置专职法官

据《商君书·定分》篇可知,商鞅主张中央和地方均应设置专职法官,中央应在君主宫殿、御史衙门和丞相衙门各设一法官,地方上的各诸侯、郡和县也应设置相应的法官、法吏。法官由知晓法令的人担任,其主要职责是向官吏和民众告知并解读君主颁布的法令,官吏知民众懂法,故不敢枉法侵犯民众利益,民众知法,则因畏惧刑罚而不敢触犯法官,如此才能充分发挥法的教育和预防作用,并使得民众监督官吏成为可能。除此之外,法官还负有监督法令落实情况并及时上报的职责,这使其或多或少发挥着监察其他官吏的作用,其在向官吏和民众解释法令的过程中,可以观察到官吏行为是否符合法令规定、是否存在越权枉法现象以及政令实施是否及时彻底等,若他们枉法以谋私,则法官可以向上举发枉法官吏。综上,法官在一定程度上起到了补充监察的作用,但商鞅关于设置法官的想法还比较笼统、模糊,也没能完全将其与其他官吏的利害相区别,尤其是与地方官吏;与中央官吏不同的是,君主对地方官吏的监察往往鞭长莫及,且地方官吏之间更易形成利益共同体。

商鞅的这些察吏措施环环相扣、相辅相成,以人的逐利本性为出发点,通过赏罚引导,区别人们(尤其是官吏与官吏之间)的利害关系,以达到相互监督、阻断官吏谋私路径的目的。但无论是何种措施,其最终目的都是加强君主对官吏权力的监督和控制,可见,商鞅的监察思想旨在维护君主的专制统治。

---

① 郑良树:《商鞅评传》,南京大学出版社,1998,第115页。

四、商鞅监察思想的创造性转化

商鞅提出的包括如何监督和控制官吏权力在内的变法措施在秦国颇有成效,荀子曾赞叹秦国的官吏像是古代圣王统治下的官吏,“及(秦国)都邑官府,其百吏肃然,莫不恭俭、敦敬、忠信而不楛,古之吏也”①。从现代的角度看,其监察思想受制于君主专制统治,无法摆脱“人治”的根本缺陷。但其所主张的以法察吏与我国现代法治观念存在一定的契合点,提取商鞅监察思想中的精华,将其与我国当代监察发展相结合,通过完成中国传统法律思想的创造性转化,推动具有中国特色的监察制度和法规之构建。

(一)重视对监察主体的监察

监察体系得以有效运行的前提是避免监察权的滥用。商鞅认为由于人的逐利性驱使,若缺乏必要的制度约束,监察官吏也会滥用其手中的权力去谋求私利,“夫置丞立监者,且以禁人之为利也;而丞、监亦欲为利,则何以相禁”②。可见“一切有权力的人都容易滥用权力,这是万古不变的一条经验”③,因此,欲使监察体系最大限度地发挥监察实效,须重视对监察主体的监察,即有必要将制度建设的重点放在对监察主体权力运行过程的监督上。从现实的角度看,对监察主体的监察也是必要的。如何实现对监察权的监督和控制?从内部看,首先须明确监察主体的权力界限,“有权力的人们使用权力一直到遇有界限的地方才会休止”④,通过法律使其职权范围细节化、透明化,一可以使监察主体自己明晰什么该做、什么不该做,减少工作上的失误,做到自己监察自己,二可以使监察主体以外的人更易察觉其违法违纪行为,如此以达到商鞅所说的“别其势,难其道”。其次应

---

① 王天海:《荀子校释》,上海古籍出版社,2005,第 664 页。

② (战国)商鞅:《商君书》,张浩评译,北京联合出版公司,2020,第 135 页。

③ [法]孟德斯鸠:《论法的精神》,张雁深译,商务印书馆,1982,第 165 页。

④ [法]孟德斯鸠:《论法的精神》,张雁深译,商务印书馆,1982,第 165 页。

从重处罚监察主体的职务犯罪行为,商鞅主张去奸须用重刑,一是因为重刑有威慑作用,二是因为监察主体职务犯罪往往结果更重、范围更广,一般存在与被监察对象相互勾结、共同犯罪的情形,对此可在刑法中补充规定:“监察工作人员职务犯罪的,应从重处罚。”从外部看,可利用赏罚制度最大限度地发挥民众监督的作用,鼓励民众通过网络、短信、电话等一切有可能的途径检举揭发监察主体的违法违纪行为,并对查证确有事实的予以奖励,同时,为防止民众乱举报,对查证不实的给予行政或刑法上的处罚。此外,还可利用商鞅的“利异相监”思路,通过区别监察主体与被监察对象的利害关系,实现被监察对象对监察主体的反向监督。

(二)区分监察主体与被监察对象的利害关系

商鞅借“驺、虞不可相监”,提出利害相同者不可相互监察,进而主张应区分监察主体与被监察对象的利害关系。对商鞅的上述监察思路,我们可以作出以下转化解释:

其一,为避免监察主体与被监察对象相互勾结,应从监察主体的选任入手,切断其利害联系。一是扩大监察主体的任职回避范围,可从地域、血缘入手,如近亲属一方为高级官员的,另一方不得为监察官。二是对于地方监察主体实行轮换制度,为避免地方监察主体与地方行政官员形成利益共同体,可加大监察主体的流动性,规定一定期限内监察主体应轮换,但应注意的是该期限不可过长,也不可过短,过长则易为地方贪污和拉帮结派提供可能,过短则无法深入开展反腐败工作。

其二,可通过区分监察主体和被监察对象的利害关系,使其相互监察,实现对监察权的监督和制约。《中华人民共和国监察官法》规定:“任何单位和个人对监察官的违纪违法行为,有权检举、控告。”从该角度看,被监察对象也有检举揭发权,但实际操作过程,被监察对象鲜有主动检举揭发监察主体的,这与人的趋利避害本质相关。对此,笔者认为可通过法律规定被监察对象对于已知的监察主体的违法违纪行为有检举揭发的义务,已知不举发的,可认为是不作为的包庇,依此实现监察的双向循环。

(三)加强普法工作

商鞅认为治国须法治,法治须使法令得到一致推行,而法令得以一致推行的前提是全民知法,如此,法令一经制定须迅速得到普及。对此,商鞅在中央和地方均设置"法官",主管法令,向官吏和民众传授法令内涵。使民知法,则吏不敢枉法谋私。加强普法工作,一可以对行政官员起到教育作用,使其时刻以法律警醒自己,从而不陷入违法违纪的危险境地,使其做到自我监察;二可以确保民众监察等外部监察途径的有效实施,民众知法,才能及时发现官员的违法违纪行为,并及时通过合法有效的途径进行检举揭发。对此,笔者认为可借鉴商鞅的"法官制度",设置专门职务向官员和民众宣讲相关法律,尤其是地方基层,越基层的民众其法律意识越淡薄,越有可能出现官员枉法侵犯民众利益的情形。此外,若"法官"在答疑解惑过程中,发现可能存在官员违法违纪行为的(该发现应具体,具体到人和事),应记录在册,并向当地的监察机关反映并说明情况。如此规定,"法官"在履行普法职责时,可起到一定的监察作用。

结语

历史文化传统决定道路选择,想要构建具有中国特色的国家监察体系,就要做到历史与现实相结合。如何将传统文化中的合理之处转变为可供现代借鉴的经验?对此,林毓生教授提出了对传统文化进行"创造性转化"的思路,亦即"将传统文化中合理的符号、思想、价值与行为模式加以重组或改造,使经过重组或改造的符号、思想、价值与行为模式变成有利于变革的资源,同时在变革中得以继续保持文化的认同"。本文通过考察商鞅监察思想的具体内容,发现其以"人性逐利"为理论依据指出监察官吏是必要的,也是可行的，并在此基础上提出了“利异相监”的监察思路和“以法察吏”的具体措施。将商鞅的监察思想与我国当前的监察制度结合考量，可以发现我国目前对于监察官的监察力度还不够，应进一步完善对监察官的监察，并通过区分利害关系的方式实现监察官与被监察对象的相互监察，同时在基层设置“法官”，加大普法力度，并起到补充监察的目的。

地方性知识的误用

——读苏力的《法治及其本土资源》

马 驰[①] 黄丽颖[②]

《法治及其本土资源》一书一经问世，就引起了学界的争论与探讨。直至今天，该书经过多次重印和修订，依然有着十分可观的读者群，无疑可以证明这部著作在中国法学界的影响之深远。在书中，苏力先生用地方性知识来论证利用本土资源来进行法治现代化建设的重要性，并且对“变法”和法律移植持一种怀疑的否定态度。苏力的此种观点受到了格尔茨“地方性知识”理论的影响，本文试图通过比较两种地方性知识理论，说明苏力对地方性知识存在一种坚守差异的误用。认识到法律作为一种地方性知识，不是要坚守地方之间的差异，而是要注重理解差异。

一、苏力语境下的地方性知识

苏力将地方性知识作为论证“本土资源”重要性的依据，他将西方的现代法律制度和本土环境这两种制度的差别转化成了普适性知识和地方性知识的差别。苏力的论证主要从以下几个方面展开。首先，法律制度能够有效运行，需要的是大量的地方性知识，不存在一

---

① 马驰，天津商业大学法学院副教授，法学博士。
② 黄丽颖，天津商业大学法学院硕士研究生。

种法治建设知识的范式来直接适用于中国法治的发展,也没有哪一种法治建设的计划能够穷尽社会中的一切知识,按照规划或计划建设出来的法治现代化与现实社会存在一定的距离,无法有效运行。① 其次,地方性知识只能在特定的地方发挥作用。西方的知识运用到中国效果会大打折扣,并且由于语言的局限性,很难对西方的法治经验有一个全面的、细致的了解。② 最后,每个人都有不同的知识,这些知识是其他人无法替代的,而制度是由人创造出来的,是在人们的交往和行动的过程中碰撞产生的,本土资源可以通过人们的行为慢慢转化为正式法律制度。③

从苏力对于地方性知识的论证中可以看出,他对于普适性的知识持一种怀疑态度。他认为将西方的价值观施用于中国会产生水土不服的现象,因此应当把目光集中于本土资源。为证明这种观点,苏力用“秋菊打官司”的例子来展现普适性价值观与中国乡村中地方性知识的冲突。他认为正式法律制度中体现普适性的权利并不是秋菊诉求的权利。这种被大部分学者认为是公平正义的权利保护观念不仅没有解决秋菊的问题,反而给当事人带来了不利影响,损害了原有的和谐的社会关系网络,在此之后秋菊一家很难再融入这个关系网。虽然表面上看秋菊的权利得到了保护,但是会受到非正式制度的制裁:周围的人短期内不愿与她交往,当再遇到纠纷时,秋菊可能不会再诉求于正式法律。④ 由此,苏力进一步论证了地方性知识对于法治建设的重要性。正式法律制度中确立的普适性知识对地方性知识存在一种忽略,这种法律制度不仅没有解决当事人的问题,反而使当事人对于法律产生了困惑。

---

① 苏力:《法治及其本土资源》,中国政法大学出版社,1996,第19页。
② 苏力:《法治及其本土资源》,中国政法大学出版社,1996,第18页。
③ 苏力:《法治及其本土资源》,中国政法大学出版社,1996,第20页。
④ 苏力:《法治及其本土资源》,中国政法大学出版社,1996,第30页。

苏力在谈及地方性知识的时候直接引用了格尔茨的“地方性知识”概念来说明本土情境对法治建设的重要性。通过概念,并不能完全理解何为格尔茨提出的地方性知识。为进一步理解苏力“本土资源论”的理论基础,并且比较两种“地方性知识”之间的差异,有必要对格尔茨的地方性知识加以说明。

二、格尔茨的地方性知识理论

格尔茨的“地方性知识”理论给苏力的论述提供了启发,在苏力的论证过程中,并没有对这一理论来源做详细的阐述,而是仅引用格尔茨“地方性知识”的概念。下面笔者将对格尔茨的地方性知识理论做一个简单介绍,以说明法是一种“地方性知识”概念背后的意义。

格尔茨认为,法律和航海、园艺、政治一样,都是凭借地方性知识来运作的。法学和人类学都是从局限的小事物中得出广泛的大的原则。正如非洲的格言说的那样:“智慧出自一个蚂蚁窝。”①司法是一个将事实表述出来的过程,法律的焦点是做到想象的语言和判断的语言之间的相互翻译,以塑造一种正义的知识。司法的过程在于以某种方式描述事件的过程以及生活的总体观念,以提高双方的可信度。格尔茨认为,法律不是像霍姆斯所说的那样包罗万象,同时也不是解决纠纷方案的汇集,而是比较接近一种人情世故。不同的市井包含不同的人情世故,格尔茨将这种不同地方的关于正义的意识看作一种“法律的感性”,这种感性因地方的不同而不同,体现在风格、内涵以及作用于社会的力量各个方面。

格尔茨的目光集中于——人们了解自己“如何行为”,以及了解自己这样做在各方面的意义后,怎样安排自己的行为。理解人“如何行为”的意义,是为了“将自我认识、自我知觉、自我理解的过程与他

---

① [美]克利福德·格尔茨:《地方知识:阐释人类学论文集》,杨德睿译注,商务印书馆,2017,第167页。

人的知识、他人的感知和他人的理解焊接起来,从而更准确地辨识(也可以用其他近似的说法)我们是什么样的人,我们的周围又是什么样的人"①。格尔茨从人类学的角度,关注个人生活的意义结构,关注符号系统,从研究人的行为出发,尽量熟悉对方的符号系统,观察他们在符号系统下如何行为。这不是为了强调相对主义,而是为了加强人们之间的相互交流,增强群体之间的相互理解。利用本土认识框架来理解本土人的不同社会行为产生的不同社会现象,而不是从一种预设的因果关系中推导出结论。生活在特定的环境中,常常使我们忘记追究现象背后的原因,认为一些现象的发生顺理成章,然而这些事件并不是理所应当的。这个道理同样适用于司法判决,司法判决不是简单地将规范适用于事实,而是从客观世界中发现事实并将它们完整地带上法庭。也就是说,法律关注的是正在发生的事实——会受到时间、空间和民族等因素的影响而变化的事实。

格尔茨认为:"法律其实是地方性知识,它的地方性不仅在于空间、时间、阶级及其他许多方面,更在于它的腔调,即对所发生的事实赋予一种地方通俗的定性,并将之联结到当地关于'可以不可以'的通俗观念。"②随着世界的发展,法律将会进一步特殊化而不是趋于一致。法律思维不只是对社会的反映,而是建构性的思维。他认为法学的比较研究是一种不同文化之间的翻译工作,通过法律文化之间的比较来借鉴和发展法律。正如格尔茨的论述:"归根结底,我们需要的不只是地方知识,我们更需要一种方式来把各式各样的地方知识转变为它们彼此间的相互评注:以来自一种地方知识的启明,照

---

① [美]克利福德·格尔茨:《地方知识:阐释人类学论文集》,杨德睿译注,商务印书馆,2017,第182页。

② [美]克利福德·格尔茨:《地方知识:阐释人类学论文集》,杨德睿译注,商务印书馆,2017,第339页。

亮另一种地方知识隐翳掉的部分。”①

三、两种地方性知识观的比较

苏力以格尔茨的理论作为出发点,用地方性知识来表明法要从本土环境中演化而来才能有效运行,以地方性知识怀疑普适性知识与本土环境的匹配度。事实上,苏力对于“地方性知识”理论的运用与格尔茨的“地方性知识”本意有很大不同。

首先,格尔茨采取的是一种价值中立的研究态度,而苏力在研究过程中隐含着个人的价值取向。格尔茨是从人类学的角度,将不同的法律看作不同的文化。通过文化之间的比较,看到文化观念的不同,将文化观念作为一个起点去探寻和理解其背后的社会制度和文化结构。② 而不是意在分析不同的地方性知识依赖于不同的地方是否能发挥作用。这是一种价值中立的学术态度。苏力从西方法律制度适用于本土环境的有效性出发,以地方性知识建设法治阻力会更少并且更有效率为由,对外来的法律文化持怀疑态度,这中间包含了自己的价值判断,即外来文化制度适用于我国法治建设的功效低于从本土自发演化出的法治建设道路。

其次,格尔茨主张的地方性知识是一种关于本土的“认识与想象的复合体”,而苏力主张的地方性知识是具体的和地方相联系的知识。③ 在格尔茨看来,法律是真实事实与本地想象的联系的一种方式。通过不同地区特定事务的不同表现,去寻找这背后的原因,而这基于对特定地方情境的“本土想象”,通过现实和想象之间的联系理解地域之间的差异。通过寻求地方之间的不同来解释法的实际效

---

① [美]克利福德·格尔茨:《地方知识:阐释人类学论文集》,杨德睿译注,商务印书馆,2017,第 366 页。

② [美]克利福德·格尔茨:《地方知识:阐释人类学论文集》,杨德睿译注,商务印书馆,2017,第 293 页

③ 苏力:《送法下乡:中国基层司法制度研究》,中国政法大学出版社,2000,第 45 页。

力。而在苏力眼中,地方性知识是一种实践性的个人化的知识。这种地方性知识很难用语言去表达,是通过人们的实践积累出来的具体的知识。这种知识不一定出现在书本里,因为这种知识是十分具体的,从个人的生活实践中得出的知识,并且一般不为正式制度所承认。

再次,格尔茨认为法律对于其他社会知识具有一种建构性的作用,而苏力主张法是现实发展的一种反映。格尔茨认为,事务受到不同本土环境的影响,而法律也是影响因素之一。换言之,法律对于其他社会现象具有一种反作用,不仅反映着其他社会知识,同时也会赋予事务以特定的含义,即法律也在影响着其他社会现象的发展和变化。而在苏力的论述中,法律是其他社会现象的一种反映。也正因如此,他主张法律最好能从本土资源中自发演化,也就是说,法律受本土的经济、政治等因素决定。只有从本土中演化而来的法律制度才能适应其他的本土情境。

最后,格尔茨强调法律具有地方性意在加强对不同地方知识的理解,而苏力强调法律具有地方性意在突出其他地方知识对本土情境的冲击与不同。格尔茨在主张法是一种地方性知识的同时,意识到不同地方的法律文化都存在一定的缺口,而缺口正是其他地方的法律文化照进来的地方,即不同地域存在差异性,要在差异的基础上加强理解,这样才能将发挥不同地方知识的优势。而苏力主张法具有地方性,由此得出将外来法律制度运用到本土情境会产生排外反应,对外来的法律文化持一种怀疑的态度,是对法律文化差异性的一种坚守而非强调理解。

四、苏力地方性知识观的局限性

通过以上比较可以看出,苏力虽然用了“地方性知识”的概念,但苏力对地方性知识的用法还有待商榷:

一是地方性知识是在不断变化的,而具有地方性特性的法律也是不断变化的。地方性知识是一个动态变化着的系统①,并不是静态的。无论是清末的法律改革,还是中华人民共和国成立后的改革开放,无论这种"变"是否是主动的,中国的本土情境都一直在变化着。在当代中国,自由、平等的观念早已深入人心,检察官制度、律师制度已经被人们认可。平等、文明的审判取代了原有的封建式的审判方式。相比于原来的"厌讼"心理,现在即使是在偏远的乡村,遇到纠纷时人们也会选择用法律捍卫自己的权利。在全球化的浪潮和互联网时代的背景下,本土环境的包容度和开放度已经大大提高了。而苏力更多的是看到本土的习惯以及惯例,将现有的本土资源看作一个可以演化成法律的自生自发的系统,即现代法治是可以在本土资源中形成的。事实上,现有的本土资源在很大程度上受到外来文化的影响,比如男女平等的观念对于古代男尊女卑、三从四德旧观念的取代;再比如原有的封建等级制度的废除,父母之命、媒妁之言被自由恋爱的观念所代替。这些都是本土资源自发的演化,而这些观念也不是一开始引进就能为人所接受的。今天的地方性知识之所以能够存在,是因为其适应了时代的发展,相比于陈旧的本土资源具有先进性。人的理性决定了人类的进步,现有的本土资源正是因为可以进步和变化,才能被人们接受,而不符合社会发展规律的本土资源会逐渐淡出人们的生活。

二是法律不仅是其他本土知识的反映,同时也对本土社会有一种建构作用。正如格尔茨的结论:"法律是社会生活的建构性元素,而非其反映;或者无论如何不单只是反映。"②对于这一点,伯尔曼在《法律与革命》中也有相关的论述:"法律是'意识形态的上层建筑'的一部分,它被那些拥有经济权力的人们用作实现他们政策的一种

---

① 何勤华:《法的移植与法的本土化》,《中国法学》2002 年第 3 期。

② [美]克利福德·格尔茨:《地方知识:阐释人类学论文集》,杨德睿译注,商务印书馆,2017,第 344 页。

手段。不过,不应将西方的法律传统简单地理解为经济或政治的工具;还必须把它看作西方社会基本结构的一个重要部分。它是经济和政治发展的一种反映和决定性因素,如没有12世纪到15世纪发展起来的宪法性法律、公司法、契约法、财产法和其他法律部门,当代理论家们认为与资本主义画等号的从17世纪到18世纪的经济和政治变革是不可能发生的。"①由此可见,法律对于经济和政治有很大的影响,能够推动经济和政治的发展,而不是对经济、政治等元素的简单反映。在现代社会,法对于经济、道德、科技发展等各个方面都有十分重要的作用。

三是地方性知识和正式法律制度中普适性的权利观念断层并没有那么深刻。苏力用"秋菊打官司"的例子意在说明本土文化中的权利观念对西方的法律观念出现了一种"排异反应"。然而,在普适性权利观念下建立起来的正式法律制度并不是那么死板和不近人情的。承担民事责任的其中一种方式为赔礼道歉,如果法院判决村主任承担责任的方式是赔礼道歉,那么完全可以满足秋菊想要一个说法的诉求。而电影里没有这样判决,很大原因是为了获得戏剧上的冲突。在真实生活中,正式法律制度有更为合理的方式去解决秋菊的问题,秋菊也不会那么困惑了。在苏力看来,正式的法律制度对秋菊案处理的结果会损害原有社区中和谐的、长期存在的社会关系网,秋菊一家很难再融入这个关系网,因此不利于秋菊一家日后在这个社区的生活。但如果这个案件没有得到正式法律的处理,今后这样的伤害案件将会越来越多,伤害程度会越来越大。法律使人们的行为有了可预期性,人们再想做类似行为时便会想起村主任因此被制裁过,从而约束自己不实施伤害行为。也许法律的处理结果是伤害

---

① [美]伯尔曼:《法律与革命——西方法律传统的形成》,贺卫方等译注,中国大百科全书出版社,1993,第50页。

了原有的人际关系,但也因此避免了今后更为恶劣的伤害事件。两害相权取其轻,法律选择保护了更多人未来的人身安全。从另一个视角看,正式法律中的“不告不理”原则已经为地方性知识保留了空间,如果秋菊认为村主任对于她丈夫的侵害程度并不严重,那么在当事人受伤特别轻微的情况下,法律一般不会主动追究村主任的责任。① 既然秋菊选择用正式法律制度去解决纠纷,那就不能责怪法律完全站在秋菊的立场上去理解她想要的说法。因为法律是不受当事人意志支配的,法律是以规则的形式确定下来的针对一般人的规则。针对每个人的纠纷制定不同的法律是不可能的,因此,法律不能去理解每个人的“说法”。法律用自己的方式维护当事人的权利,尽管有时会与当事人想要的“说法”有些出入,但这正是规则与事实之间的永恒距离。

苏力将地方性知识作为论述的理论基点,肯定并强调地方知识之间的差异性。在论证过程中苏力将目光局限于法律的地方性一面上,忽视了法律作为一种文化同时还具有跨文化性的特性。法律具有地方性,这无疑是正确的,无论是从本土资源中演化而来的法律,还是学习外来的法律制度,本土情境都是法律发展的基础。然而法律作为一种文化,正是在其具有地方性特点的基础上,才有交流和彼此借鉴的可能性。因此,认识到法的地方性,重在理解不同地方法律文化的差异,而非将法律发展的目光局限于地方。

结论:理解差异而非坚守差异

法律作为一种地方性知识,具有本土性;作为一种文化,同时具有跨地域性的特性。因此,不仅要意识到地方知识之间具有差异性,更要注重不同地方知识间的相互理解,而不是以存在知识间的差异

---

① 桑本谦:《法治及其社会资源——兼评苏力“本土资源”说》,《现代法学》2006年第1期。

性为由排斥外来文化。地方知识并不是一个封闭的体系，在演化过程中，常常会吸纳外来因素。从历史观的角度看，法律发展的过程正是一个知识跨越地方，走向普适的过程。英美法系至少吸取了日耳曼法、基督教义等异域法文化，大陆法系则借鉴了古罗马法，而古罗马法以希腊文化为基础，融合了其他国家的法律文化，中华法则是从印度法和其他少数民族的法律文化中汲取的。①

利用地方性知识建设法治当然是很有意义的，也是十分必要的，但这并不意味着我们要否定其他地方的文化。因为"地方"这个说法本身是具有相对性的。如果将一个国家看作一个"地方"，那么不同的省份、不同的城市、不同的乡村甚至不同的家族都可以看作不同的"地方"。每一个"地方"都是另一个更大"地方"的组成部分。可以看出，"地方"这个说法本身就具有一定的相对性，要以全面的眼光去看待地方性知识。在全球化的时代，世界也可以看作一个"地方"，全世界的人都拥有共同的地方性知识。从这个意义上说，尽管各国的法律内容不尽相同，但"法"是各国都有的知识。我们正处于一个文化多元的时代，法律作为文化的一种也是多元的。事实上，在中国法律的演化过程中，受到了很多外来文化的影响。从清末变法时期，中国法律已经受到了西方法律文化的影响，封建法律已经日益与西方的资本主义法律相结合。② 在中华人民共和国成立初期，学习苏联的法律制度和法律思想，效仿苏联的法制建设模式等都体现了与外来法律文化的融合。应该说，现在中国的本土资源当中已经包含了西方的法律"范式"。而现在被保留下来的法律文化，是符合我国国情的，又是世界法律文化中精粹的部分，如法律面前人人平等、法不溯及既往、正当程序等。这些法律文化具有超越国界的属性，正因如

① 黄金兰：《从吉尔兹地方性理论说起——关于民族国家法制本土化理论的几点再思考》，《山东大学学报》2008 年第 1 期。

② 沈宗灵：《比较法研究》，北京大学出版社，1998，第 432 页。

此,这些法律文化才能被世界各国接受并且融入本国的法律体系中。

因此,要以一种包容的心态来对待法律发展,既要看到法律的地方性,也要看到法律的跨文化性。在学习外来文化的过程中,要考虑本土的实际情况,在保留本土法律地方性特色的基础上,“择其善者而从之”,用其他地方知识来照亮本土情境的知识缺口。只有这样,地方性知识才能在与其他外来知识的碰撞中不断更新,从而在法治建设中发挥新的作用。

《中华人民共和国涉外民事关系法律适用法》第五条的实证分析

邹淑环[①]

《中华人民共和国涉外民事关系法律适用法》(以下简称《法律适用法》)第五条规定:“外国法律的适用将损害中华人民共和国社会公共利益的,适用中华人民共和国法律。”该规定秉承了我国对公共秩序保留制度一贯肯定的态度[②],从立法上为维护我国的重大利益、基本制度、道德的基本观念和法律的基本原则安装上了一枚“安全阀”。公共秩序保留制度在他国也得到了普遍接受,但立法用语不尽相同。[③] 公共秩序作为一个法律概念,同时也是一个政治概念,对它的解释具有很大的弹性,公共秩序保留制度适用的具体情形由法官判定,这凸显了该制度司法运作的重要性。探究我国司法实践如何适用《法律适用法》第五条是本文的目的。

一、《法律适用法》第五条适用情况统计

截至 2022 年 1 月 15 日,在中国裁判文书网“法律依据”条件栏中填写“《中华人民共和国涉外民事关系法律适用法》第五条”搜索

---

① 天津商业大学法学院副教授,法学硕士。

② 李双元主编:《国际私法》,北京大学出版社,2011,第 137 页。

③ 杜新丽、宣增益主编:《国际私法》,中国政法大学出版社,2017,第 104 页。

到32个案例,剔除重复、无关案例后为28个。① 见表1:

表1 人民法院适用《法律适用法》第五条情况一览表

序号	文书名称	文书作出时间	案由	法律适用情况
1	徐某与胡某某确认合同效力纠纷二审民事判决书	2016年6月15日	民间借贷纠纷	一审:根据《中华人民共和国民法通则》第一百四十五条和《中华人民共和国合同法》第一百二十六条,适用我国某特别行政区法律;但适用该法明显违背了我国的社会公共利益。故根据《中华人民共和国民法通则》第一百五十条,适用我国内地的法律。 二审:一审法院在确定本案准据法时适用法律不当,应适用《法律适用法》第四十一条和第五条,但一审法院对本案准据法的选择正确

① 32个案例中,有1例是同案号出现了2次;另有1例分别是原审和再审,表1中为同序号。还有2个案例既不涉及适用外国或外法域的法律,判决依据中也没有提及《法律适用法》第五条,与本文无关。

续表

序号	文书名称	文书作出时间	案由	法律适用情况
2	恒×银行有限公司与林某某等金融借款合同纠纷一审案件民事判决书	2021年7月30日	金融借款合同纠纷	(1)被告天×仓储公司是否有担保的主体资格及其对外担保是否经过内部授权,以及原告可主张的破产债权范围,依据我国内地法审理。 (2)原告与被告天×仓储公司、被告林某之间的合同纠纷,依据我国某特别行政区法律进行审理。 (3)判决依据中包括《法律适用法》第五条
3	蔡某某与吴某某民间借贷纠纷一审民事判决书	2020年12月31日	民间借贷纠纷	(1)参照适用《法律适用法》第四十一条,双方当事人没有协议选择争议适用的法律,与双方借贷关系最密切联系的应是合同签订地,故本案应适用我国内地法律审理。 (2)根据《法律适用法》第五条,原告提出的赌博在我国某特别行政区合法,本案借款即便基于赌博也应予以保护的主张违背我国内地的社会公共秩序和善良风俗,故法院对原告该项主张不予支持

续表

序号	文书名称	文书作出时间	案由	法律适用情况
4	刘某某与李某某民间借贷纠纷一审民事判决书	2020 年 7 月 23 日	民间借贷纠纷	根据双方当事人的选择,适用我国内地法律。 判决依据包括《法律适用法》第五条
5	黄某某与陆某某民间借贷纠纷一审民事判决书	2020 年 3 月 6 日	民间借贷纠纷	同 4
6	张某某、林某继承纠纷二审民事判决书	2019 年 5 月 31 日	继承纠纷	(1)根据《法律适用法》第二十一条,林某与张某某的结婚条件问题适用中国法律。 (2)根据《法律适用法》第二十二条,林某与张某某的结婚手续符合美国法律规定。 (3)根据《法律适用法》第五条,林某与张某某是三代以内的旁系血亲,其在美国缔结的婚姻关系,违反《中华人民共和国婚姻法》关于三代以内的旁系血亲禁止结婚的强制性规定,违背中国婚姻道德伦理规范,其在美国所缔结的婚姻关系在中国境内应认定为无效

续表

序号	文书名称	文书作出时间	案由	法律适用情况
7	原告大×银行有限公司与被告A(某特别行政区)有限公司、SZ市A科技股份有限公司、HZ市贝×通信科技有限公司、周某某、李某某、邱某某融资租赁合同、保证合同纠纷案一审民事判决书	2021年1月28日	融资租赁合同纠纷保证合同纠纷	租赁合同、担保及弥偿书约定适用我国某特别行政区法律,且不违反我国法律的强制性规定及社会公共利益
8	夏某与优×医疗健康咨询(SZ市)有限公司、高某某合同纠纷一审民事判决书	2021年1月25日	合同纠纷	根据《法律适用法》第三条和第五条,两份辅助生殖信息咨询服务合同原约定适用格鲁吉亚法律,但触及我国法律的基本原则及社会的基本道德伦理,属于法院在适用外国法时应予公共秩序保留的范围。故当事人协议选择适用外国法律的约定应属无效,本案的审理应适用我国法律

续表

序号	文书名称	文书作出时间	案由	法律适用情况
9	吴某与曾某某民间借贷纠纷一审民事判决书	2019年9月25日	民间借贷纠纷	根据《法律适用法》第四十一条规定,当事人无法律适用的约定,案中借款合同本应适用我国某特别行政区法律。但适用该法属于《法律适用法》第五条规定的情形,故法院以我国内地法律为处理本案的法律依据和判断标准
10	吴某与韩某某民间借贷纠纷一审民事判决书	2019年9月20日	民间借贷纠纷	同9
11	罗某与谷某某、韩某某民间借贷纠纷一审民事判决书	2019年9月5日	民间借贷纠纷	同9
12	李某某与张某、张某某买卖合同纠纷一审民事判决书	2019年5月28日	买卖合同纠纷	案中车牌转让协议的效力,本应以我国某特别行政区法律为准据法;但由于规避了我国内地相关职能部门对于粤与该特别行政区两地车牌的管理,根据《法律适用法》第五条规定,适用我国内地法律为准据法

续表

序号	文书名称	文书作出时间	案由	法律适用情况
13	罗某与田某民间借贷纠纷一审民事判决书	2019 年 4 月 17 日	民间借贷纠纷	同 9
14	吴某与尧某某民间借贷纠纷一审民事判决书	2018 年 11 月 28 日	民间借贷纠纷	同 9
15	华侨××银行有限公司与中×××实业有限公司、中×赠品玩具有限公司金融借款合同纠纷一审民事判决书	2018 年 4 月 13 日	金融借款合同纠纷	当事人约定适用我国某特别行政区法律。 我国内地法律对本案没有强制性规定，适用该特别行政区法律也不损害我国内地社会公共利益

续表

序号	文书名称	文书作出时间	案由	法律适用情况
16	欧××(亚洲)有限公司与金×实业有限公司、DG市宏×塑胶制品有限公司融资租赁合同纠纷一审民事判决书	2017年12月28日	融资租赁合同纠纷	(1)根据双方当事人约定,租赁协议的准据法为我国某特别行政区法律。 (2)根据双方当事人约定,融资租赁权益确认协议书适用我国内地法律。 (3)双方当事人关于担保和弥偿保证(有限)适用我国某特别行政区法律的约定未违反我国内地法律的强制性规定,故涉及该保证书中的担保问题时应适用该特别行政区的法律。 (4)判决依据包括《法律适用法》第五条
17	SZ市YY印务有限公司与杨某某、龚某某承揽合同纠纷一审民事判决书	2017年12月25日	承揽合同纠纷	根据《法律适用法》第十四条,本案适用我国某特别行政区法律;不存在适用《法律适用法》第四条、第五条的情形
18	华侨××银行有限公司与宝×集团有限公司、DG市海×精机有限公司融资租赁合同纠纷一审民事判决书	2017年9月29日	融资租赁合同纠纷	当事人约定租赁合约以我国某特别行政区法律为准据法,没有违反我国内地强制性或禁止性法律规范,该约定有效。 判决依据包括《法律适用法》第五条

续表

序号	文书名称	文书作出时间	案由	法律适用情况
19	香×××××银行有限公司与鸿×国际包装制品有限公司、高新鸿×塑胶制造（SZ市）有限公司金融借款合同纠纷一审民事判决书	2017年6月28日	金融借款合同纠纷	法院依法适用某特别行政区法律作为审理该金融借款合同纠纷的准据法。本案不存在适用《法律适用法》第四条、第五条情形。 判决中有“《银行授信》的其他条款也不存在违反我国某特别行政区法律和公共政策的情形”的阐述
20	东×银行有限公司与展×光电（某特别行政区）实业有限公司、DG市展×光电科技有限公司等融资租赁合同纠纷一审民事判决书	2017年3月3日	融资租赁合同纠纷	（1）原告东×银行与被告某特别行政区展×公司在租赁协议中约定准据法为某特别行政区法律，该约定没有违反我国强制性或禁止性法律规范，应确定该法为处理原、被告之间融资租赁关系的准据法。 （2）租赁协议中约定担保部分的法律关系适用某特别行政区法律，规避了内地对外担保的审批、登记制度，有损我国公共利益，参照《法律适用法》第五条的规定，审理被告DG展×公司、SZ展×公司、黄某、罗1、罗2为被告某特别行政区展×公司提供的担保问题时应适用我国内地的法律

续表

序号	文书名称	文书作出时间	案由	法律适用情况
21	中×贸易(新××)有限公司与S省东×包装材料有限公司国际货物买卖合同纠纷一审民事判决书	2017年2月16日	国际货物买卖合同纠纷	根据《法律适用法》第四十一条,当事人选择适用我国的法律。 判决依据包括《法律适用法》第五条
22	冯某某与冼某某、黄某某房屋买卖合同纠纷一审民事判决书	2016年3月18日	房屋买卖合同纠纷	(1)再审 准据法为我国内地法律。 判决依据包括《法律适用法》第五条。 (2)原审 同上

续表

序号	文书名称	文书作出时间	案由	法律适用情况
23	东×银行有限公司与金××(某特别行政区)国际有限公司、DG市金××铝制品有限公司、DG市冠×铝材有限公司、凌某某、龙某某、吴某某等融资租赁合同纠纷一审民事判决书	2015年12月31日	融资租赁合同纠纷	(1)原告与被告融资租赁主合同。 当事人约定适用我国某特别行政区法律。 (2)原告与被告DG市金××公司、冠×公司、凌某某、龙某某保证合同。 当事人约定适用我国某特别行政区的法律,但该法的适用将有损我国社会公共利益,故参照《法律适用法》第五条的规定,案涉从合同争议适用我国内地的法律。 (3)原告与被告温某某之间的保证合同。 当事人约定适用我国某特别行政区法律
24	此案同23号案例的当事人、审判时间、审判法院、案由、法律适用情况等相同,但案号、具体的判决意见有差异			
25	鹰×投资有限公司与朱某某借款合同纠纷一审民事判决书	2015年12月20日	借款合同纠纷	双方当事人选择适用我国某特别行政区法律,且不属于需要适用《法律适用法》第五条规定的情形,故本案实体权利的审理应适用该特别行政区法律的相关规定

续表

序号	文书名称	文书作出时间	案由	法律适用情况
26	吴某某诉陈某某民间借贷纠纷一审民事判决书	2014年7月11日	民间借贷纠纷	同9
27	石某某与陈某某民间借贷纠纷一审民事判决书	2014年10月15日	民间借贷纠纷	同9
28	东×银行有限公司诉亨×国际有限公司、SZ市柏××精工塑胶制品有限公司、郑某某、钟某某融资租赁合同纠纷一审民事判决书	2014年7月15日	融资租赁合同纠纷	根据双方订立的租赁协议约定,本案应适用我国某特别行政区法律裁判原告与四被告因履行租赁协议产生的争议,不存在适用《法律适用法》第四条、第五条的情形

资料来源:中国裁判文书网,https://wenshu.court.gov.cn/,2022年1月15日。

二、《法律适用法》第五条司法实践的特点

从上述统计分析可见,人民法院适用《法律适用法》第五条时呈现出以下特点:

(一)集中于合同领域

《法律适用法》第五条适用于所有可能涉及以外国或外法域①法为准据法的领域。但表1显示,除1例继承纠纷案外,均适用于合同

① 《法律适用法》若干问题的解释(一)规定涉港澳案件参照涉外案件处理,故本文用"法域"的表述。

纠纷的审理过程中,其中有7个案例适用的情形一致,表现为:债务人在我国某特别行政区因赌博而借款后没有按约定还款,债权人在人民法院提起诉讼。案中当事人均没有进行法律选择,人民法院根据该法第四十一条的规定,认定应适用该特别行政区法律。在该特别行政区,博彩为合法的行为,因此而产生的债务也受到其法律保护。但这与我国内地法律对赌债的规定截然不同,若承认此债务合法并对其加以保护,显然违背内地的公序良俗。此时《法律适用法》第五条便发挥了作用,人民法院以适用该特别行政区的法律有损我国内地社会公共利益为由,拒绝其成为审判依据,而适用我国内地的法律处理纠纷。虽然表中案例呈现出公共秩序保留制度的适用集中于合同纠纷,但二者之间不存在必然的因果关系。

(二)区际民商事案件居多

关于公共秩序保留制度在解决区际法律冲突时的适用问题,其他存在区际法律冲突的国家往往采取很少适用甚至根本不用的态度。① 但在我国,表1呈现出适用该制度多见于区际民商事案件的状况。其主要原因是在国外区际法律冲突多发生在同一社会制度中,各法域的法律制度产生于同一经济基础,建立于同一价值理念之上,各自的重大利益、基本制度、道德的基本观念和法律的基本原则鲜有本质区别,公共秩序保留制度适用的情形很难出现。但是,我国的区际法律冲突发生在"一国两制"国情之中,根植于社会主义制度的内地法律与资本主义制度下特别行政区的法律,分别产生于公有制和私有制两种不同的生产资料所有制形式,某一法律规定有质的不同在所难免,这奠定了公共秩序保留制度在解决我国区际法律冲突中的地位。

(三)奉行结果说

公共秩序保留制度司法运作的关键在于依据什么标准判断外国

---

① 李双元主编:《国际私法》,北京大学出版社,2011,第119页。

或外法域法律损害法院地的公共秩序,对此存在着主观说和客观说。前者强调只要某一外国或外法域法规定本身与法院地的公共秩序相抵触,就可排除其的适用。客观说又分为联系说和结果说,它不孤立地判断外国或外法域法本身是否具有可恶性和有害性,而是强调个案与法院地是否有实质联系或者看外国或外法域法的适用结果。① 我国司法实践中采用结果说,比如表 1 中的一些民间借贷纠纷均因在某特别行政区借款用于赌博而生,有的当事人提出赌博在该特别行政区合法,借款基于赌博也受该法域法律的保护②;或者是人民法院按照冲突规范援引本应适用该特别行政区法律,但若承认此类债务合法并对其加以保护,显然违背内地的公序良俗③,因而才出现当事人的主张被拒绝或援引的该特别行政区法律被排除适用的结果。

(四)从防范和排除两个方面适用公共秩序保留制度

我国现有案例显示,公共秩序保留制度从防范和排除两个方面发挥作用:防范方面表现为人民法院认可当事人的法律选择,如华侨××银行有限公司与中×××实业有限公司、中×赠品玩具有限公司金融借款合同纠纷案,法院认为当事人约定适用我国某特别行政区法不损害我国内地社会公共利益,肯定了当事人选择法律行为的效力,对该法适用的效果做出了预判。排除方面表现为人民法院对按照冲突规则确定的法律因与我国的公共秩序发生抵触而被排除适用,这种情况是适用公共秩序保留制度的常态,也在我国现有案例中居多,如吴某与曾某某民间借贷纠纷及其同类案件。

(五)阐明适用公共秩序保留制度的具体理由

对公共秩序的解释具有一定的弹性,外国或外法域法的适用是

---

① 杜新丽、宣增益主编:《国际私法》,中国政法大学出版社,2017,第 105—106 页。

② 蔡某某与吴某某民间借贷纠纷一审民事判决书,https://wenshu.court.gov.cn/,2022-01-15。

③ 吴某与曾某某民间借贷纠纷一审民事判决书,https://wenshu.court.gov.cn/,2022-01-15。

否与法院地的公共秩序相冲突需要法官进行判断。在这种情况下，通过司法判例将公共秩序保留制度适用的情形具体化将有利于司法统一。在适用《法律适用法》第五条时，法官具体阐明理由，说清楚外国或外法域法的适用与我国的哪一规定相冲突，不仅增加了判决的权威性，使当事人心服口服，也对以后案件具有可靠的参考价值。在夏某与优×医疗健康咨询（SZ 市）有限公司、高某某合同纠纷一案中，为说明辅助生殖信息咨询服务合同不能适用当事人选定的格鲁吉亚法律时，判决书中明确指出："对代孕行为的法律评价涉及女性身体权、婚姻家庭关系等问题，代孕过程中产生的终止妊娠、子女抚养、弃养、亲子关系认定等问题，均触及我国法律的基本原则及社会的基本道德伦理，属于法院在适用外国法时应予公共秩序保留的范围。"①

三、适用《法律适用法》第五条应注意的事项

《法律适用法》第五条属于预防性条款，适用时要注意以下几点：

（一）适用于国际民商事案件和区际民商事案件的原则是否一致

如上文所述，其他存在区际法律冲突的国家往往很少适用甚至根本不用的公共秩序保留制度，我国法院在适用《法律适用法》第五条时是否需要对国际民商事案件和区际民商事案件严格区分呢？徐某与胡某某确认合同效力纠纷二审民事判决书中有这样的表述："本院在对涉案合同及上诉人权利进行评判时，参照该条法律规定，审慎适用公共秩序保留原则，以中华人民共和国内地法律作为处理本案的法律依据和判断标准。"该区际合同纠纷案件的判决中提到了审慎适用公共秩序保留原则。但本文认为，在"一国两制"的国情下，该原则不仅用于区际民商事案件之中，在国际民商事案件中适用公共秩

① 文中引用的判决书原文均来自中国裁判文书网（https://wenshu.court.gov.cn.）相关案例，文中不再标注。

序保留制度时我国也应持审慎的态度,以促进跨国民商事交往的顺利进行。

(二)划清公共秩序保留制度与相近制度的界限

人民法院在适用公共秩序保留制度时,要划清与下面两种制度的界限:

其一,公共秩序保留与强制性规定。在国际私法中,这两种制度最终都可以达到适用法院地实体法的效果,但二者的产生时间、作用过程等不同。公共秩序保留制度是伴随着适用外国法情形的出现而出现,其作用的过程是法院先适用自己的冲突规范,根据其援引找到了一个外国的实体法,而该实体法的适用将损害法院地的公共秩序,此时法院才决定启动公共秩序保留制度排除该法的适用,进而常常以适用法院地的实体法来补救。而强制性规定即直接适用的法产生较晚,在20世纪50年代才被提出。① 为了使法律在国际民商事交往中更好地维护国家社会经济利益,立法者制定了一些具有强制性的规则,用来调整特殊的民商事关系。当法院受理涉外民商事案件后,发现该案属于这些特殊法律调整的范畴时,不再适用冲突规范,直接适用本国的这些具有强制性的规定。这一制度体现在我国《法律适用法》第四条。在一个案件中,《法律适用法》第四条、第五条可以并行成为判决依据,比如判决中可以有这样的措辞:"本案不存在违反我国法律的强制性规定及损害我国社会公共利益的情形。"但是不建议相互交叉适用,存在"该案属于我国强制性规定调整范畴,适用该法将损害我国社会公共利益"这样的表述,两种制度各司其职。

其二,公共秩序保留与法律规避。二者都可以达到排除外国或外法域法适用的效果,但法律规避是当事人故意通过改变连结点而避开了本应适用的准据法,使对其有利的法律得以适用的行为。我

① 杜新丽、宣增益主编:《国际私法》,中国政法大学出版社,2017,第7页。

国学者多认为法律规避与公共秩序保留在起因、保护的对象、行为的性质、引起的后果和法律地位等方面存在不同,法律规避是一个独立的问题,不应与公共秩序保留混为一谈。① 《法律适用法》对于法律规避的效力问题没有规定,但《最高人民法院关于适用〈中华人民共和国涉外民事关系法律适用法〉若干问题的解释(一)》第九条规定:"一方当事人故意制造涉外民事关系的连结点,规避中华人民共和国法律、行政法规的强制性规定的,人民法院应认定为不发生适用外国法律的效力。"这表明在立法态度上,我国认为法律规避和公共秩序保留各自独立,实践中要把二者适用的情形区分开。

(三)《法律适用法》第五条不可滥用

公共秩序保留制度的适用是以适用外国或外法域法为前提,无论该法的适用是当事人的选择,还是人民法院根据我国冲突规范指定的结果。但是,在表1所列的案例中,有的案件是以我国内地法为准据法,这不属于该条适用的情形,判决依据中却包括《法律适用法》第五条。如刘某某与李某某民间借贷纠纷案、中×贸易(新××)有限公司与S省东×包装材料有限公司国际货物买卖合同纠纷案和冯某某与冼某某、黄某某房屋买卖合同纠纷案等。本文认为不能将该法条作为审理国际或区际民商事案件的必用条款;在法律选择环节,只有涉及适用外国或外法域法律时,才可能出现适用公共秩序保留制度的情形。

外国或外法域法的适用与公共秩序保留二者的最佳平衡,既要适用外国或外法域法律,其适用又不能损害法院地的社会公共利益。公共秩序保留制度不可滥用,在今后的司法实践中,人民法院应继续审慎适用公共秩序保留制度,维护我国社会公共利益,促进涉外民商事交往的顺利开展。

---

① 杜新丽、宣增益主编:《国际私法》,中国政法大学出版社,2017,第108—109页。

AI法官在司法领域的应用现状与展望

王　丛[①]　沈思妤[②]

人工智能(AI)技术对现代社会的实际影响和潜在影响引发了学术界的争议,从无人驾驶汽车和智能家居带来的舒适与便利,到工人工作岗位被替代的危机以及人们对个人信息泄露的担忧。支持人工智能系统的大数据技术已经渗透到人们的网络活动、家庭和城市的每个场景。与此同时,人工智能技术在司法领域的应用价值,如刑事司法决策、量刑、赔偿金额的计算、信用评分等,也日益显露。2019年,AI法官“小智”在浙江省高院的指导下研发成功并投入应用,目前已应用到近千件案件中,服务2300多个相关当事人。在法院案多人少、法官工作超负荷的背景下,AI法官在缩短当事人等待周期、提升司法效率方面彰显出独特的优势。

实际上,人类对人工智能运用在司法领域的探索可追溯到20世纪70年代,当时美国的一些学者将关注点投向人类法官是否应该被AI法官取代以及AI法官的应用能否消除法律实践中的不确定性问题。伊利诺伊理工大学与南得克萨斯法学院借助美国最高法院1791

① 王丛,天津商业大学法学院讲师,心理学博士。
② 沈思妤,天津商业大学法学院本科生。

至2015年的数据开发了一种算法,他们使用该算法对美国1815至2015年间最高法院法官的决定和投票分别展开预测,发现其准确率分别高达70.2%和71.9%,已然超越了当时法学家66%的预测准确率。① 一些乐观主义者认为,AI法官比人类法官更具优势,但也有人不看好人工智能在司法领域的运用前景,更有人反对使用AI法官替代人类法官,反对者认为"AI法官替代人类法官的观点"是派生于笛卡尔的"灵体二元论"的、承认智力可以独立于人体而存在的谬误。现如今关于AI法官应用前景的争辩仍在延续,引发了法学理论界和实务界反思AI法官与人类法官之间除了非此即彼的二元对立关系,是否存在更加平衡协调的共存模式?而对该问题的探讨能够拓宽司法的实践边界,更高效、高质地为一些相关司法问题的解决提供新思路、新观点。基于此,本文将梳理AI法官在国内外司法实践中的应用现状,聚焦AI法官在司法实践领域的相对优势,反思其存在问题并展望AI法官的未来应用前景。

一、AI法官在国内外司法实践中的应用现状

AI法官在国内外司法实践中的应用主要集中于四个方面:第一,逐步代替人力从事法条查询、案例检索、案件分类、庭审录入等相对简单机械、重复性高的工作。第二,作为法官的助手,完成司法咨询、合同审核、证据获取、裁判文书辅助生成等辅助性任务。第三,对海量裁判文书进行统计分析并做出预测,为法官裁判提供参考信息。第四,直接参与决策或执行局部裁判,如进行再犯风险评估、嫌疑人逃脱可能性判断、合理量刑测算等。

国外对人工智能在司法领域的应用尝试起步较早。如荷兰自2011年起在债务追收诉讼中尝试AI法官独立裁判,AI法官根据算

---

① Katz D M, Bommarito M J, Blackman J. A General Approach for Predicting the Behavior of the Supreme Court of the United States. *Plos One*, 2017,12(4):1 - 18.

法工程师在分析界定债务追收诉讼中的关键性裁判要素之后建立的裁判模型来做出判决。美国的一些州使用AI法官对被告展开再犯风险评估,并由此确定量刑。而且,风险算法预测在美国刑事司法中的运用不断扩大,已覆盖了刑事诉讼中保释、量刑、假释等多个阶段。①。

国内的很多省市已开始推广智慧警务、智慧检务和智慧法院理念,如作为完整的刑事智能辅助办案系统的上海206系统以及有智能量刑辅助功能的北京高院睿法官系统。2019年,我国首个金融司法协同中心——福建厦门金融司法协同中心AI法官上线,二百多件由某银行起诉的金融民商事案件,从快速立案到集中审判,通过平台批量化、一站式网上办理,实现"类案同判"只需要2天时间。AI法官全流程在线辅助立案、审判、执行工作,让金融案件的审判和执行时间平均缩短了三分之一。通过技术创新,"金融案件全在线审判系统"和"小额金融消费纠纷在线解决系统"将破解以往人工智能技术存在的碎片化、片段化等痛点,实现全流程、全封闭的自动化立案、审判和执行,将一个全在线、全流程、全封闭的智能高效AI法院展现在世人面前。

2021年9月,针对当事人"想下班后参加庭审"的苦恼,杭州上城法院上线了"异步审理"服务,让部分当事人可利用碎片化时间参与庭审。在法院建立的智慧庭审平台上,AI法官"小智"可充当"群聊"主持人,只要当事人上线,"小智"便会引导进行答辩、举证、质证等诉讼环节,其聪明之处还在于能够总结争议焦点、预测裁判结果、计算裁判数额,并在法官最终判决后,自动生成裁判文书。除"异步审理"外,浙江法院还实现了智能化"多案联审"。依靠AI法官,人

① 左卫民:《AI法官的时代会到来吗——基于中外司法人工智能的对比与展望》,《政法论坛》2021年第5期。

类法官可以在30分钟内同时完成对10起简单金融借款纠纷案件的审理。在AI法官的引导下,不同案件当事人同时在智慧庭审平台上完成身份信息核对,并一同经历了宣读法庭纪律、告知权利和义务等庭审程序。

AI法官的分身值岗,将人类法官从重复劳动中解放出来,能集中精力解决疑难案件,极大地提升了司法效率。据统计,海南法院运行的量刑规范化智能辅助系统,可将裁判文书制作时间缩短近70%,将程序性法律文书的制作时间缩短近90%。苏州中院开发的庭审语音识别系统,能自动区分不同庭审发言对象,语音识别准确率高达90%以上,该系统可将庭审时间缩短30%左右,将复杂案件的庭审时间缩短50%以上,而且庭审记录的完整度也达到了100%。河北在全省基层法院上线的智能审判辅助系统,帮助法官减少了近30%的工作量,有效缓解了基层法官的工作压力。贵阳政法大数据办案系统在试运行期间,将办理同类案件的时间同比缩短了30%,同时案件的办理质量也得到了显著提升。①

二、AI法官的相对优势

随着道德困境案件的日益增多,社会价值观对法官群体提出了更高的道德标准、权威要求与公信期待。法官既要运用与时俱进的专业知识做出符合法律规范的司法裁决,又要权衡民众借助于网络、媒体等渠道形成的民意诉求与集体意识,他们不得不在法律话语体系与道德话语体系的天平之间维持心理平衡,力求案件判决能符合民众的共同道德观,同时实现法官工作的社会意义。而当人类法官不得不直面民意与法律规范之间的角色压力时,AI法官的司法裁决工作却可以无视民众集体意识与媒体曝光的冲击干扰,屏除工作超

---

① 陈锐、王文玉:《司法人工智能与人类法官的角色定位辨析》,《重庆大学学报》(社会科学版)2014年第7期。

载、工作—家庭冲突、职业风险等常见的阻碍性工作压力源,铁面无私地高效运行。从这一角度来看,无论是司法独立与司法公平方面,还是司法效率方面,AI 法官比人类法官都更具相对优势。

在实质性审判领域,法官时常要考虑社会舆论压力和公众期待,这无疑会对最终判决产生一定程度的影响。而与人类法官相比,依靠“算法”运转的 AI 法官更加中立和客观,通过规避审判决策过程中法官个人的偏见、刻板印象、腐败问题等为司法独立与司法公平提供保障。由于算法不像人类那样带有主观偏见,它可以在标准化的、形式化的审判决策规则中产生纯粹的数据驱动的结论。当证据和待证事实之间的关系不确定时,AI 法官可以根据大数据学习及大量相似案件判决结果,对证据要素进行量化,对事实结论之间进行盖然性判断,避免人类法官因为个人知识和经验的不足做出不合理甚至错误决断的风险。尤其是在依赖司法裁量权的普通案件中,AI 法官能够更加有效地预测案件的裁判结果。在进行事实评价时,对于简单案件,AI 法官可以学习人类法官的整体经验,做出具有可预测性的判决。对于疑难、复杂、新型的法官个人经验不足以有效应对的案件,AI 法官可以通过对法官集体生活经验的发掘而做出更加可靠、稳定的判决。更重要的是,AI 法官相较于人类法官能有效规避同案不同判现象,这一现象的存在已成为困扰我国司法公正性的顽疾,容易引发民众对法官裁量正当性和合法性的质疑,有损于司法公信力的建构。

“法官对环境的敏感性和对宽大处理的偏好会随着他们是饿了、累了、无聊了、工作过度了、不知所措了或是分心了而发生巨大的变化。”①这一观点勾勒出了人类法官在司法效率方面的不足。法律是

---

① Crootof R. Cyborg justice and the risk of technological-legal lock-in. *Columbia Law Review*, 2019, 119(7): 233 - 251.

一个复杂的学科,其庞大的学科体系导致法律人才的培养需要较长的时间,因此,成为一名专业法官需要经历长期的专业训练和积累丰富的审判经验。尽管如此,人类法官在裁决中依然不能做到面面俱到,对法律条文的诠释和运用不可避免地携带主观"滤镜"。不同于人类法官获得经验的方式,AI 法官在数据存储、阅读、算法、算力等方面具有与生俱来的优势,可以对海量数据的全部样本展开分析和学习,掌握法官群体所积累的共性经验,获得更为开阔的法律视野和更为丰富的司法实践知识,从而可在司法效率方面超越人类法官的极限值。更何况自动化决策系统的使用大幅度提高了 AI 法官的操作效率和预测准确性,使其在司法信息处理智能化、文书制作自动化等方面展现出强大的优势。

三、AI 法官在司法实践中存在的问题

尽管国内外已对 AI 法官的司法应用进行了大量的尝试,并见证了 AI 法官的诸多相对优势。然而,从目前 AI 法官在司法领域的实践应用方式和应用效果来看,不难发觉其在法理冲突、价值平衡、技术瓶颈、司法伦理等方面仍存在着问题和有待优化的空间。

一些学者认为 AI 法官和大数据技术正在篡夺法律和法规在构建社会和经济生活中的地位。传统的法律制定和人类法官判决过程中,法官需要考虑法理和价值的冲突与平衡问题,而如今,大数据分析和算法技术的进步开启了"法律就是代码"的时代。探究法国禁止司法大数据发展的原因,其基本动因是对司法大数据分析与法官隐私、司法独立、司法权威、司法公正之间的法理冲突的隐忧。法国的司法大数据禁令倡导对人类法官的隐私信息进行保护和隐匿,这其中隐含着对大数据挖掘可能影响司法权威和司法独立、阻碍司法创新的担忧,也蕴含着对避免诉讼投机行为、保障司法公正的理性考量①。除法理冲突问题,AI法官与大数据技术的应用还会衍生出司法公开与个人数据、司法独立与技术主义、法官个人与法院整体之间的价值平衡问题。

人工智能与司法实践协同合作的道路上面临着多重技术瓶颈和司法伦理困境。

困境之一是数据来源问题。AI法官的本质是对算法的学习和模仿,算法形成依赖于海量数据的"投喂",其基本模型是经验式的,对司法实践数据的收集、分析、建模,建立一个以数据分析为中心的AI法官认识论体系是其运作的前提。然而,算法并不能在真空中运行。一种算法的准确性严重依赖于人类给予它的编程方式和初始输入设定,算法的自动决策模式的设计者总是嵌入他们所在的社会文化环境中,因此在构建算法模型时,设计者对特征和样本的选择也会携带偏差,所有这些都可能以牺牲部分数据为代价来突出呈现某些数据,并导致完全不同的结果。换句话说,算法治理技术可能符合程序公平的标准,但也有可能同时复制社会现有的歧视模式,继承和反映了社会中普遍存在的偏见。尽管能够抓取海量的案件数据,但这些案件的数据来源可能遭受过社会偏见的"污染"而出现"算法歧视",并不能真实地反映司法实践现状,而由这些并不真实的数据所导出的司法结论也不可避免地带有瑕疵。如果将不真实的数据和尚不成熟的算法大规模运用于司法领域,其带来的损害将无法预测。

困境之二是数据处理问题。目前的计算机还不具备直接读取和处理法律语言的能力,导致AI法官的能力受制于数据的格式。即使能够将司法判例的结构化数据构建成一个庞大的数据库,如何建立

① 王禄生:《司法大数据应用的法理冲突与价值平衡——从法国司法大数据禁令展开》,《比较法研究》2020年第2期。

起一套科学的算法体系来使用和识别这些数据，如何规避暗箱操作、监管不力等诸多不确定性风险，这也对AI法官的应用提出了技术与伦理方面的挑战。持“算法统治威胁”论的学者认为，AI法官基于对过去行为的判断和学习进行新的裁决，其判决结果缺乏透明度、可解释性和可读性，容易引发公众对案件裁决公正性的质疑和不信任。而由算法归纳出来的裁判模式、裁判标准可能形成连操控主体也难以理解的“算法黑箱”。值得反思的是，即便算法能够实现透明，但在涉及国家安全、恐怖犯罪、商业秘密、社会秩序或个人隐私等特殊类型的案件中，算法是否应当透明也有待商榷。

困境之三是司法伦理问题。AI法官有能力学习大量的裁决经验和理论知识并提供可量化的标准，但不是所有的经验和理论知识都能够以数据化的方式表达，很多隐性的因素被人工智能忽略了。如传承自中国古代的五听断狱审判技巧（通过表情、气色、声音等方面综合审判）以及将审判和调解相结合的马锡五审判智慧，其对情感、价值、态度的精准把握是AI法官难以学会的。当面对着有情感和道德观念、因各类问题被困扰的当事人，AI法官虽能秉持公平公正的理性立场进行司法裁决，但冰冷的机器无法做到情法两尽、宽严相济。更何况在面对价值冲突、伦理挑战等具有争议性和隐喻性的案件时，AI法官智能自动化决策的特性将当事人排除于决策过程之外，既无法深入参与诉讼过程，表达自己的诉求，也无法感知决策过程，获悉明确的决策理由，这必然会影响当事人对程序正义的主观认知，降低当事人对司法决策的可接受性。即便具备很强的学习和记忆能力，AI法官也难以习得人类法官在处理案件过程中蕴含的情感与智慧。

四、AI法官的未来应用展望

随着2016年“智慧法院”构建纳入《国家信息化发展战略纲要》和《“十三五”国家信息化规划》，全方位智能服务已成为智慧法院建设中的重要目标。上海 206 系统、北京高院睿法官系统等智能化技术为突破诉讼服务困境提供了新的思路。但 AI 法官在我国司法实践中的应用依然处于起步阶段,AI 法官尚未在实质性审判领域发挥关键效用。AI 法官为人类法官提供裁判预测,如审判阶段对减刑、假释犯罪嫌疑人的回归社群的评估,但不做出实质性的裁决,其认知体系的构建主要基于知识图谱式算法而非定量实证式算法,其审判标准的构建主要基于规范取向而非经验模式取向,导致过于死板和僵化。因此,AI 法官在我国司法实践中的应用还存有极大的提升空间。

首先,应努力解决 AI 法官的数据来源和数据处理问题,消除"算法歧视""算法黑箱""算法霸权"等痛点,在司法数据有限甚至失真的情况下,探索成功的代表性研究,尝试结合局部数据形成整体性结论,印证大数据研究的结论。引导 AI 法官在学习阶段深入理解职务犯罪、经济犯罪、杀人等复杂案件的处理标准,以期在法理冲突、价值平衡、技术瓶颈、司法伦理等困境中突围。其次,对 AI 法官的裁判适用范围做出限定,如以案件类型化作为智能审判的标准,AI 法官在未来刑事案件的适用中可考虑限定于轻罪案件,在这些轻罪案件中选择认罪认罚的案件试点适用 AI 法官裁判,既能提升司法效率,也能体现司法公正。再次,赋予律师在审前 AI 法官运用中充分的知情权、参与权与技术回溯权,并可以对证据的校验、瑕疵补强、排除等提出意见。允许当事人聘请具有计算机或人工智能等相关领域技术的专家辅助参与人工智能裁判,为当事人提供技术支持。最后,应加强媒体宣传,提高大众对 AI 法官的社会认可度,并让大众对 AI 法官形成合理预期。

结语

人工智能和大数据技术,不仅是社会生活中不可避免的组成部分,而且正在重塑法理和法律实践的轮廓,AI 技术与司法相结合已然是一种势在必行的大趋势。在大力推广智慧警务、智慧检务和智慧法院的过程中,应努力规避“算法黑箱”,对 AI 法官的裁判适用范围做出限定,保障 AI 法官裁判中的律师知情权、参与权与技术回溯权。在力图实现 AI 法官裁判在绩效和程序上的合法性、正当性的同时,也应意识到,那些认为 AI 法官能够完全取代人类法官的论调是走入了科技中心主义的极端误区,基于算法运行的 AI 法官不是绝对正确的科学,而是人类法官的得力助手,未来 AI 法官和人类法官之间的关系更多是朝着科技人文协作的方向前进。

公法研究与社会治理

失信联合惩戒机制的法治困境与出路

陈　丹[1]　朱信羽[2]

近年来,失信联合惩戒机制作为政府管理的重要手段,其法治化受到社会各界的关注。从2014年国务院发布《社会信用体系建设规划纲要》(以下简称《信用建设规划》)以来,失信联合惩戒机制作为社会信用的管理手段,从国务院到各部门都已经开始探索。在推进失信联合惩戒机制的过程中,一方面在提升失信主体的失信成本、推动诚信社会建设方面发挥了重要的作用;另一方面也逐渐暴露失信联合惩戒机制在制度设计上的不足,如监管主体不明确、第三方信用监管行业机构法律地位定位不清、失信行为惩戒机制边界不明。失信联合惩戒机制作为诚信社会建设不可或缺的环节,其法治化的缺失理应受到重视,这也是提升国家治理能力现代化的题中应有之意。基于此,本文力图从失信联合惩戒机制演进路径出发,探究在法治化进程中的困境,结合域外信用监管体系的具体做法,为我国失信联合惩戒机制的法治化提出有效的建议。

---

① 陈丹,天津商业大学法学院教授,法学博士。

② 朱信羽,天津商业大学法学院硕士研究生。

一、失信联合惩戒机制法治化的演进路径:从政策引领到类型化设定

自2014年国务院发布《信用建设规划》以来,政府明确将构建失信联合惩戒机制作为一项重要的制度。失信联合惩戒机制作为我国社会信用体系建设必不可少的环节,其法治化的制度构建更是关注重点。在充分了解其发展原貌,把握制度发展脉络的基础上,才可以对失信联合惩戒机制全方面、细致地分析,使其在法治的框架内真正发挥应有的制度功能。

(一)初级阶段:政策引领下的社会信用体系建设

20世纪末,以林钧跃为代表的经济学家提出了社会信用体系建设的概念,将其作为重建市场经济秩序和社会信任的治本之策。① 当时,社会信用体系建设仅是与失信联合惩戒机制联系在一起,并未对其具体内容进行进一步的规定。这一时期,虽然对社会信用体系有了大致的构想,国家各部委和地方的制度实践却并没有普遍开展,少数的实践集中在部委和地方制定的规章或规范性文件,例如建立"不良信用行为记录""违法失信行为公告"等失信信用记录和披露制度,但是失信联合惩戒的惩戒对象、措施种类和相关实施方式未明确,失信联合惩戒机制还是停留在文件中的一种制度构想。

党的十八大之后,国家高度重视社会信用体系的建设安排,对于失信联合惩戒机制的建设力度明显加大,陆续出台了一系列政策性文件,国务院各部委也陆续开展失信联合惩戒备忘录工作,将失信联合惩戒机制在各个领域进行落实。2014年国务院发布《社会信用体系建设规划纲要》,首次明确提出构建社会信用监管体制;2015年《国务院加强事中事后监管的指导意见》中提出了构建以信息收集共

---

① 林钧跃:《社会信用体系原理》,中国方正出版社,2003,第45页。

享为基础,以信用公示为主要手段,以信用监管为核心的社会信用监管体系。①

(二)中级阶段:法律保障下的信用监管体系

失信联合惩戒机制自建设以来,一直是在国务院及其相关部委出台的相关政策指导下开展,2015 年之前缺乏涉及失信联合惩戒机制的相关法律条款。随着社会信用体系建设与失信联合惩戒机制的逐渐成熟,截至 2020 年 10 月,已经有五十多部法律在制定和修改中纳入涉及失信联合惩戒的条款,主要是对相关违法失信信息的记录与披露,形式包括记录信用档案并向社会公开(《中华人民共和国商标法》第六十八条)、违法失信行为归入信用信息系统(《中华人民共和国外商投资法》第三十八条)。此外,直接规定失信联合惩戒有四部法律:一是《中华人民共和国公务员法》第二十六条,二是《中华人民共和国疫苗管理法》第七十二条,三是《中华人民共和国个人所得税法》第十五条,四是《中华人民共和国药品管理法》第一百零五条。以上四部法律对各自领域的失信联合惩戒提供法律上的依据,不过并没有明确规定惩戒的措施以及相关信用监管机构的法律地位,留下了较大的制度空白。

在地方信用立法方面,除最早在 2017 年正式实施的《上海市社会信用条例》外,各地也纷纷出台相应的规章制度,例如在 2019 年厦门制定《厦门经济特区社会信用条例》、2020 年河南省制定《河南省社会信用条例》等。各个地方更加注重依照法律的规定开展失信联合惩戒机制,设立专章为失信联合惩戒机制提供相应的法律依据,并在信用建设的重点领域和关键立法环节实现创新。

(三)高级阶段:失信联合惩戒机制的类型化设定

从信用制度的发展角度来看,信用制度的变化为西方快速发展

---

① 王伟:《信用监管的制度逻辑与运行机理——以国家治理现代化为视角》,《科学社会主义》2021 年第 1 期。

提供了坚实的基础,而失信联合惩戒机制则发挥了重要的制度功能。① 为此,以参加主体和领域的不同作为区分标准,2016年国务院印发了《失信联合惩戒指导意见》,将失信联合惩戒机制主要分为以下四个层面。

1. 市场性联合惩戒

在市场交易中,交易双方可以依据各自交易对手的信用状况来决定是否交易,从而实现市场交易过程的选择。② 为此,对于市场竞争中违法提供伪劣商品的商家,通过对其实施拒绝交易等跨主体的联合惩戒,可以实现对失信主体实施惩戒。

2. 行业性联合惩戒

一方面,行业协会基于各个领域的行业自律条例,在各个领域的行业内部对严重失信的主体实施信用联合惩戒。例如由北京信用协会、上海市信用服务行业协会、广东省信用协会和天津市信用协会共同倡议签订的《全国信用(行业)协会关于对严重失信会员单位实施联合惩戒的合作备忘录》,规定各参与单位可以对严重失信的对象采取拒绝吸纳其为本会会员、已经是本会会员的给予除名等联合惩戒措施。另一方面,行业组织也可以开展客户和供应商之间的商业信用信息交换机制,从而有效避免行业整体信用下滑的风险,防止有关会员企业重复受骗。

3. 社会性联合惩戒

社会性联合惩戒指的是专业信用服务机构和社会组织与市民群众共同参与信用惩戒和监督的过程。第三方征信服务机构通过专业化的征信程序,将相关主体的信用状况提供给客户,从而影响客户的

---

① 王伟:《失信惩戒的类型化规制研究——兼论社会信用法的规则设计》,《中州学刊》2019年第5期。

② 韩家平、许获迪、关媛媛:《失信联合惩戒规范化问题研究》,《征信》2020年第3期。

信用决策。例如,《中华人民共和国环境保护法》第五章规定的信用公开和公众参与、《中华人民共和国民事诉讼法》以及《中华人民共和国行政诉讼法》规定的公益诉讼制度都是社会性联合惩戒的重要体现。

4. 行政性联合惩戒

行政性联合惩戒作为我国社会诚信体系建设的重要手段,是我国实行联合惩戒机制至关重要的一环。目前,我国已经逐步构建了跨区域、跨行业、跨领域全方位的行政性联合惩戒机制,并在市场监督、公共服务等环节得到了较好的实施。例如,2016 年天津市出台的《天津市行政机关联合惩戒暂行办法》中为保证相关措施的可操作性,天津市联合市场监管委等九个部门,共同研究制定九部门联合惩戒措施实施程序,涉及经营异常名录和限制政府采购、行政许可、资质资格评定、工程招投标等多领域、多方位的内容。

二、失信联合惩戒机制的法治困境

近年来,随着政府对于社会信用体系的重视程度及投入力度不断加强,失信联合惩戒机制取得了一定的成效,各地对于失信联合惩戒机制的实践探索也在积极开展。但总体来说,失信联合惩戒机制在法治化进程中仍存在一定的问题,成效不尽人意,其原因在于我国多元失信联合惩戒机制尚未成型以及相关惩戒措施法治缺位。

(一)惩戒主体职责模糊,多头监管现象突出

在失信联合惩戒机制的构建中,行政性联合惩戒是失信联合惩戒机制中的重要一环,尤其是在我国法律法规建立健全前,行政性惩戒尤其重要。① 目前我国失信联合惩戒机制主要采取的是联席会议制度。在国家层面,发展改革委和人民银行牵头,统筹协调工商、海关、外汇、质检、税务、公安等部门开展失信联合惩戒工作。

① 王爱红:《加强我国征信业监管体系建设的对策》,《征信》2009 年第 5 期。

在地方层面,也相应建立地级市的联席会议制度,分别由发展改革委、经信委等不同部门牵头。在实施失信联合惩戒措施的过程中,联席会议制度发挥了较为重要的作用,但是由于牵头部门与其他部门在行政级别上属于同一级别,因此,在统筹协调方面仍然存在一定制约,难以形成一体化监管的格局。例如仅在对企业信用评级以及后续的失信联合惩戒措施就涉及多个部门,这些部门对企业评级要求不同,实施失信联合惩戒措施的依据也不尽相同。这难免造成失信联合惩戒机制在我国社会信用监管工作中某些监管重复,而某些方面却监管空白,并且监管责任无法真正落实,难以形成全面覆盖、一体化的失信联合惩戒体系,难以实现全过程、全方位、全社会的信用监管目标。①

(二)参与主体定位不清,信用中介服务机构法治缺位

从我国目前失信联合惩戒机制建设的发展历程中,不难看出从始至终都显现出强烈的政府主导色彩,政府在信用监管领域占据绝对的主体地位,其他社会主体参与力量薄弱。政府部门对于信用监管的过度介入,一方面容易造成市场信用服务机构对于政府投资与政策支持的依赖,从而难以发挥自身的信用监管的作用;另一方面,还容易使一些特许的信用服务机构形成垄断,有违市场公平,扰乱正常的市场秩序,对于失信联合惩戒机制的法治化造成一定的障碍。

此外,独立的第三方信用中介服务机构是对失信联合惩戒机制的要求之一,也是其长远发展的必要条件之一。而信用行业如果未形成自律机制,并且缺少完善的、规范的市场监管机制,将严重制约第三方独立信用行业的发展。从我国目前失信联合惩戒机制的发展来看,即使政府在积极促进信用行业的发展,但是其发展仍然是初步

① 田天、刘青:《创新构建社会信用监管体系相关问题的研究》,《中国发展》2008年第1期。

的，现有的第三方信用机构无论规模、影响都较小，缺乏强有力的信用行业协会，行业执行技术标准和执业规范尚不清晰，行业自律机制并未完全形成。同时，在失信联合惩戒机制建设中对第三方独立信用机构的行为未制度化，其法律地位定位不清，由第三方独立信用机构出具的信用评价能否作为失信联合惩戒的依据，这些问题对于被惩戒主体的权益保障是至关重要的。因此，第三方独立信用机构的制度不完善、法律地位定位不清，使得被惩戒人的权益无法得到保障，这也严重阻碍了失信联合惩戒机制法治化的发展。

（三）惩戒边界泛化，未能充分保护失信主体的基本权利

失信联合惩戒机制的边界不仅包括哪些失信主体应当纳入惩戒的范围，还应当包括联合惩戒本身的范围，总结来说，就是对哪些主体可以采取什么样的、时间多长的联合惩戒措施。结合实践我们不难发现，失信联合惩戒机制存在对象泛化、措施模糊的关键性问题。

第一，惩戒对象泛化。根据《国务院关于建立完善守信联合激励和失信联合惩戒制度加快推进社会诚信建设的指导意见》，失信联合惩戒的对象只能是失信经济主体或者严重失信本人，不能随意扩大到其他利益相关主体。但是实践中将惩戒对象扩充至失信本人之外的情况不在少数。司法部出台的《关于印发对失信被执行人实施联合惩戒的合作备忘录的通知》（简称《实施联合惩戒合作备忘录》）中规定可以限制失信被执行人以及相关的法定代表人、主要相关负责人、实际控制人的子女就读私立高费用学校。显然，失信主体的子女不是失信主体本人，不能因为失信主体的行为就随意限制其子女所享有的基本受教育权。①

第二，惩戒措施模糊。近年来，各地方、各领域部门主要通过

---

① 张鲁萍：《失信联合惩戒的限度研究》，《新疆社会科学》2020 年第 5 期。

规范性文件来明确惩戒措施事项,这种方式看起来操作方便、简单明了,但是也可能因为列举不全面而出现执法漏洞。例如,司法部发布的《实施联合惩戒合作备忘录》中明确规定,可以限制严重失信主体乘坐飞机、列车软卧等非因生活和工作必要的消费,可以限制其在一定范围内的旅游、度假,这里所说的"非因生活和工作必要的消费""一定范围内的旅游、度假"指的是什么?《实施联合惩戒合作备忘录》中并没有明确的说明,只是规定前者交由"交通部、相关铁路公司等实施",后者交由"商务部、旅游局等实施",如此广泛的授权会造成联合惩戒裁量权的滥用,会对当事人的权益造成不必要的损害。此外,惩戒措施的模糊在一定程度上有违反比例原则的嫌疑。

(四)联合惩戒的程序性保障较为薄弱

行政机关对失信主体所实施的联合惩戒措施,涉及对失信主体基本权利的克减和限制,需要遵循正当的行政程序,这是基本权利客观功能中对于当事人程序保障的内在要求。① 而正当程序的要求主要体现在,公权力机关在对当事人作出不利的决定时,应当告知当事人决定的具体内容并且说明相关理由,同时给予当事人陈述申辩的机会。但是,基于目前失信联合惩戒一体化、自动化的运行特点,当事人的程序参与空间被自动化的惩戒流程完全压缩——只要是被列入失信执行人名单,就将自动引发一系列惩戒措施,造成告知、说明等程序性要求仅具有表面意义,而无法保证当事人的实质性参与。例如,当失信主体因受到相关的行政处罚并引发惩戒时,只要处罚决定一出,失信主体就将面临"失信行为认定—进入失信被执行人名单—采取失信联合惩戒措施"的自动化流程。即便赋予失信主体陈述和申辩的权利,但由于失信联合惩戒的应用对于程序性的控制较

① 张翔:《基本权利的双重性质》,《法学研究》2005年第3期。

为薄弱，后续的陈述申辩就仅具有形式上的意义，不具备保障当事人权利的实质作用。① 此外，联合惩戒措施是一种复合行政行为，其所包括的不同种类的惩戒措施对于失信主体权益的减损程度差异较大，若是不设立相关信用修复机制，会使得失信主体的程序性权利得不到充分的保障。

三、失信联合惩戒机制法治化之域外考察

市场经济的发展依赖于一种超越差序信任的“普遍信任”，市场经济发达的国家，一般社会信用体系也相对完善。在欧洲国家，在失信惩戒模式选择上，主要是市场主导型信用惩戒体系，也称民营模式，这种模式的特征是在具备全面的信用法律法规的前提下，以市场化信用服务机构为主体来收集、加工自然人和法人的信用信息，为信息使用者提供独立的第三方服务。为此，对该模式的分析，也能为我国失信联合惩戒机制提供借鉴的思路。

（一）完备的信用法律法规体系

作为市场经济活跃的美国，具有较为完备的信用法律法规制度，无论是直接就信用主体行为的信用立法还是各类信用监管立法，都形成了结构明确、可操作性的法律法规体系。从直接性信用立法来看，形成了涵盖个人、企业、金融机构、政府等主体信用行为的一系列信用法案，几乎所有与各主体信用活动有关的领域都纳入相应的法律框架之下。从信用监管立法来看，一方面对市场各类信用服务机构的信用服务、信用产品供给行为进行法律规范，另一方面围绕各信用主体的信息信用采集、管理、披露、使用、修复及过程中涉及的主体隐私保护进行全面的规定（如表 1 所示）。

---

① 王瑞雪：《声誉制裁的当代图景与法治建设》，《中外法学》2021 年第 2 期。

表1　美国信用监管立法与信用立法

大类	维度	法案举例	立法重点与目的
信用监管立法	信用服务机构监管	《信用评级机构改革法》,2006 《多德—弗兰克法案》,2010	围绕信用服务机构的市场准入资格、信用服务(如信用评级、征信服务等产品)的供给及应用、机构监管主体与问责机制等方面进行立法
	信用信息管理、隐私保护	《公平信用报告》,1970 《格莱姆—里奇—布莱利法案》,1999	围绕各信用主体的信用信息采集、披露、使用、交易、修复及隐私保护等方面进行立法,规范各征信主体的征信与用信行为及责任,促进信用信息合规有效的适用
信用立法	个人信用	《平等信用机会法》,1974 《城市租借法》,1969	围绕个人的信用行为,如消费者的市场交易行为、租赁行为等进行立法,规范个人在市场交易、担保等过程中的权利与义务,促进个体信用的提升
	金融机构、企业信用	《公平债务催收作业法》,1978 《金融机构改革—恢复—执行法》,1989	围绕金融机构或企业的经营行为与经营状况,如信用卡发行、个人授信、财务信息披露等问题进行立法,规范金融机构或企业在经营过程中的权利与义务,促进企业信用的提升

基于以上美国信用监管立法的分析，我们可以发现，美国已经形成了完整的信用与信用监管立法体系，也为政府对失信行为的执法提供了全面、重点突出的依据。为此，美国的信用立法经验可以总结为以下几个方面：

1. 信用立法结构完整，内容体系完备

从立法结构上看，一方面，当前美国已经形成了针对个人信用、金融机构与企业等各类信用主体不同信用行为的信用法律体系；另一方面，针对信用信息管理、信用服务中介机构监管、信用主体隐私保护等不同监管维度制定出台专门性的法律法规。与此同时，美国强调立法的可操作性，每部法案都通过具体的条款列举，对各类信用主体的权利义务、信用监管的权利义务、失信行为的惩罚等进行明确的规则设计，为对失信行为的惩戒营造了相对清晰、可操作的法律制度环境。

2. 信用立法重点明确，监管部门权责明晰

(1)注重信用惩戒，确保信用监管效力。除了完善信用信息公开、信用中介监管等信用监管立法，也建立了全国统一的信用监控体系，并在各领域的法律法规中明确了针对信用主体、信用监管主体的信用惩戒规定，给予严重失信主体或企业不良信用记录与公开、违约罚款等失信惩戒措施。①

(2)兼顾信用信息公开与隐私权保护。美国在针对失信主体的失信行为展开惩戒措施时，强调不同信用主体信用信息公开的同时，又兼顾对个体隐私权、企业商业秘密、国家涉密信息的保护。比如，美国的《公平信用报告法》《格莱姆—里奇—布莱利法案》等大量涉及隐私权保护的专门法案，均从法律上严格界定了涉及个人隐私、企业商业秘密及国家秘密的数据类型，并以法律的形式明确可公开的数据类型、数据

① 李爱玲：《西方发达国家信用立法及其借鉴》，《金融理论与实践》2010年第3期。

的传播与使用权限、违规传播与使用数据的相应法律责任。

(二)明确监管主体和职责

美国的失信管理体系,包含两大管理子系统,即联邦、州政府的失信管理体系和行业协会自律管理体系。其中,政府层面包括银行系统与非银行系统两方面的失信监管。财政部门货币监理署和联邦存款保险公司主要负责监管商业银行信用管理。①

此外,欧盟明确欧洲证券与市场管理局(ESMA)作为信用监管的机构,规定监管部门的有关职责。根据欧盟的规定:监管机构不得随意干涉评级内容,监管机拥有直接和其他机构合作或者向强制司法机构申请所需的监管和调查权力,包括:获取相关信息和资料,审查相关记录、数据和数据通信记录;如果需要,可以传唤或质询相关人。

(三)惩戒主体的多层级性和惩戒手段的灵活性

失信惩戒制度作为欧美社会信用监管体系的重要环节,其针对失信主体的失信行为实施的惩戒机制也呈现出一定的特点。

其一,惩戒主体的多层次性。在欧洲,失信惩戒的主体可以是政府机关或者政府相关部门,也可以是政府委托的民间组织。具体而言,在欧洲最重要的信用执法机关是ESMA,除此之外还有社会信用体系中第三方独立征信机构。社会上的惩戒机构主要依靠各领域的信用服务机构收集与销售信用产品,从而达到对严重失信主体强大惩戒的力度。② 由此可见,使失信主体在相关领域受限是失信惩罚的目的,并非不让其生存,这也是失信惩戒的核心价值目标。

其二,惩戒手段的灵活性主要体现在以下两个方面:一是失信主体有申诉渠道;二是失信者有弥补改过的机会。如果消费者被认定为失信主体,认为信用报告上的某些记录不正确,其有权向信用机构

① 安瑞萍:《美国征信业发展和管理经验对我国的启示》,《征信》2011年第1期。
② 陈文玲:《美国信用体系的总体框架》,《中国工商管理研究》2004年第6期。

提出异议,信用机构必须依照法律程序展开调查。即便信用机构及时并有充分理由证明相关记录的准确性,消费者仍有权要求在信用报告中加入自己的异议理由,以便提醒之后信用报告使用者的注意,并希望得到他们的谅解。① 此外,在设计失信惩戒机制时,还要考虑到给予失信主体生存的空间和改过的机会,采取合理的惩戒措施,使其因失信而受到严厉的惩戒后果,达到足以教育失信主体的目的。例如,美国对于失信主体的负面信用信息的保存都规定了一定的期限,使得失信主体有改过的机会,从而更好地达到惩戒的目的。

四、失信联合惩戒机制的法治化路径

失信联合惩戒机制作为诚信社会体系建设的基石,实现失信联合惩戒机制法治化的进路,既是党和国家所要求的,也是建设法治国家进程中必不可少的路径。因此,从中央到地方执行部门在实施失信联合惩戒机制的过程中,都必须遵循现代法治的基本理念,着重将相关政策落实到具体立法,制定相应的立法规范,明确第三方信用监管的法律地位,厘清失信联合惩戒措施的边界,使失信联合惩戒机制真正发挥其应有的制度优势。

(一)积极建构多层次信用法治体系

失信联合惩戒法治化建设应当在道德诚信建设的基础上,加强制度诚信建设和法律诚信建设,进而形成以社会性基本法为中心,形式法治与实质法治相结合的多层级信用制度和法治体系。②

在形式立法方面,要以社会信用法为基本法,构建各类领域内的社会信用正式立法以及非正式规则相结合的信用法治体系。一是在正式信用立法方面,信用基本法立法至关重要,为经济信用、司法公信等重要领域的信用建设提供顶层的法律规则。二是在专门领域内

---

① 邹洁:《美国消费信用体系初探》,中国政法大学出版社,2006,第 56 页。

② 张文显:《法理学的中心主题和法学的共同关注》,《清华法学》2017 年第 4 期。

信用立法方面,我们已经制定了合同法、票据法等专门领域内的立法,但是在信用监管主体、第三方信用监管行业、公共信用信息管理方面立法,仍亟待完善。

在实质法治方面,就公民、企业法人等具体信用主体而言,其享有获得社会对其进行公正合理评价的权利,以及与之相关的隐私权或商业秘密,这是信用主体理应享有的权利。在失信联合惩戒中信用主体承担着诚信守法的义务与责任,其信用状况可以依法被社会公众知晓、识别,进而用以维护交易的安全。[①] 因此,失信联合惩戒是实现信用主体权利并监督其履行城市守信义务的法律保障。此外,在现代市场经济高速发展的时代,基于构建信用社会并且满足人与人之间信任的需要,信用信息必须依法进入公众领域。这样一个由私人信用信息向公共信用信息的转变,就需要失信联合惩戒在法治化制度建构时,明确有关信用信息的查询与利用规则,包括信息的收集、共享、公开、利用等。在此过程中,也应当更加重视第三方信用监管行业所发挥的重要作用,明确其法律地位,共同参与诚信社会的治理,进一步提升社会成员之间的信任。但是,经济社会运转的复杂性和综合性,决定了政府在促进诚信社会中的重要地位。因此,在实施失信联合惩戒的同时,在实施主体的权责范围、适用条件等方面应有更加清晰、规范的规定,在清晰其职责的同时,也可以发挥其净化社会信用环境、增进社会信任的作用。

(二)建立协调统一的信用监管机构,培育和规范信用服务中介组织

目前,虽然我国在建立各级监管部门间的协调合作机制上已经取得了一定的进展,如社会信用体系建设部际联席会议的定期召开,但是在失信联合惩戒领域内各监管主体仍然存在很大提升空间。为

---

① 罗豪才、宋功德:《和谐社会的公法建构》,《中国法学》2004 年第 6 期。

提高信用监管机构的信用信息整合能力、信用制度优化能力、信用监管履职能力，有必要进一步整合发改、审计、商务、公安、税务、工商等部门对失信联合惩戒的监管职能，建立统一的社会信用监管部门，负责执行信用监管领域的各项法律法规，出台失信联合惩戒体系建设规划和相应的配套政策法规，组织引导行业协会制定与规范行业信用准入标准和经营行为标准，并且加快构建政府主导的信用监管机构与社会化、市场化的信用中介之间的配合机制，为失信联合惩戒更好地发挥制度优势提供保障。

此外，根据国外的经验，信用评估、信用调查、信用担保等信用服务中介机构所作的信用评级，对于之后开展的失信联合惩戒措施有着直接的影响。比如，在美国，标准普尔、穆迪、惠誉三大信用评级机构对于企业信用的评定直接影响投资者，对于企业的发展产生深远的影响。目前，我国信用中介服务业发展相对落后，法律定位不清、机构规模小等问题严重制约信用中介服务机构在失信联合惩戒法治化体系建设中的积极作用。一方面，应当尽快制定相关法律法规，承认信用中介服务行业存在的合法性，制定相应的行业准入标准，积极推进信用服务产品的品种拓宽与应用，在符合法治原则的前提下，服务于失信联合惩戒法治化体系建设以及促进经济社会的发展；另一方面，应当建立完善信用中介服务机构及其从业者的信用记录和披露制度，可以引导信用中介服务机构不断探索建立科学合理的评估指标体系、评估制度和工作机制，逐步提高其监管的有效性，为失信联合惩戒法治化建设提供有力的依靠。

（三）厘定失信联合惩戒限度，避免惩戒措施滥用

在失信联合惩戒法治化体系建设中，对失信联合惩戒限度的厘清至关重要，需依靠对失信联合惩戒适用范围的准确定位。从实践的层面出发，清单的明确列举方法无疑是最明了的，但是考虑到失信联合惩戒涉及的领域相当广泛，要完成每一个专业领域联合惩戒措

施的使用范围明显不太现实,也不太科学。故可以从设定失信联合惩戒应当遵循的行政法原则出发,为各领域失信联合惩戒的范围提供参考的准则。

1. 惩戒措施与违法行为之间应有合理关联

行政机关实施信用联合惩戒措施须符合合理行政的法治要求,而不当联结禁止原则是合理行政的重要体现。① 具体到失信联合惩戒机制中,可以从以下两个层面来保障该原则的实施。

其一,在惩戒对象上,应当限定在失信本人,而不应当任意扩大到失信本人以外的第三人,若失信主体是企业法人,可以限制该企业的法定代表人、相关直接负责人相关权益,但是不应当随意扩展到该企业的其他工作人员。

其二,在失信行为的标准确定上,应当将其与失德、违法行为进行区分。正如有些学者所说,实践中将三者杂糅在一起,一定程度上是为了回应当下中国公共治理中存在的"有法不依""违法不纠"难题。② 尽管这种策略选择在近期内可以产生明显的执法效果,但是在一定程度上也会造成失信行为外延无效扩张的风险,让相对人承受严苛的惩戒。而解决失信行为泛化倾向症结的关键在于明确其判断标准,在判断失信主体的行为是否属于失信行为,应当结合行为人是否具备"主观故意"这一主观要件,即明知自己的行为违反相关法律规范,与诚实信用观念相违背,却仍追求失信结果的发生。在划定失信行为时,应当将目光聚焦到与诚信价值有关的重点领域,尤其应当关注该领域的行政事项是否需要考量行政相对人发生欺诈、造假、虚报等行为发生的可能性。③

---

① 李建良:《行政法上不正当联结禁止原则》,《月旦法学》2002 年第 2 期。

② 戴昕:《理解社会信用体系建设的整体视角——法治分散、德治集中与规制强化》,《中外法学》2019 年第 6 期。

③ 沈毅龙:《论失信的行政联合惩戒及其法律控制》,《法学家》2019 年第 4 期。

2. 加强比例原则对惩戒措施的约束

作为公法领域"帝王条款"的比例原则其核心是要求国家机关对于行政相对人所采取的措施是必要的,并且有利于行政目的的实现,尤其是行政行为可能会对相对人的权益造成某种损害时,应当采取对行政相对人损害最小的手段。在失信联合惩戒领域内,考虑到失信联合惩戒措施的严厉、实施时间长短与惩戒效果之间有着密切的关联性,有必要通过比例原则来确保失信联合惩戒措施的适当与合理。

一是在惩戒措施方式选择层面,应当平衡好惩戒措施的严厉程度与失信行为的严重程度两者之间的关系,根据失信主体偿债的可能性以及主观心态,动态地评估、选择和调整所要实施的惩戒措施。公权力部门在对失信主体实施惩戒时,必须依照法律的规定来确认失信行为与惩戒措施之间有合理的关联。为约束公权力部门裁量权的不正当使用,一方面,在法律法规中明确信用信息关联性的标准,增强信用信息的透明度;另一方面,应该向社会公布惩戒措施清单和牵头的相关部门,使公众和失信主体明确失信行为的法律后果。此外,惩戒措施还应当与失信行为的性质、情节、社会影响程度结合起来考量,不得超越法定条件、法定惩罚类型和幅度。通过评价、设置惩戒观察期、选择适用和调整惩戒措施等数个过程,实现对失信主体权利最大限度的保护。

二是在时间模式设定层面,鉴于目前治理模式中 2 年、4 年等"一刀切"的惩戒期间设定,该设定与失信联合惩戒机制所要达到的社会效果存在不契合的问题。为此,可以设定动态管理措施,即针对某一特定专业的领域,确定一个具体的惩戒时间区间,具体惩戒时间的选择应当交由有惩戒权力的部门根据失信人失信行为的程度进一步加以明确。在具体时间跨度的选择上,可以适当地引入专家论证制度,专家根据失信主体实施的失信行为对于社会的影响程度来选择适当合理的时间跨度,并予以充分的说理论证,保障选择时间跨度的科学性与合理性。

(四)强化失信惩戒措施的程序性保障

在失信惩戒措施实施的过程中注入正当程序原则,要求行政机关赋予当事人实质性、交互性参与程序的可能。行政机关在作出联合惩戒措施之前应履行告知和说明义务,保障失信主体陈述申辩以及听证的权利,进一步明确失信主体信用信息的范围以及相关的评价标准,向公众充分的公开和解释,说明其中的关键要素。同时,对于自动化、一体性的惩戒程序进行拆分和细化,实现失信行为认定、列入失信惩戒名单、实施联合惩戒等各个环节的适度隔离和相对独立的认定,并在决定之前充分履行告知、说明理由、听证等程序,从而保障当事人程序性权利具备实质上的参与意义。①

此外,行政机关对失信主体所实施的惩戒措施应当设定合理的评估机制和修复程序机制。一方面,对于实施的失信联合惩戒措施应进行事后的评估,对惩戒措施实行动态管理,设计相应程序予以规范和评估,取消不具有实质合法性的惩戒措施;另一方面,对于信用信息的使用应当坚持有期限、可修复的原则。为防止失信主体的失信记录成为"终身烙印",信用信息的记录、保存、公示等应当设定一定的期限,在相关的期限届满后,监管机关应当撤回或者删除相关失信记录。同时,从教育与惩戒相结合、鼓励民众提升诚信的角度出发,建立信用修复机制,妥善设定信用修复的条件和程序,有利于充分保障公民的基本权利。

---

① 王锡锌、黄智杰:《论失信约束制度的法治约束》,《中国法律评论》2021年第1期。

我国家长惩戒权制度之构建

——以比较研究为视角

李　静[①]　李　爽[②]

近年来家庭教育问题引发了人们的积极讨论,而在日常生活中父母出于教育的目的伤害子女的情况也时有发生,在我国"子不教,父之过"传统思想的影响下,父母惩戒子女似乎是天经地义的事情,惩戒也是父母教育未成年子女常用的方式。但父母在行使惩戒权时总面临着问题,哪种惩戒方式不能使用?惩戒的限度是什么?我国法律对于惩戒权没有明文的规定,也使得父母在行使惩戒权时缺乏制约。因此本文从我国家长惩戒权的现状出发,对比研究英美法系国家和大陆法系国家的相关规定,发现日本的送惩制度十分符合我国国情,与我国的文化传统、现实基础相适应,从而提出了我国惩戒权制度建立的思路。

一、我国家长惩戒权的法律现状和问题

(一)我国法律中家长惩戒权的现状

我国现行的法律规范中没有对家长惩戒权进行明确规定,但与家长惩戒权紧密相关的父母教育权常常出现,《中华人民共和国民法

---

① 李静,天津商业大学法学院教授,法学博士。
② 李爽,天津商业大学法学院硕士研究生。

典》第二十六条就规定了父母对未成年子女有教育权。《中华人民共和国未成年人保护法》(以下简称《未成年人保护法》)第十六条规定了未成年人的父母或者其他监护人应当履行的监护职责,其第九点为:“预防和制止未成年人的不良行为和违法犯罪行为,并进行合理管教。”这里的“合理管教”就包含了父母可以出于教育目的对子女使用合理的方式进行管理教育。新出台的《中华人民共和国家庭教育促进法》(以下简称《家庭教育促进法》)规定了家长教育方式的原则,第十四条“父母或者其他监护人应当树立家庭是第一个课堂、家长是第一任老师的责任意识,承担对未成年人实施家庭教育的主体责任,用正确思想、方法和行为教育未成年人养成良好思想、品行和习惯”。

(二)我国家长惩戒权制度存在的问题

从上述相关法律规定我们可以发现,我国家长惩戒权制度存在的主要问题如下。

第一,从我国法律上看,家长惩戒权并不是一种合法的存在,导致制度与实践的严重脱节。

无论是民法典中的监护权,还是《未成年人保护法》中的合理管教以及《家庭教育促进法》中的教育义务,都从未明确提出惩戒权的概念。而“惩戒”一词与上述表述至少在文义上并不当然包含或重合。“惩戒”有“施之以痛苦以使改过”之意,而“教育”“管教”都无此意。特别是《家庭教育促进法》中还特别强调要采用合理的方式,强调用正确的思想、方法和行为施加教育。从这些表述中都无从推断出明确的惩戒权的含义,而且截至本文完成时,也没有出台相应的权威性法律解释对于是否可以包含惩戒这一教育方式进行说明。

这样一来,惩戒权就成为一种名不正而言顺的实际存在,无论是观念层面还是社会行为层面。我国并不像奉行国家监护主义的英美法系国家那样存在否定家长惩戒权的传统,事实上即使是英美国家,现在也已经开始承认家长惩戒权，这也说明在法律上否定家长惩戒权是不现实的。而实际上因家长惩戒子女而承担法律责任的情形也并不多见，也就是实践中被默认，这就导致制度与实践的脱节。

第二，实践中得到默认的惩戒权，因为没有明文规定，缺乏边界与规范，也使得父母实施惩戒行为时缺乏限制。

由于缺乏惩戒权的明确表述，家长对于家长惩戒行为（教育行为）的边界认定模糊不清，容易导致实践中家长使用惩戒手段实行教育时，惩罚过重给未成年人造成伤害。因为在亲子关系中，父母占据主导地位，父母施加教育行为时，对于教育合理方式本身就可以见仁见智的理解，很容易造成以教育之名，实行虐待之事。甚至现实生活中经常发生的是家长在运用和平的教育方式时被子女的错误行为激怒，从而转化为惩戒，此时往往超出合理限度演变成家庭暴力，造成严重后果构成犯罪。

事实上，承认惩戒权不仅与我国传统文化相一致，也与世界潮流相一致，两大法系目前都有关于惩戒权的相关制度。事实上从相关立法表述中，我们可以推测出立法者并不否认家长惩戒权，例如《家庭教育促进法》强调家庭教育的重要性和父母教育子女时应当用正确的方法，不能只简单粗暴的惩罚，这里，“惩戒”理所应当包含在“教育”之意中。

法律层面上承认家长惩戒权，理论上不存在障碍。难题在于在明确承认之后如何加以规范，这也包括对这一权利的合理表述。鉴于亲子关系问题与本国的法律价值观念、历史文化传统密切相关，各国关于惩戒权的制度也深刻体现了其法律与文化传统，因此，通过对国外惩戒权的比较和研究，可以为构建适合我国国情与传统的惩戒权制度提供借鉴。

二、三种模式的家长惩戒权

（一）英美模式

英美模式下的家长惩戒权是父母在教育未成年子女时，行使与子女的心智和身体状况相匹配,并受到社会广泛监督的权利。美国法律承认的家长惩戒权就来自父母照护权,父母可以在合理、必要的范围内,以教育、管教为目的惩戒子女。英国在立法中与美国有相似的规定:"父母行使惩戒权要与子女的年龄、心智和身体状况相适应,在考虑子女行为的原因基础上合理行使。"①并且英国法律进一步强调了父母行使惩戒权时,必须考虑孩子的身心状况以及错误行为的原因。

英美两国也对惩戒权行使的标准和限度进行了限制。美国要求父母手段不能苛刻和残暴,《英国儿童保护法》对父母行使惩戒权的具体方式作了限制,规定了父母惩戒子女可采取的方式和不得采取的方式,要求父母不能使用腰带、棍子等容易对孩子身体造成伤害的器具惩罚子女,在子女做出不良行为且屡教不改时,允许父母用手打子女,但不能够打孩子的头、眼等敏感部位。"废除了允许父母使用藤条殴打孩子的规定,代之以惩戒不得留下疤痕或导致身体红肿的温和惩戒行为,任何对儿童造成身体上伤害的行为都不得使用教育惩戒作为抗辩。"②

在英美国家中要求全社会对于父母对未成年人的监护行为进行监督,并建立了完善的监督体系。美国的"强制报告"制度就是典型,该制度要求与儿童接触过的教师、邻居、医生等人员发现儿童可能在家庭中遭受暴力的,必须向有关机构报告。父母在监护过程中行使家长惩戒权超出限度,对儿童身心造成伤害的,即为虐待儿童行为,与该儿童有过接触的人员都有向有关机构举报的义务。美国国会制定的《儿童虐待治疗及检举法》,规定了"州政府在处理儿童受虐待及被疏忽的案件时应如何告发、调查、介入并保持纪录等相关内容,

---

① 陈苇:《外国婚姻家庭法比较研究》,群众出版社,2006,第 306—307 页。
② 马菱霞:《子女本位下的父母惩戒制度研究》,《理论学刊》2017 年第 2 期。

并设置了全国性的组织，专门处理被虐待、疏忽的儿童的预防及治疗的相关事务。”①

英美模式下的家长惩戒权相较于其他模式，行使的范围更加狭窄，在美国，父母对子女进行言语的恐吓或轻微的体罚，就有可能会被追责。对父母行使惩戒权时的监督也更加严格，政府主动干预，并要求社会上与儿童有接触的人员主动监督。父母滥用权利应当承担的责任也更重。在美国，法院提供出父母行使惩戒权过限的证据，就能判令剥夺父母的照护权，若对子女身心造成了伤害的，会被视为虐待儿童，承担相应的民事和刑事责任。因为英美法系国家的监护属于广义上的监护制度，没有采用亲权的概念，在人人平等的思想影响下，认为父母和子女是平等的，应当享有相同的权利、承担同样的义务。

（二）大陆法系模式

大陆法系惩戒权制度以德国和西班牙为代表，这种模式下的家长惩戒权，要求父母行使权利时要咨询专业人员的意见，不能采取暴力措施，只有在违反社会共识，违背子女最大利益时，国家才介入行使监督职能。德国家长惩戒权源自父母照顾权，德国法律规定家长在行使父母照顾权时要符合孩子的兴趣和能力，孩子不听从管教时要咨询教师或其他有资格的人，听从他们的意见。西班牙法律也规定父母只在家庭教育中享有惩戒权，又名“更正权”。

德国和西班牙规定了家长惩戒权的行使范围和限度。西班牙法律规定，父母的惩戒行为要符合比例原则，父母对犯错的子女的惩戒行为要与子女所犯的错误成正比。《德国民法典》第1631条第2款规定：“子女有受非暴力的教育的权利，体罚、心灵上的伤害和其他侮

① 高婷：《惩戒权问题研究》，烟台大学硕士学位论文，2011年。

辱性的教育措施是不允许的。”①父母严重违反该规定,家庭法院可以采取适当的手段予以干预,如发布行为规则命令,家庭法院在紧急情况下可以剥夺一部分父母的照顾权,无法阻止父母对子女权益危害的可以剥夺全部。

大陆法系的家长惩戒权的特点如下:第一,公力监督是由监护行政机关和监护司法机关负责,例如德国的青少年局和监护法院,并未对社会监督作出要求。第二,家长在行使权利时,被要求咨询教师等专业人员的意见。这是因为德国和西班牙都属于大陆法系国家,大陆法系所采用的监护制度是将监护与亲权分开的狭义上的监护。亲权立法上采取放任主义,法律对父母持信任态度,亲权在立法上的限制更小,因此大陆法系模式下家长行使惩戒权受到的约束更少。

(三)日本模式

日本本属大陆法系国家,但在家长惩戒权问题上,却呈现出更多的传统色彩。日本模式下家长惩戒权是父母在教育未成年子女时,可以亲自惩戒,也可以在相关法院的许可后将子女送入惩戒所。《日本民法典》第822条规定:“行使亲权的人在必要范围内可以亲自惩戒其子女,或经家庭法院的许可,将子女送入惩戒所,将子女送入惩戒所的期间,在六个月以下的范围内,由家庭法院决定,但此期间,可以因行使亲权的人的请求随时缩短。”②

日本为了预防亲权被滥用,让家长合理行使惩戒权,对相关权利作出限制。在家长滥用惩戒权超出合理限度侵害子女的身心健康时,在检察官和孩子的其他亲属的请求下,家庭法院可以宣告父母丧失亲权,并承担相应的刑事、民事责任。并且在2020年施行的《儿童虐待防止法》和《儿童福祉法》规定禁止体罚子女。日本厚生劳动省

---

① 佚名:《德国民法典》,陈卫佐译,法律出版社,2010。
② 佚名:《最新日本民法》,渠涛译,法律出版社,2006,第3页。

针对这项法案，总结了一些体罚的例子，比如：多次说孩子，但是不听话时打孩子；让孩子长时间端坐；孩子打了其他小朋友，自己按照同样的方式打了孩子；孩子偷盗其他人的东西，家长打孩子；不做作业，不给孩子吃饭等。

与其他模式相比，日本模式下父母对子女的权利更大，并拥有一项独特的权利——送惩权。这是因为日本地理位置与我国接近，并在唐朝时期派遣唐使与我国进行了文化交流，后来在吸取《唐律疏议》的经验后，制定了本国的律令。所以古代日本的法律主要受中国法律的影响，其表现在家庭法方面就是家长对犯错误的子女可以亲自惩戒，也可以送往官府。第二次世界大战后，随着子女最佳利益原则的确立，家长制逐渐没落，日本立法转而关注子女的利益，强调父母的教养义务，但仍保留了部分传统，在参考了法国和德国民法典并适应现实的基础上变革为如今的送惩制度。

三、我国家长惩戒权制度的道路选择

（一）我国道路选择的文化基础——我国古代的家长惩戒权

在我国古代，家长具有支配和惩罚子女的惩戒权。惩戒权源于家长权，家长一般指家庭成员的父亲、祖父或曾祖父辈分最高的男性成员，在家长权下“子女的身体乃至生命都是父母的‘私有财产’，父母可以对其任意处置，包括殴打、禁闭甚至处死”①。商周时期，家族内地位最高的人掌握家父权，亲子关系依附于宗法制度，父母对子女有绝对的支配权，在法律上子女是父母的私产，没有独立人格，子女的人身和财产利益得不到保障。《礼记·内则篇》就有记载：“父母怒，不说，而挞之流血，不敢疾怨，起敬起孝。”可见，在家族本位的亲子法中家长对于家庭成员有生杀予夺的权利，此时家长惩戒权是没有边界的，不能保护子女的人身利益。

---

① 李学勤：《十三经注疏（标点本）——孝经注疏》，北京大学出版社，1999，第3页。

随着家长权的衰微,父权制家庭制度确立,由家长绝对支配家族成员转变为家父掌控家庭,家长权逐渐演变为父权,惩戒权的权利主体也由家长变成父母,惩戒权也在一定程度上受到限制,失去了任意对子女生杀予夺的权利。在我国唐代时惩戒权有了详细的规定。家长可以惩戒子女也可以告官,但亲自惩戒不能超过一定限度,否则只能通过送惩由官府依律处理。唐律疏议规定,子孙违反教令的,家长可以殴打或者以其他方式处罚,家长不能够处罚的可以向官府控告,由官府代惩。但家长决定将违反教令的子孙送交官府后,就只能依照法律处理,官府不再听从家长请求。清朝时期随着封建专制程度加深,法律强化了家长惩戒权,家长可以在合理的限度内对子女进行惩戒,也可以将子女送交官府,即使家长没有缘故就殴打子女,也只被打六十杖,徒刑一年。

清朝末期实行"新政"后,我国传统法律几乎全部被废除,转而借鉴西方的法律,从此之后家庭惩戒权就在我国法律中逐渐消失了。中华人民共和国成立后颁布的婚姻法、未成年人保护法等多部法律中,虽然强调了家长拥有教育未成年子女的权利和义务,但没有明确规定家长的惩戒权。

(二)我国家长惩戒权确立的可能性

首先,惩戒权是基于父母子女血缘关系而形成的家长对未成年子女教育权的延伸,学校教育惩戒权、国家教育惩戒权都源于家长惩戒权。只要父母子女之间存在血缘关系,父母对子女就有教育的权利和义务,家长惩戒权就有存在的基础。其次,在我国从法律上确立父母惩戒权有广泛的社会基础。"棍棒底下出孝子""不打不成才"一直影响着中国的家庭教育观念,现实生活中父母对子女的惩戒行为也被公众接受。同时,英、美、德、日等诸多国家也在法律中明确规定了家长惩戒权,各国的法律规定不仅向我们表现了家长惩戒权确立的合理性,也为我们提供了借鉴思路。最后,在法律中规定父母拥有惩戒权并不代表父母可以任意惩戒孩子,反而会规范父母的惩戒行为。在法律明文规定后,家长惩戒权就有了权利履行的范围,父母在限制范围内履行权利,若超出了限度,造成了伤害,就要承担相应的法律责任。因此,法律明确规定父母拥有家长惩戒权,并对权利的行使方式做出具体的规定,会使惩戒权的适用更加行之有效,发挥预期的作用。

(三)我国家长惩戒权的应有选择

前面介绍了英、美、法、德、日多个国家的家长惩戒权制度,虽然我国采用的是和英美法系相同的大监护制度,但考虑到社会现实,笔者认为日本的家长惩戒权制度更适合我国国情。因为中国和日本地理位置接近,都属于东亚国家。两国有着相似的历史文化传统,日本在唐朝时期向中国派遣了十几次遣唐使,学习中华文化和国家制度,吸取了我国古代的部分法律制度,这使得我国在借鉴日本的家长惩戒权制度时,更容易认同和引进。并且日本民法典规定的亲权人送惩制度与清代的"呈请发遣"制度十分相似,有前例可循。清代法律规定,子孙如有违反教令,家长可在情理的范围内亲自惩戒也可以鸣官亲告,将违反教令之子孙送交官府,请官府代为惩处,官府通过国家强制力将不肖子孙远流离乡。只不过两者不同的是日本是将子女送往惩戒所惩戒,清朝时是将子女流放。近些年出现的"某某书院""女德班"、网瘾治疗机构等,反映了部分家长存在将子女送往惩戒机构的需求,然而私人惩戒机构被不断曝光内幕后,家长才发现这对孩子的身心健康造成了严重侵害。因此我国可以借鉴日本的做法,有监护权的父母在法院许可后,将子女送入国家设立的惩戒所,既避免了私人机构可能对子女造成的伤害,又防止了父母以惩戒的名义虐待儿童。

四、我国家长惩戒权的制度具体设计

(一)明确法律中家长惩戒权的内涵

学术界将惩戒权又称管教权或管束权。佘延满教授认为:"惩戒权,又称管束权,是基于保护教育权的权利,是指当未成年子女不服父母管教犯有劣迹时,法律赋予亲权人在必要范围内可对子女进行适当的惩戒,以教育子女改恶迁善。”①马亿南教授指出:“在法律允许的范围内、亲权人可采取说服教育、斥责等必要手段惩戒子女,对有严重不良行为的未成年子女,其父母应当采取措施严加管教。”②即使惩戒权有很多种说法,但其实质是相同的,就是父母以教育子女、纠正其不良行为为目的,在法律允许的范围内以合理的方式实施惩戒的权利。

惩戒与体罚有所联系,但并不相同。惩戒是以教育和纠错为目的而实施的身体和言辞惩罚;体罚仅是指对身体上施加的惩罚,而且体罚并不一定以教育为目的。并且在很多国外立法例中明确禁止父母体罚子女,但允许父母对子女进行惩戒。由此可见,不能混淆惩戒和体罚。

(二)明确惩戒权的内容,增加操作性

1. 明确父母行使家长惩戒权时的限度

在前面提到的英美法系国家基本都对父母行使惩戒权的限度做出了严格规定,有的甚至禁止了身体上的惩罚,只允许言语上的管教。英国的“温和惩戒”也为我们提供了一条思路,界定惩戒权的行使限度,让父母在教育子女时能够衡量自己的行为,避免行使不当而侵害未成年子女的身心健康。父母在行使家长惩戒权时要做到以下三点:第一,注意言语上的限度,父母口头批评教育子女时,应当耐心听取孩子的想法并选择温和的言辞,不要为了发泄情绪而对子女讽刺挖苦,应当就事论事、具体指正错误。第二,明确行为上的限度,父母对子女人身进行适度惩罚,以纠正其严重错误行为。身体上的惩

---

① 余延满:《亲属法原论》,法律出版社,2007,第 457 页。

② 马忆南:《婚姻家庭继承法学》,北京大学出版社,2007,第 162 页。

戒不能简单看作体罚,要有严格规定,是法律允许的方式,例如可以用手打手心,而不能用皮带、棍子打。第三,冷处理的限度。冷处理是一种心理惩戒方式,这种惩戒方式必须注意时间,否则会形成家庭冷暴力,不利于未成年子女的健康成长。

2. 建立送惩制度

我们可以借鉴日本的"送惩制度",在子女过于顽劣或父母没有时间和精力进行管教时,由国家出面进行管教。父母可以在一定限度内惩戒子女,或者将子女送往国家惩戒机构对子女进行教育,父母可以申请缩短子女接受教育的时间。建立送惩制度需要对送往惩戒所惩戒的原因、程序、机构进行严格限制。若父母想要将子女送往惩戒所接受教育需满足以下条件。首先,其他合法的惩戒方式已经不能够教育未成年子女。其次,父母应当向法院提出申请,在法院审查并许可后,父母才能将子女送往惩戒所。最后,惩戒所应当是有严格设立程序、由国家认可的专门机构,并且要对惩戒所的运行建立完善的监督程序。

结语

我国现行法律规范中用"教育""保护"来概括规定父母对子女的权利,没有明确规定惩戒权,这使得父母在行使惩戒权时难以把握方式和限度,容易对未成年人的身心健康造成不利影响。因此我们应当考虑社会现实,借鉴符合我国国情的国外惩戒权制度,吸取其成功经验,建立我国的惩戒权制度。

行政黑名单的法律属性及其制度完善

崔文俊[①]　法　苑[②]

近年来,随着新冠肺炎疫情席卷全球,信用关系在国际和国内环境中变得敏感而脆弱,信用、信任越来越成为特殊时期维持国内外良好秩序不可或缺的一部分,显示出一个社会的治理水平和能力。我国当前正在大力推进社会信用体系建设,行政黑名单制度遂备受重视,成为社会信用体系建设的重要组成部分。

目前,我国的行政黑名单法律制度还很不健全,行政机关在行政管理实践中也难以得心应手地运用行政黑名单手段。由于理论与实务界对行政黑名单的法律属性存在争议,行政机关在适用法律时也常常面临困扰。是以,本文将对行政黑名单的法律属性予以探讨,以期为行政机关依法运用这种行政手段提供指导。在此基础上,本文将对我国当前行政黑名单制度运行中存在的问题进行分析,并提出相应的解决方案,希冀促进行政黑名单制度的完善。

一、行政黑名单的概念及其制度功能

(一)行政黑名单的概念

行政黑名单,是指行政机关为达成行政目的,依法将违规失信的

---

① 崔文俊,天津商业大学法学院副教授,法学博士。
② 法苑,天津商业大学法学院硕士研究生。

行政相对人列入特定的名录，予以对外公开并实施相应惩戒的行为。兹说明其要素如下：

1. 行政黑名单是行政机关实施的行政行为

行政黑名单是为达成特定的行政目的，对违规失信的行政相对人进行规制的手段，本质上属于行政权范围的事项，自应由行政机关依法实施。

2. 行政黑名单以违规失信的行政相对人为规制对象

行政相对人从事各种活动，应当遵守诚信原则。当行政相对人违规失信，危害公共利益和社会秩序时，行政机关自应对其予以管制。

3. 行政黑名单是一种具有复合性质的行政行为

行政机关运用行政黑名单手段，仅将违规失信的行政相对人列入失信黑名单尚有不足，更须借助向社会公众公开和对行政相对人的权利进行限制的方式来达成其行政目的。

（二）行政黑名单制度的功能

健全和完善的行政黑名单制度，对于增强公民的诚信意识，提高行政执法效率，促进社会信用体系建设，均具有十分重要的意义。

1. 有助于增强公民的诚信意识

当前社会中违规失信行为频发，信用秩序的修复是亟待解决的问题。通过行政黑名单制度的运行，行政相对人可以便捷地了解违规失信主体的信息，这样行政相对人在与他方合作中会更加谨慎合理地预估风险。同时，行政相对人明白违规失信的法律责任及其可能付出的代价后，就会提醒自己在与他人的交往中遵守诚实信用原则，这无疑有助于增强全体公民的诚信意识。①

---

① 和亚娟：《“黑名单”制度的属性、功能及其边界控制》，《贵州警官职业学院学报》2019 年第 5 期。

2. 有助于提高行政执法效率

行政黑名单制度与当前大数据时代背景相结合，借由先进的互联网技术确保信息的高速传播和实时共享，可以实现行政运作低成本与高效率的共赢。① 借由行政黑名单制度的实施，行政机关可以对特定的违规失信主体进行重点监控与后续跟进，有助于更好地维护和实现公共利益，也有助于更加精准有效地保障公民的合法权益。

3. 有助于促进社会信用体系建设

个人与社会是不可分割的。行政机关将失信行为人的信息进行公示，会给行为人带来精神上的压迫，使其遭受社会评价降低、信用贬损、预期可得利益丧失等不利后果。② 同时，随着联合惩戒机制的健全，行为人可能受到多个行政机关的制裁。③ 当然，惩戒违规失信行为人本身不是行政目的，只是达成行政目的手段。通过行政黑名单制度的运行，无疑有助于加强对社会信用信息的管理，促进社会信用体系建设。

二、行政黑名单的法律属性

(一)主要学说见解

迄今为止，我国未出台相关法律对行政黑名单有关事项作出统一具体的规定，不同学者从不同视角对行政黑名单的法律属性进行了分析，也得出了不同的结论，形成了理论争鸣的局面。目前，比较有影响的主要有下述几种观点。

1. 行政处罚说

该学说关注点在于行政管理的过程中，行政机关运用行政黑名单实施惩戒产生的制裁效果。胡建淼教授是主张行政处罚说的代表，他

---

① 武梦圆:《行政黑名单制度的法律规制——基于类型化研究与行政过程论视角》,《湖北经济学院学报》(人文社会科学版)2022年第1期。

② 陈婉玲、毕春颖:《黑名单制度的渊源、价值与适用》,《天津法学》2020年第1期。

③ 刁梦梦:《论行政黑名单制度及其法律规制》,《浙江万里学院学报》2019年第3期。

认为行政处罚有人身罚、财产罚、资格罚和精神罚四类，而行政黑名单具有兼收并蓄的特点：将黑名单公之于众，对当事人形成精神上的压力，是为精神罚；对当事人的某些权利在一定期间内进行限制，当属资格罚；被列入黑名单后限制出国旅游，属于人身罚。① 依此种见解，新修订的《中华人民共和国行政处罚法》明确行政处罚系行政主体对违法的行政相对人，以减损权益或增加义务的方式予以惩戒的行为，而行政黑名单符合行政处罚的全部概念要素，可以将其归入该法第九条第六项所规定的“法律、行政法规规定的其他行政处罚”。

2.“类型化说”②

该说根据不同行政黑名单的功能差异，将其分为四种类型：惩罚性黑名单、警示性黑名单、备案性黑名单和普法性黑名单。其中，行政机关针对特定相对人，运用黑名单采取诸如限制出境、限制贷款等措施，以此惩戒其失信行为，即为惩罚性黑名单；警示性黑名单的受众是不特定主体，行政机关面向社会大众将黑名单公布出来，起到警示、提醒的作用，督促失信主体尽快履行相应的义务；备案性黑名单不向社会公布，行政机关将失信行为记录后，只在行政系统内部进行共享和查看，旨在备案；普法性黑名单是行政机关将部分具有典型教育意义的事件作为示范，定期向社会公布，进行普法教育、法制宣传。至于上述四种类型黑名单的性质，依次分别为行政处罚、行政指导、内部行政行为及行政事实行为。

3.“多阶段行政行为说”③

该学说以行政过程论为视角，将行政黑名单分为拟列入行为、列

---

① 胡建淼：《“黑名单”管理制度——行政机关实施“黑名单”是一种行政处罚》，《人民法治》2017 年第 5 期。

② 刘平、史莉莉：《行政“黑名单”的法律问题探讨》，《上海政法学院学报》2006 年第 2 期。

③ 范伟：《行政黑名单制度的法律属性及其控制——基于行政过程论视角的分析》，《政治与法律》2018 年第 9 期。

入行为、公布行为和惩戒行为共四个运行阶段,分别对其性质进行分析。依其见解,拟列入行为是行政黑名单制度运行的开端,是列入行为的前置阶段,指的是行政机关在将行政相对人正式列入黑名单之前,收集整理行政相对人的失信行为和相关信息,研究讨论是否将其列入行政黑名单之中的行为。拟列入行为不是行政机关对行政相对人为意思表示的行为,不会对外产生法律效果,故此时并不是具体行政行为。列入行为是行政机关将行为人和失信信息列入黑名单的行政活动,当属具体行政行为。公布行为是行政黑名单制度运行的中间环节,起到"承上启下"的重要作用。公布行为是指行政机关正式将相对人列入黑名单之后,通过一定的平台,把当事人的信息和失信行为公布出来。由于公布行为并不源于行政机关的主观意愿,此阶段行政机关没有产生、变更、消灭权利义务的意思表示,故可以将其定性为行政事实行为。惩戒行为是指行政机关限制失信人员权利的行为。由于惩戒行为对当事人产生了直接、紧迫而现实的影响,体现了强烈的制裁性,应当为行政处罚行为。

(二)本文的界定

上述几种学说为行政黑名单的定性贡献了多元化的视角,但是上述学说都存在一定的不足之处。

行政处罚说偏重考虑行政黑名单对行政相对人的制裁效果,未能兼顾其具有的其他属性,不利于从整体上把握行政黑名单的属性,并不可采。

"类型化说"认识到不同类型的行政黑名单存在的差异,但其偏重于考量行政黑名单手段运用对行政相对人产生的终极法律效果,忽视了行政机关在此过程中所为的其他行为,使得行政黑名单在很大程度上以静态方式呈现,不能准确反映行政黑名单手段的运作过程,不利于充分发挥行政黑名单的制度功能。

"多阶段行政行为说"以行政过程论为视角,对行政黑名单运作不同阶段行为的法律属性分别进行界定,这无疑具有一定的合理性。笔者对此学说的分析视角持认同态度,但对其提出的部分观点并不认同。

第一,将行政黑名单的拟列入行为作为一个独立阶段的行为是不妥当的。行政黑名单的拟列入行为显然仅属于行政机关为作出行政行为而实施的过程性行为,根本不是一个独立的行政行为,无论将其定性为何种行政行为都有失妥当。从这个意义上讲,在探讨行政黑名单的法律属性时,并不能将拟列入行为与列入行为、公布行为并列考量。

第二,行政黑名单的列入行为是否作为一种独立的行政行为需视情况而定。如果在行政机关将当事人列入行政黑名单后,无须借由公布行为,被列入黑名单者或者社会公众即可获悉当事人被列入黑名单的事实,此种行政黑名单的列入行为无疑属于独立的行政行为。如果在行政机关将当事人列入行政黑名单后,必须借由其后的公布行为,被列入黑名单者或者社会公众才可获悉当事人被列入黑名单的事实,此种行政黑名单的列入行为仍属于行政机关为实施行政行为而为的过程性、内部性的行为,不属于独立的行政行为。

第三,行政黑名单的公布行为是否作为一种独立的行政行为,同样需视情况而定。如果在此之前的行政黑名单列入行为尚非独立的行政行为,伴随而来的公布行为就相当于行政机关将行政黑名单列入的情况对外予以"通知"的行为,借此行政黑名单的列入行为才能成为一个独立的行政行为。此种情况下的行政黑名单公布行为,实际上是行政黑名单列入行为的成立及生效要件,本身不构成独立的行政行为。但是,在行政黑名单列入行为对外缺乏具体的载体形式的情况下,行政黑名单的公布行为应当视为一个独立的行政行为对待。如果在此之前的行政黑名单列入行为已经构成独立的行政行为,行政黑名单的公布行为不过是将已经成立并生效的行政行为告诉社会公众,此种情况下的行政黑名单公布行为,实际上属于行政机关对外提供行政资讯的事实行为。

三、当前行政黑名单制度存在的问题

(一)行政黑名单的设定依据缺失

目前,行政黑名单在实践中的运用已呈现出“遍地开花”的态势,但并无法律对行政黑名单的列入条件、列入程序等事项作出统一具体的规定。据笔者的考察,在现行法律中,仅有《中华人民共和国旅游法》《中华人民共和国消费者权益保护法》《中华人民共和国环境保护法》《中华人民共和国食品安全法》等少数法律中的个别条款涉及行政黑名单制度,更多关于行政黑名单的规定出现在法规、规章,甚至是行政规范性文件中。行政黑名单属于具有侵益性质的行政手段,根据法律保留原则,行政机关运用此种规制手段,必须有法律授权始能为之。法律固然有权直接设定行政黑名单,但位阶在法律之下的法规、规章等规范性文件①,必须获得法律的明确授权始能为之。目前,诸多位阶在法律之下的法规、规章等规范性文件在设定行政黑名单时并未获得法律的明确授权,这无疑不符合法律保留原则的要求。

(二)行政黑名单的适用范围不明确

行政黑名单自身带有干涉性质,会对当事人造成不利影响,如社会评价降低、权利受限等,故对行政黑名单的适用范围进行严格规定

---

① 《中华人民共和国立法法》第八十条第二款中规定:“没有法律或者国务院的行政法规、决定、命令的依据,部门规章不得设定减损公民、法人和其他组织权利或者增加其义务的规范,不得增加本部门的权力或者减少本部门的法定职责。”同法第八十二条第六款规定:“没有法律、行政法规、地方性法规的依据,地方政府规章不得设定减损公民、法人和其他组织权利或者增加其义务的规范。”在理论与实务界,有一种见解认为,上述规定实际上已经表明,行政法规、国务院决定、地方性法规有权设定减损公民、法人和其他组织权利或者增加其义务的规范。其实,根据上述条文的逻辑及字面含义,上述结论是无法导出的。而且,法律保留原则作为重要的宪法原则,不仅直接或者间接体现在宪法具体条文中,《立法法》第八条、第九条对此也有明文规定,上述见解显然不符合法律保留原则。

是十分有必要的。当前,行政黑名单制度在我国整体上仍然处于试行摸索阶段,法律规范密度很低,使得行政机关难以合法正当地运用行政黑名单手段,在实践中也常出现越权行为或者滥用行政黑名单手段的现象。例如有的行政机关将在地铁上吃东西的行为纳入行政黑名单的适用范围,其实这种行为并未违反法律规定,不宜通过行政黑名单手段进行管制。① 若不对行政黑名单手段的适用范围予以限制,其在各个行政领域的滥用就会与日俱增,不仅侵犯当事人的合法权益,与比例原则相冲突,而且会损害行政黑名单制度的权威,不利于服务型政府的构建。

(三)行政黑名单的实施程序保障不足

程序正当是我国行政法的基本原则之一。行政黑名单手段的应用,是由多个阶段的多个行为组合而成,在每一个行为阶段都应当保障当事人的正当程序权利。当前,行政黑名单手段的运用在实践中普遍存在不重视保障当事人程序权利的问题。在行政黑名单的列入、公布和惩戒阶段,几乎没有规范性文件规定当事人享有知情权、陈述、申辩权,乃至申请听证的权利,导致当事人通常只是该行政程序的被动接受者,不能充分有效地参与其中,保护自己的合法权益。此外,现有的规范性文件大多仅重视行政黑名单的列入和惩戒这两个阶段,对行政黑名单的移除程序普遍未作规定②。严控行政黑名单的"入口"固然重要,但若无相应的"出口"作为配套,行政黑名单就容易沦为专横的压制手段,显然不利于被列入黑名单者积极纠错向善。

四、完善行政黑名单制度的对策

(一)规范行政黑名单的设定权

行政黑名单作为行政规制手段对行政相对人权益影响甚大,对

---

① 袁翠萍:《论行政黑名单制度存在的问题及完善》,《西部学刊》2020 年第 13 期。

② 崔冬、吴彤:《行政黑名单制度法律问题研究》,《黑龙江省政法管理干部学院学报》2021 年第 1 期。

行政黑名单的设定权作出具体明确的规定,对于确保行政机关正确运用此种手段,保护行政相对人的合法权益,均具有十分重要的意义。解决行政黑名单的设定权问题,最好的办法是由法律对行政黑名单的设定权统一作出规定。法律的行政黑名单设定权没有特别限制的必要,只要其不违背宪法的规定及其精神即可。行政法规、国务院决定、地方性法规的行政黑名单设定权,则须由法律作出具体明确的授权。法律、行政法规对违规失信行为未设定行政黑名单的,法律可以授权行政法规、国务院决定、地方性法规根据实施法律、行政法规的需要,补充设定行政黑名单。至于法律、国务院决定、法规以外的其他规范性文件,一律不得设定行政黑名单,法律也不宜授权此类规范性文件设定行政黑名单或者补充设定行政黑名单。此外,根据法律明确原则,法律、法规及国务院决定在设定行政黑名单时,要对列入行政黑名单的条件及其不利效果作出明确规定,使行政相对人可以清楚预见其违规失信行为的法律效果而知所进退,行政机关也可据以操作执行。

(二)明确行政黑名单的适用范围

行政黑名单的适用必须限定在合理范围内,才能最大限度地发挥其应有的作用。对于行政相对人的违规失信行为,行政机关的规制手段不限于行政黑名单一种。行政机关在运用行政黑名单手段进行规制时,必须严格依据法律的规定进行。在笔者看来,在确定行政黑名单的适用范围时,应当注意把握以下几点:

首先,行政黑名单针对的应当是违反法律法规规定的失信行为。对于违反公共道德的行为,可以用道德准则进行规范和约束,没必要运用行政黑名单这种手段。

其次,行政黑名单应当适用于食品药品、环境和资源保护、安全生产、教育培训等关系群众切身利益的重点行政领域。行政黑名单手段的运用主要着眼于维护公共秩序,保护社会公众的合法权益。

对于与社会公众影响不大的行政领域或者与司法程序的运作有关的事项，由其他主体采用黑名单手段予以规制更为适宜。

最后，行政黑名单应当适用于当事人有多次违规失信行为或者严重违规失信行为的情形。行政黑名单手段对当事人影响较大，对于当事人有轻微的违规失信行为的，可以采用批评教育或者警告、罚款的处罚手段，没有必要动辄采用行政黑名单这种烈度较强的手段。

（三）完善行政黑名单手段的运用程序

正当程序是人权保障的重要手段，也是法治建设的关键一环。行政黑名单手段的运用对行政相对人权益影响较大，必须重视保障当事人的正当程序权利。一方面，行政机关在作出列入行政黑名单、公布行政黑名单及实施相关惩戒行为之前，应当告知当事人其行为的法律依据及理由，并听取其陈述和申辩。行政机关的相关行政行为严重影响当事人的权益的，应当事先告知其有要求举行听证的权利。当事人要求举行听证的，行政机关应当举行听证。① 另一方面，要增设行政黑名单的移除程序，以免对行政相对人造成过度的不利影响。行政相对人被列入行政黑名单的期限届满后，行政机关应当自行将其从黑名单中去除。行政相对人积极纠正自己的违规失信行为，并积极采取措施消除由其失信行为带来的负面影响的，在符合法律规定的条件时，可以请求行政机关将其从黑名单中移除。此外，由于行政机关的错误导致行政相对人被列入黑名单的，行政机关应当主动纠错将该行政相对人移除黑名单，该行政相对人也有权要求行政机关将其从黑名单中移除。

① 王丽娜：《行政黑名单移除制度的审视与完善》，《中州学刊》2020 年第 3 期。

刑事缺席审判的异议权适用研究

姚海娟[①] 郑 雯[②]

我国2018年正式确立的刑事缺席审判程序正是体现了我国在保障公正的前提下,最大化实现诉讼效率。缺席审判程序的确立可以避免"迟来的正义",严惩腐败犯罪,配合国际反腐工作。刑事缺席审判程序的设置很大程度上是为了保障诉讼效率,为了保障被告人权利以及实现公平正义,应当给予被告人充分的救济权利,以弥补刑事缺席审判可能带来的权利损害。《中华人民共和国刑事诉讼法》(以下简称《刑事诉讼法》)第二百九十五条规定的异议权就是其中一个。毫无疑问,异议权的设立对于保障被告人的诉讼权利具有重大意义,但是,我国对于异议权的规定是粗疏的,这无疑会导致在适用过程中出现权利滥用、适用不明等一些问题,进一步完善异议权是保障被告人权利的需要,也是维护我国刑事缺席审判程序长久稳定发展下去的需要。

一、异议权设置正当性分析

(一)基于人权保障的需要

作为现代刑事诉讼法的核心,人权保障是现代社会人类文明进

① 姚海娟,天津商业大学法学院副教授,博士。
② 郑雯,天津商业大学法学院硕士研究生。

步的重要表现。大陆法系国家刑事诉讼的目的主要是打击犯罪和保障人权。一方面,国家以国家暴力为后盾,对犯罪行为进行惩罚;另一方面,通过规范、限制国家行使刑罚权来防止人权遭到侵害,保障诉讼参与人的诉讼权利,二者相辅相成,缺一不可。例如,日本学者田口守一认为,实体真实主义和人权保障是刑事诉讼法的目的。①缺席审判作为对席审判的例外,程序本身就存在着天然的缺陷,被告人的不在场使得原本控辩双方的平等关系变得不再平等,被告人只有出庭参与庭审,结合自己对案件事实的了解,才能与控方形成有效抗辩。被告人缺席的情况下,审判结果并不一定是正确的,通过赋予缺席审判被告人异议权,以帮助被告人寻求司法救济途径。

(二)保障程序公正

为了解决在刑事缺席审判中由被告人不在席产生的诉讼拖延和久拖不决的司法难题,以实现节约司法资源、维护司法权威和保障诉讼效率,2018 年修改《刑事诉讼法》的时候加入了缺席审判程序。毫无疑问,缺席审判程序的设立在一定程度上提高了犯罪嫌疑人、被告人潜逃国外这类案件的诉讼效率,但是被告人无法亲自出庭行使诉权在一定程度上会影响司法公正。因此,我国通过允许被告人到庭后提出异议来救济自己的诉讼权利,保障了刑事缺席审判程序的公平公正,有助于在实际中合理适用刑事缺席审判程序。刑事缺席审判程序是在平衡公平公正和诉讼效率的价值选择中应运而生的,能够在实际中合理适用该程序是当代法治发展的内在要求。

(三)基于引渡的需要

缺席审判程序可以对不在案的外逃人员做出有罪判决,要使外逃人员回国接受审判或回国接受刑罚,需要请求被告人所在国家向我国引渡此被告人。因此,缺席审判程序的设计必须考虑到引渡的

① [日]田口守一:《刑事诉讼法》,刘迪等译,法律出版社,2000,第 9 页。

需要。根据联合国《引渡示范条约》第三条(g)项的规定:“请求国的判决系缺席判决,被定罪的人被充分通知其审判的,也没有可能辩护,没有可能会或将不会有可能在其本人到庭的情况下使该案获得重审,不得准予引渡。”①被请求国可以以缺席审判被告人没有获得知情权、辩护权以及重新审理的权利作为强制理由来拒绝请求国引渡罪犯的请求。因此,我国刑事诉讼法赋予缺席审判被告人要求重新审理的异议权,以满足引渡的需求。

二、异议权行使存在的问题

(一)异议权的适用没有作出限制

在我国《刑事诉讼法》中,被告人在接受缺席审判并且在作出判决、裁定后到案的,不论是否是自动到案,都可以对已发生效力的判决、裁定提出异议。异议一经提出,人民法院就应该重新审理。由此可见,我国缺席审判的被告人行使异议权不受任何的限制。一旦被告人提出异议,已经生效的判决、裁定就可能因此被重新审理的法院撤销,从而使其归于无效。这不利于维持判决、裁定的实质确定性,对法的安定性也会造成冲击。而且,只要被判决人提出异议就重新审理,这也在实际上否定了缺席审判程序的价值和理性。② 被告人异议权的行使没有行使期限的限制,也不要求被告人提供相应的理由,这使得已生效的裁判可能随时被推翻,对裁判的权威性和诉讼效率带来了巨大的挑战。③ 被告人则可能利用这种不加限制的异议权来恶意拖延诉讼,这不仅会造成司法资源的浪费,也会使得缺席审判程序所追求的效率价值得不到良好的实现。因此,犯罪嫌疑人、被告人行使异议权需要一定的限制。

---

① 黄风:《刑事缺席审判与特别没收程序关系辨析》,《法律适用》2018 年第 23 期。

② 万毅:《刑事缺席审判制度立法技术三题——以〈中华人民共和国刑事诉讼法(修正草案)〉为中心》,《中国刑事法杂志》2018 年第 3 期。

③ 邵劭:《我国刑事缺席审判程序中的异议权》,《中国法学》2021 年第 5 期。

（二）异议权的适用规定不明晰

我国《刑事诉讼法》规定缺席被告人在裁判生效后交付执行前可以提出异议。其一，缺席审判的被告人自动投案或者被抓捕归案的时间是个未知数，这就意味着交付执行的时间具有不确定性。同一案的不同缺席审判被告人可能到案时间不同，交付执行时间也不同，那么他们的异议期限长短也会不同，缺席审判的被告人可能潜逃境外很多年之后才到案，允许缺席审判的被告人在潜逃境外多年后归案仍然享有异议权，异议权的期限就会处于一种漫长且不确定的状态。其二，能够对潜逃境外的犯罪嫌疑人、被告人适用缺席审判程序的前提之一就是起诉书副本和传票一定会送达给缺席审判的犯罪嫌疑人、被告人。实际上缺席审判被告人是知悉自己的缺席审判，如果不对异议期限进行明确的规定，可能会导致部分刑事缺席审判的被告人利用这种不确定且可能过长的异议期限来逃避法律处罚。因此，法律规定的不明确和缺乏相关的司法解释，可能会导致被告人滥用异议权、恶意拖延诉讼进程，无法实现缺席审判的效率价值。

（三）重新审理程序规定不明确

《中华人民共和国刑事诉讼法》第二百九十五条对可以启动缺席审判程序中重新审理程序的情况进行了比较简单的规定，缺席审判的被告人在审理过程中自动投案或者被抓获的以及在判决、裁定生效后交付执行前被告人到案提出异议的。在启动重新审理的诉讼流程中，没有明确细化的规定会使得全国各法院在适用缺席审判程序重新审理上存在混乱，这会对司法公正和权威造成一定的不良影响。

缺席审判程序的重新审理存在级别管辖的问题。为了保障缺席审判的公正性，我国《刑事诉讼法》规定缺席审判由中级人民法院管辖，当缺席审判被告人到案之后，就不存在适用缺席审判程序的理由，审判应该转为普通程序审理。如果继续由中级人民法院管辖，那么中级人民法院在了解案件事实证据后，可以迅速推进诉讼进程，但是根据《刑事诉讼法》的规定,缺席审判的被告人在不可能被判处无期徒刑或者死刑的情况下,案件应该由基层法院管辖,继续管辖会与既有的法律规定产生冲突,也会加重中级人民法院的负担。如果由原来的基层法院管辖,这是符合我国目前法律管辖规定的,原来的基层法院需要重新对案件证据进行梳理,这不仅会延迟诉讼进程,也会造成一定的司法资源的浪费。

目前我国《刑事诉讼法》没有明确规定重新审理应该适用一审程序、二审程序还是审判监督程序。针对缺席审判的被告人在审理过程中到案的情况,如果被告人是在一审审理中到案的,那么按照一审程序重新审理,如果被告人是在二审审理中到案的,重新审理究竟是重新回到一审程序还是二审程序是值得我们探讨的。当符合启动缺席审判程序重新审理第二种情形时,如果被告人是对一审判决有异议,重新审理是回到一审程序还是类似于《刑事诉讼法》关于上诉的规定来利用二审程序进行审理?同样的,如果被告人是对二审判决有异议,重新审理究竟是回到一审程序还是二审程序,又或者按照审判监督程序来寻求救济?2018年修改后的《刑事诉讼法》对此并没有明确说明,因此操作层面实际上给司法实践留下了一定的空间。

三、国外关于刑事缺席审判程序中异议权的规定

(一)法国

法国对缺席审判被告人行使异议权的适用情形、期限以及形式具有一定要求。在适用情形上,法国刑事诉讼法区分了重罪和轻罪。根据罪行轻重,区分被告人是否有异议权。根据法国《刑事诉讼法典》第379条的规定,在严重犯罪案件中,被告人不出庭且没有正当理由的,以及在法庭审理过程中被告人确定不出庭并且不存在中止审理等待被告人再次出庭的可能[1],对于此类案件的缺席判决,被告

[1] 《法国刑事诉讼法典》,罗结珍译,中国法制出版社,2006,第257页。

人不可以和提出异议①。有原则就有例外,并非所有的重罪案件的缺席审判都不存在重新审理的情况,法国《刑事诉讼法》规定了三种例外情况:一是重罪案件的被告人尚未抓获的;二是重罪案件的被告人被抓获后又逃跑,导致审理时未到庭;三是已经对被告人的住所进行过通知,十日内仍没有自行到案的。上述三种被告人在刑罚时效完成之前被逮捕或者自动投案的,因其未到庭所作出的缺席判决会被当然撤销,这种撤销是由法律规定的,重罪案件的被告人是不用通过提起异议而使判决被撤销或者归于无效的,判决撤销后,重罪法院按照普通程序对被告人进行对席审判。除上述部分重罪案件中的缺席审判被告人行使异议权外,法国《刑事诉讼法典》第 487 条中规定了允许轻罪或者警务罪的缺席审判的被告人行使异议权的两种情形:第一种情形是被告人本人已经收到出庭传票但是并没有出庭且在法院作出缺席判决后,能够提供不出庭的有效理由;第二种情形是出庭传票没有送达到被告人本人,或者无法明确被告人是知悉出庭传票的。被告人提出异议后,缺席判决的全部规定归于无效。② 在期限的限制上,提出异议的期限一般是十日,如果被告人居住在法国本土之外,则此期限为一个月。对提出缺席裁判异议的形式,法律没有具体规定,原则上只需将此异议告知检察院即可,但对违警罪法庭作出的刑事裁定书提出缺席裁判异议,须向法庭书记员声明。③

(二)德国

刑事诉讼法一项重要的基本原则是任何人没有经过法院的审判是不可以被判决的。德国法律原则上要求审判时被告人需要到庭。此外,直接原则也要求,法官不仅要亲自讯问证人,也要讯问被告人,

---

① 唐芳:《刑事缺席审判程序的域外考察及本土建构》,《社会科学家》2007 年第 4 期。

② 王强:《论刑事缺席审判程序中异议权的适用》,《福建农林大学学报》(哲学社会科学版)2019 年第 22 期。

③ 卞建林、刘玫:《外国刑事诉讼法》,中国政法大学出版社,2008,第 177 页。

以正确、全面地了解被告人的情况。① 但是,并不是所有的案件都不可以进行缺席审判,在德国《刑事诉讼法典》第232条第一款中规定了一些可以进行缺席审判的轻罪案件,如果对被告人适用刑事缺席审判程序,对其刑罚仅限于单处或者并处180日以下的日额罚金、保留处刑的警告、禁驾、收缴、没收、销毁或者废弃,不可以对其科处比前述更高的刑罚或者矫正、保安处分。② 德国《刑事诉讼法典》还规定了恢复原状程序以救济缺席审判的被告人的诉讼权利,如果缺席审判的被告人对于缺席审判后造成的后果不满意的话,在能够证明自己的缺席审判并非因自己的过失而造成的情况下,可以在缺席判决送达后的一周内申请恢复原状。③ 从该规定来看,缺席审判程序的被告人想要撤销缺席判决恢复原状,需要在一定的时间内提出,必须提供理由,并且能够证明理由的真实合理。

(三)荷兰

荷兰对缺席被告人异议权的行使也同样限制在了轻罪的范围。根据荷兰刑事法律的规定,被告人认为缺席审判侵犯其诉讼权利的,可以根据刑事法律或者其他法律的规定进行上诉。只有在法律不允许上诉的情况下被告人可以要求做出缺席判决的法官重新审判。荷兰有关法律规定,不允许上诉的案件是由区法院审理的轻罪案件或者由县法院审理的罚金为50盾或者更少的轻罪案件。④ 也就是说,针对前述的轻罪案件的被告人进行缺席审判后,被告人不允许通过上诉来救济自己的权利时,他可以提出异议要求重新审理。在荷兰刑事诉讼发展史上,异议权的行使范围经历了先扩大后缩小的变化。

---

① 宋英辉、孙长永等:《外国刑事诉讼法》,北京大学出版社,2011,第342页。

② 《世界各国刑事诉讼法》编辑委员会:《世界各国刑事诉讼法: 欧洲卷(上)》,中国检察出版社,2016,第294页。

③ 杨帆:《刑事缺席审判程序的比较法考察——以适用范围与权利保障为切入点》,《政治与法律》2019年第7期。

④ [荷兰]范温:《被告缺席审判》,焦庞颙译,《国外法学》1981年第4期。

19 世纪初，根据当时的荷兰法律，重罪案件的被告人必须出庭，轻罪案件的被告人并不是必须要出庭的。重罪案件的被告人可以向法院提出针对缺席审判的异议以及重新审理的请求，异议提出后，之前已经进行的诉讼程序和已经判处的处罚将被视为无效，案件回到尚未审理的状态，案件将重新审理。19 世纪中后期，荷兰刑事诉讼法赋予所有缺席审判的被告人异议权，不再区分重罪和轻罪，但是赋予所有缺席审判的被告人异议权，导致了异议权的滥用，对刑事司法造成了不小的影响。① 因此，荷兰刑事诉讼法将上诉作为缺席审判的基本救济途径，通过扩大上诉权的范围来限制异议权的行使范围。

综上所述，外国法治国家在一定程度上对异议权的适用进行了限制，比如限制异议权适用的案件范围，限制提出异议的期限。在以后的立法过程中，我国可以借鉴域外国家刑事缺席审判程序的经验，对异议权做出一定的限制。

四、完善异议权适用的建议

(一)限制异议权的适用

1. 对异议期限的限制

对缺席审判被告人不设置提出异议的期限，无法对促进被告人回国起作用，异议权期限的不确定性也将使裁决一直处于可能被异议推翻的不确定状态。为促使罪犯早日回国，异议期限不宜太长。可以参照法国的规定，要求本土之外的犯罪嫌疑人于一个月内提出异议。关于异议期限的起算时间，考虑到缺席审判的缺陷，为了保障被告人、犯罪嫌疑人的权利，应该根据相关的国际条约的规定、与被告人所在国签署的条约规定，请求被告人所在国协助送达；或者通过外交途径提出司法协助以及被告人所在地法律允许的其他方式，将

---

① 李菲：《刑事缺席审判救济程序比较研究———以美、日、荷、法、德为样本》，《广州开放大学学报》2019 年第 28 期。

判决书送达被告人,异议期限自被告人收到之日起计算。

2. 对异议理由进行限制

我国《刑事诉讼法》对提起异议是否附理由没有规定,只是规定"罪犯对判决、裁定提出异议的,人民法院应当重新审理"。这一规定是立法过程中争议最大的问题。刑事缺席审判程序入法之前,理论界大多主张"被告人能够证明未回国接受审判具有合理的理由并要求接受审判的,原判决应当撤销并重新启动程序"①。荷兰刑事诉讼历史上的异议权滥用提醒着我们,不加限制的异议权会带来滥用的后果,造成司法资源的浪费。因此,被告人提出异议时应当附有一定的理由,理由可以是对程序适用上的不服,也可以是对实体裁判内容的不服。法院应当对异议的理由进行审查,经审查后异议理由合理合法的才允许重新审理。

3. 限制异议权适用的案件范围

我国缺席审判的犯罪嫌疑人、被告人均享有异议权,异议权适用的案件范围即能够适用缺席审判程序案件的范围。只有当潜逃境外的犯罪嫌疑人、被告人涉嫌贪污贿赂犯罪、严重危害国家安全犯罪、恐怖活动犯罪的时候,其可以对缺席审判的判决、裁定提出异议。但是根据我国刑法的规定,贪污贿赂犯罪涉及的罪名较为广泛,其刑罚轻重不同,我国《刑事诉讼法》对缺席审判被告人都给予异议权,这会导致投入的成本与收益严重失衡;如果再允许对之提出异议并引起程序回流,将使程序相当烦琐,这与刑事缺席审判程序设立的效率价值取向相违背。

笔者认为,可以排除轻罪案件,只允许对重罪案件进行缺席审判并赋予被告人异议权。在司法实践当中,潜逃境外的犯罪嫌疑人可

① 戴玉忠、刘明祥:《和谐社会语境下刑法机制的协调》,中国检察出版社,2008,第475页。

能判处的刑罚不重的情况下，最高人民法院对人民检察院提出对其适用缺席审判程序的批复很可能是不宜适用的。如广东省某检察机关办理的涉案金额十余万元的李某某涉嫌贪污一案，检察机关向法院提出适用缺席审判程序，经层报最高人民法院，得到的批复是不宜启动。[①] 重点打击对国家、社会产生严重危害后果的贪污贿赂犯罪案件，更有助于实现立法目的。

(二)明确重新审理程序

对重新审理的级别管辖需要立法进行明确。如果案件本身属于中级人民法院一审的刑事案件，则由中级人民法院重新审理即可。如果案件属于基层人民法院一审的刑事案件，笔者认为可以由中级人民法院根据案件审理的诉讼进程决定是由中级人民法院重新审理或者裁定由基层法院审理。

缺席审判的犯罪嫌疑人、被告人在案件审理过程中自动投案或者被抓获的，适用缺席审判程序的基础已经不复存在，应该回到案件受理的起点，之前已经进行过的诉讼程序归于无效，即被告人无论是在一审审理过程中到案还是二审审理过程中到案，都从一审程序全部重新来过，这是为了保障被告人的审级利益，确保被告人无论在哪个审理阶段到案，缺席审判被告人之间、缺席审判被告人和普通对席审判的被告人之间都享有两级审级利益。

罪犯在判决、裁定生效后到案后提出异议要求重新审理的，笔者认为不能按照审判监督程序进行审理。除了上述所述的保障被告人的审级利益外，最主要的理由是缺席审判的重新审理与我国《刑事诉讼法》规定的审判监督程序本质上是不同的。审判监督程序的启动是为了纠正错误的判决和监督司法机关公正司法，只有被告人、公诉

---

① 王辉华:《职务犯罪案件缺席审判:现实问题与改进路径》,《法治社会》2020 年第 4 期。

方和法院发现已经生效的判决、裁定存在错误,才可以启动审判监督程序。启动审判监督程序后需要对原案件进行全面的审理,对之前的程序、证据、查明的事实全面审查,由此判定原审判的判决、裁定有无错误。缺席审判的重新审理是在被告人缺席的情况下,对案件的重新审理,其所设立的目的是使案件回到未审理的状态,对生效判决、裁定的正确与否不做出评价。而且缺席审判程序是一种法定程序,即使被告人缺席,整个审判过程是符合法律规定的,法院依旧是按照已经查明的事实和证据进行审判,不能因为被告人的缺席就得出生效裁判有误的结论。笔者认为,如果缺席审判的被告人对一审判决、裁定有异议,按照一审程序重新来过即可;如果对一审审判没有异议,对二审审判有异议,被告人愿意放弃从一审程序重新来过的权利,可以参照上诉规定按照二审程序进行审理,适用二审程序。这有助于节约司法资源,尊重当事人对自己诉权处分的权利。需要说明的是,为了保证缺席审判被告人的诉讼权利与人权,保证司法审判的公平公正,被告人对于异议权的放弃需要明确说明,比如要求书面放弃,这也是作为一项证明,避免日后缺席审判被告人再次提出要行使异议权。

结语

刑事诉讼法规定了缺席审判被告人的异议权是对其权利的救济,对保障被告人的权利以及追究犯罪嫌疑人的刑事责任具有重要作用。但是粗疏、不明晰的规定会使得在实际适用异议权规定时出现问题,产生混乱。无限制的异议权可能也会造成异议权权利滥用,成为被告人拖延诉讼、逃避刑事责任的工具。对异议权进行一定的限制,完善异议权行使的程序规则,是平衡效率价值和公平价值的需要,也是推动我国刑事缺席审判落到实处的需要。

论天津市社会力量参与社区矫正工作的完善

蔡文霞[①]

一、天津市社会力量参与社区矫正工作的实际状况

社区矫正是深化司法体制改革和社会体制改革的重要内容，是法治中国建设的重要方面。社会力量的参与是健全社区矫正制度、落实社区矫正任务的内在要求。为了更好地开展社会力量参与社区矫正工作，司法部、中央综治办、教育部、民政部、财政部、人力资源社会保障部于2014年9月26日联合发布《关于组织社会力量参与社区矫正工作的意见》。在此文件中就社会力量参与社区矫正工作的重要性、参与方式、工作重点解决的问题等做出了较为详细的规定，为社会力量参与社区矫正工作指明了方向。

天津市司法局高度重视社会力量参与社区矫正工作，认真贯彻落实中央六部门下发的《关于组织社会力量参与社区矫正工作的意见》，积极探索采取政府购买服务等方式，发展壮大社会工作力量，取得了良好的效果。2015年，天津市司法局等六部门联合下发了《关于进一步组织社会力量参与社区矫正工作的意见》。在全市范围内，

① 天津商业大学法学院讲师。

各区结合自身实际招聘专职社会工作者、招募志愿者以及动员村(居)基层组织等社会力量参与社区矫正。据统计,截至2017年,天津市从事社区矫正工作的社会工作者有681人,其中,本科及以上的人数占将近一半的比例,取得资质证书的有14人;社会志愿者6730人,其中,本科及以上的人数占15.6%,取得资质证书的有96人。在矫正工作中,社区矫正工作者为每名社区服刑人员建立矫正小组,开展教育管理工作。①

天津市各区的具体情况有所区别,因此在积极探索引入社会力量参与社区矫正工作中的做法也各不相同。目前看来,主要有以下一些社会力量参与社区矫正工作:

(一)社会工作者

社会工作者是当前社会力量参与社区矫正工作的主要力量。自2015年天津市司法局要求在全市范围内开展招聘社会工作者参与社区矫正工作以来,各区都积极行动,开始招聘社会工作者参与社区矫正工作。这股社会力量的加入减少了司法工作人员的压力,在一定程度上解决了人力不足的问题,但人力不足的问题仍普遍存在。招聘之初,天津市司法局要求每15名社区矫正服刑人员配备一名社会工作者。到目前为止,除了和平区社区矫正中心等少数几个区完全达到了比例要求,多数区社区矫正中心并未达到比例要求。造成这一现象最主要的原因是这些区的财政经费有限,难以划拨相应的经费或者划拨经费严重不足,难以招聘到所需数量的社会工作者。这些社会工作者都通过正式的招聘考试招聘而来,有些地区招聘时的要求还很高,但在后续的工作中社会工作者流失现象比较严重。

(二)社会组织

社会组织作为社会力量参与社区矫正工作的一股重要力量,今

---

① 天津市司法局:《积极引导社会力量 主动搭建参与平台》,载司法部社区矫正管理局主编《组织社会力量参与社区矫正工作的探索与实践》,法律出版社,2017,第5—8页。

后在社区矫正工作中可能承担的任务将会越来越多。目前,专业的心理咨询机构作为社会组织已经承担起社区矫正的心理矫治工作。天津市不少区的社区矫正中心通过政府购买服务的方式引入了专业的心理咨询机构,提供对社区矫正服刑人员的心理测评、心理咨询、心理矫治、心理治疗等方面的服务,其中北辰区社区矫正中心在此方面做出了诸多努力。专业心理咨询机构的心理咨询师专业性强,对社区矫正服刑人员的心理测试相对客观,对存在一定心理问题的社区矫正服刑人员矫正效果明显,有效弥补了社区矫正工作人员缺乏较强的专业心理知识和心理矫正能力以及对社区矫正服刑人员的人身风险性评价过于主观的不足,为提升社区矫正工作的工作效率和工作效果做出了有益的尝试。同时,一些区的社区矫正中心也开始与专业的心理咨询机构接洽,商谈在社区矫正工作中引入专业的心理咨询机构的事宜。

当前参与社区矫正工作的社会组织多是专业的心理咨询机构,其他类型的社会组织参与不多。有些区的社区矫正中心也试图在社区矫正工作的其他方面引入社会组织。

(三)志愿者

志愿者作为社会力量参与社区矫正工作,在人员数量上是最多的,但囿于他们在时间、精力和专业能力上的限制,他们在社区矫正工作中所能参与的工作有限。各个区的社区矫正中心根据自己的需要招募的志愿者各不相同。如,河西区社区矫正中心较为重视大学生和研究生志愿者参与社区矫正工作中;滨海新区社区矫正第一中心所招募的志愿者是领取些微报酬的专职志愿者,因为这些志愿者责任心强,工作踏实肯干,工作效果好,能够完全取代社会工作者,同时避免了社会工作者人员不稳定、流动性大的弊端,不失为是解决社会工作者流动性大这一问题的创新性思路。

除此之外,法律专业人士、公检法单位的司法工作人员和高校的教师也会被邀请来为社区矫正服刑人员授课,对其进行法律知识的宣讲或者开展思想教育工作,如河西区社区矫正中心会邀请相关的人士为社区矫正服刑人员进行讲课。同时,律师会定期到社区提供法律服务,为社区矫正服刑人员和社区的居民提供法律咨询服务,还会为社区矫正服刑人员提供法律知识的宣讲。

(四)基层群众性自治组织

村(居)民委员会是协助开展社区矫正工作的重要力量。村(居)民委员会可以发挥其贴近社区服刑人员日常工作、生活的优势,及时掌握社区服刑人员的思想动向和行为表现,积极协助社区矫正机构做好社区服刑人员的困难帮扶、社区服务等工作,及时向社区矫正机构反映社区服刑人员情况,发动引导社区社会组织、志愿者和居民群众广泛参与社区矫正工作,扩大交往融合,促进社区服刑人员融入社区、回归社会。北辰区社区矫正中心就将村(居)委员会引入社区矫正工作,辅助社区矫正工作人员对社区矫正服刑人员进行监督和管理。

(五)企事业单位

企事业单位也是参与社区矫正工作的一股力量。企事业单位参与社区矫正工作,主要通过捐赠物资、提供工作岗位、提供技能培训、提供专业服务等方式,为社区服刑人员回归社会提供帮助。例如,河西区社区矫正中心有一处安置帮扶基地,可以为社区服刑人员的就业提供一些职位。安置基地还会为服刑人员的子女提供助学卡、助学资金以及保险等各种帮助。企事业单位参与社区矫正工作,一方面可以体现自身单位的社会责任和社会贡献;另一方面录用符合条件的社区服刑人员的企业按规定可以享受国家普惠政策,能在一定程度上享受经济利益。对于参与社区矫正工作的企事业单位而言,正是一举两得之事。

天津市各个区的社区矫正中心都能结合自己所在区的特点,根据实际情况引入社会力量参与社区矫正工作。经费充足的社区矫正中心相对来说开展的工作多,工作方式多样,引入的社会力量多;经费拮据的社区矫正中心引入的社会力量相对少一些,工作方式相对单一,但也有自己的特色。但从总体而言,天津市吸引社会力量参与社区矫正工作还面临一些困境亟待突破。

二、天津市社会力量参与社区矫正工作面临的困境

(一)社会力量参与主体人员不足

1.社会工作者流动性大,整体素质不高

社会工作者在社区矫正工作中承担了大部分的工作,但是他们的工资待遇普遍偏低,而且没有分级考核体制,缺乏上升和发展的空间,对于刚毕业的优秀大学生而言没有职业前景,于是许多人纷纷离职。由此导致社会工作者的人才流失率高,人员队伍不稳定,专业性弱,难以有效地开展社区矫正工作。对于北辰区等地区的社区矫正中心,即使社会工作者没有流失,但也难招揽优秀人才。各个区的社区矫正中心招聘来的社会工作者流失严重,以致矫正中心投入精力对社会工作者进行的培训工作成果也付诸东流。这在很大程度上影响了社区矫正工作的工作效果,亟待解决。

2.合适的社会组织参与主体不易寻找

在社区矫正工作中,有些社区矫正工作内容由社会组织来承担已经达成了共识,如心理咨询和矫治的工作由专业的心理咨询机构来承担。有些区社区矫正中心急需引入专业的心理咨询机构,却一直没有寻找到合适的心理咨询机构参与社区矫正工作。其原因有二:一是这些区所在地的心理咨询机构不够发达,在本地区难以寻找到合适的心理咨询机构;二是周边地区有合适的心理咨询机构,但没有在本区建立相应的分支机构,直接提供心理咨询服务不方便。所以这些地区社区矫正中心引入心理咨询机构参与社区矫正的工作一直迟迟不能推进。

除了心理咨询和心理矫治工作外,国家鼓励由社会组织来承担社区服务、引导就学就业等工作。今后可以将监督社区矫正服刑人员参与社区服务的工作交由社会组织来承担,因为社区服务承载着恢复和发展社会的功能,属于司法部鼓励社会力量参与社区矫正承担的工作。但问题是,在天津市是否有合适的社会组织来承担这项工作?天津市的社会组织不够发达,一时之间难以寻找可以担当此任的社会组织。

社会组织作为专业性强的社会力量是社会力量参与社区矫正工作的中坚力量,但是社会组织的孕育和发展不是朝夕之事,也不是一蹴而就的,必须经过长期的发展,所以短时间内难以建立起合适的社会组织来参与社区矫正工作。对于在本地区范围内没有合适的社会组织的社区矫正中心而言,寻找到合适的社会组织参与社区矫正工作无疑是一个亟待解决的难题。

(二)社会力量参与方式亟待创新

当前各个社区矫正中心为提升社区矫正的工作质量,纷纷开展了创新性的管理活动。如,对社区矫正服刑人员的定位管理科技化,采取手机定位或电子手环等方式定位管理;对社区矫正服刑人员的心理矫治专业化,邀请专业心理咨询机构对社区矫正服刑人员进行心理测评和矫治。这些积极的创新活动都是值得肯定的,但这些活动仅限于社区矫正工作者在工作上的创新。对于如何引入社会力量参与社区矫正工作以及以社会力量参与社区矫正工作的创新性工作方式来带动社区矫正工作者工作方式的创新在实践中尚未涉及。

目前,社会力量参与社区矫正工作的方式比较单一。单独个体的参与者,如志愿者和社会工作者都是从事社区矫正的辅助性工作,文档管理、协助教育学习和开展社区服务的活动等。在社区矫正服刑人员的教育学习中,多采取灌输式的教育,缺乏体验式教育;在社区矫正服刑人员的社区服务中,多围绕社区的打扫卫生活动,缺乏具体的服务大众的公益活动。社会组织参与社区矫正工作目前只是在心理咨询方面能坚持自己工作的专业性,其他工作参与不多。今后,随着社会组织的壮大,参与社会矫正工作内容的增多,其在工作方式上能否与时俱进,有所创新,从而带动社区矫正工作的积极开展,也是社会力量参与社区矫正工作需要考虑的重要议题。

(三)有限的经费难以吸引社会力量参与

1. 经费不足难以招聘社会工作者

没有足够的经费招聘社会工作者是一些区社区矫正中心面临的难题。天津市除滨海新区等几个财政上较为富裕的区以外,不少区都是矫正经费勉强支撑社会工作者的工资费用,还有少数几个区的财政困难,无法实现招聘社会工作者的工作,难以有效开展社区矫正工作。

2. 缺乏经费无法实现政府购买服务

按照司法部等部门《关于组织社会力量参与社区矫正工作的意见》的精神,国家鼓励通过政府购买服务的方式将更多的社区矫正工作交由社会组织来承担。但是,政府购买服务的费用从何而来?以目前的状况来看,这种矫正费用的来源还是各区的财政拨款。对于财政状况不佳的区而言,这笔经费显然是很难拨付给社区矫正中心的,所以如何解决政府购买社会服务的经费问题是实现政府购买服务的前提。

3. 经费困难不能开展矫正活动

当然,各个区的社区矫正中心可以通过加大社会宣传,发动更多的志愿者投身到社区矫正工作中来,避免政府购买服务所需经费短缺的尴尬问题。但依靠志愿者的加入仅能勉强解决人员力量不足的问题,却无法解决社区矫正工作中专业性要求的问题。并且即使依靠志愿者参与社区矫正工作,在人力投入上不需要费用,但在物质投入上仍需要一定的经费。有些社区矫正活动的开展需要场地或者运输工具、办公物品等,没有一定的活动经费是无法正常开展必须的社区矫正活动的。

因此,充足的经费是保障社区矫正工作全面有序开展的前提,面对有限经费的窘况,如何吸引社会力量参与社区矫正工作是摆在当前的一大难题。

三、完善天津市社会力量参与社区矫正工作的建议

(一)推动合适的社会力量积极参与社区矫正工作

1.解决社会工作者的困境

针对当前天津市社会工作者队伍流动性大、队伍不稳定、优秀人才流失性大等困境,可以考虑将社会工作者所承担的部分工作交由社会组织来承担,从而减少社会工作者的工作量和人员数量,由此可以降低对社会工作者的专业性、全面性的要求,仅强调其具有良好的协调能力即可(协调执法管理者和社会组织的对接工作)。在国家大力提倡社会力量参与社区矫正,并出台文件《关于组织社会力量参与社区矫正工作的意见》的情况下,将社会矫正中的部分工作交给专业的社会组织来承担未尝不是一种有益的尝试。这样可以减少社会工作者的工作量和工作人员的数量。当前的教育学习、社区服务等工作完全可以通过政府购买服务的形式由专业的社会组织来承担。专业的社会组织能利用自己的专业性变换单一的教育学习和社区服务的形式,提升效率。社会工作者可以承担除此之外的协调工作和与执法工作的衔接工作。由此一来,社会工作者的工作量大大减少,对其专业性、全面性的要求也大大降低,强调起具有协调能力即可。这在一定程度上摆脱了专业性强、能力强的要求,也摆脱了想要留住优秀人才却薪金较低的尴尬处境。通过适当降低用人标准来招录到合适的人,以保障整体队伍的稳定性。

2.寻求合适的社会组织

当前,在我国通过政府购买服务的形式,社会组织参与社区矫正

工作主要表现为两种：一是全程参与社区矫正工作的各个领域，如上海市新航服务总站等；二是以项目承接方式参与心理辅导、社区服务、就业培训等某个或某几个版块，主要集中在教育矫正和困难救助领域。公益性慈善组织通常参与的是社区矫正教育矫正和困难帮扶领域。①

第二种途径是较为容易实现的，天津市的社区矫正中心可以直接去上海或者江苏等地社会组织较为发达的地区寻找合适的社会组织来承担所需的社区矫正工作，也可以通过市场培育建立合适的社会组织承担相应的工作。以学习教育工作为例，虽然在天津市尚未有社会组织开展过面向社区矫正服刑人员的学习教育工作，但天津市的各种教育机构不少，从社会工作者队伍中离开的具有社区矫正工作经验的人也大有人在，完全可以借助教育机构的场地和具有矫正工作经验的人初步建立起社会组织来承担社区矫正服刑人员学习教育的工作，并在实践中逐步完善。同时由社会组织来承担学习教育等矫正工作还可以有效解决社区矫正服刑人员在非工作日学习的问题，因为社会组织可以安排较为灵活的工作时间，满足社区矫正服刑人员在周末学习的要求而不耽误其正常的工作，而社会工作者由政府招聘后工作时间只能固定在工作日，开展矫正工作多需要社区矫正服刑人员请假来配合。

同时，政府部门需要积极为吸引社会组织参与社区矫正工作提供各种优惠的条件和政策。像《江苏省关于组织社会力量参与社区矫正工作的实施意见》中规定“建立完善社会组织（社会工作服务机构）参与社区矫正的机制渠道，及时提供需求信息，为其参与社区矫正创造条件、提供便利。提供社区矫正服务的社会组织符合规定条

① 李亚西、范晨：《社会力量参与社区矫正工作问题研究》，《中国司法》2018 年第 9 期。

件的可以享受相应的税收优惠政策”。天津市完全可以参照以上规定为吸引社会组织参与社区矫正工作提供税收优惠政策。

(二)创新社会力量参与社区矫正工作的方式

1. 挖掘学习教育的深度

当前天津市各个区社区矫正中心在对社区矫正服刑人员进行思想教育时,多采取集中学习或者自我学习的方式。社区矫正工作在思想教育工作不仅要着眼大的方面——正确的政治方向,也要强调小的方面——良好的道德修养和个人素养。影响犯罪的因素中,个人的主观原因占据了很大一部分,如果个人能够在复杂的社会环境和特定情境下,坚守个人的道德底线和保持良好的个人素养,就能极大地抵制外在的犯罪诱惑和内在犯罪动机的萌动,最终保持在法律的轨道内前行。所以,尽管社区矫正的服刑人员在犯罪时的主观恶性较小,人身危险性较小,但对其在思想上“大”“小”两个方面的教育缺一不可。社区矫正的学习教育工作不仅要坚持学习党的大政方针和各种最新的政策,而且要学习提高道德素养和个人素质的书籍和事迹。在学习过程中少些灌输式的教学手段,多些体验式的感悟、启发,尽量提供各种情形或环境让社区矫正服刑人员真切感受到社会规范的必要性,增强自律意识,同时通过阅读书籍或者视频学习等方式,对人生观和价值观树立正确的认识,对“服务社会,回馈社会”有发自内心的感悟,才能真正自觉自愿地进行社区服务活动。

2. 丰富社区服务的形式

帮助社区矫正服刑人员改过自新,回报社会的一个重要途径就是为社区提供公益服务。天津市大部分社区矫正中心采取的社区服务形式较为单一,多是为社区提供公共清扫服务。实际上,社会组织,特别是慈善组织参与社区矫正工作,带动社区矫正服刑人员参与慈善组织的活动是一种培养公益心、净化心灵的社区服务形式。慈善组织的参与者都是长期坚持做慈善事业的人,这些人身上具有助人为乐、热心公益、仁者爱人、乐善好施等品质，通过一次次慈善活动唤起人们的精神共鸣，进而同频共振，激励更多人为慈善事业做出力所能及的贡献。社区矫正服刑人员通过参与慈善活动为社会提供公益服务，与慈善工作者接触和共事，耳濡目染、潜移默化地受到优良品质的感染，真正愿意为慈善事业服务，甚至愿意长期坚持做慈善，才确实体现了社区矫正的效果。慈善组织在开展活动过程中往往也会存在缺乏人力的情况，如果社区矫正中心能与这样的组织合作，共同开展对社区矫正服刑人员的监督，一方面有助于解决人力不足的窘况，另一方面能更好地教育和帮扶社区矫正服刑人员。这样的双赢效果会推动更多的慈善组织作为社会力量参与到社区矫正工作中来。

（三）建立多元化筹资机制吸引社会力量参与社区矫正工作

经费充足是开展社区矫正工作的重要物质条件，也是吸引社会力量参与社区矫正工作的巨大推动力。当前，社区矫正经费是由天津市各个区提供的，财政经费紧张的区能够提供的社区矫正经费有限，需要天津市司法局的帮助。天津市司法局可以根据各区经济水平制定经费保障标准，实行动态化调控。对确有经费困难的社区矫正中心，适当地给予专项资金的倾斜支持。

对于经费困难的社区矫正中心，除了市局的资金支持之外，更应该建立社区矫正多元化筹措机制。多元化筹措机制可以综合运用行业内部的集资、社会各界的捐助、自我筹集等方式鼓励民间捐赠。同时，鼓励企事业单位、公益慈善组织和个人对社区矫正志愿服务活动进行资助，形成多渠道、多元化的筹资机制。在我国，红十字基金会参与北京朝阳区等地社区矫正工作的实践经验进一步表明，要挖掘和充分利用基金会参与社区矫正工作的价值和积极作用。天津市也可以考虑在必要时设立社区矫正基金会等组织机构，更为规范合理地吸纳社会资源的支持。

论物证比对样本对于物证鉴定的重要性

张　晶①

物证鉴定,和物证的发现、物证的记录、物证的提取相并列,是物证技术的重要组成部分。对物证进行鉴定,是物证发挥证明作用的重要途径。物证鉴定的任务包括:一是解决与物证相关的同一认定问题;二是解决与物证相关的种属认定问题;三是解决与物证相关的其他技术问题。只有完成了这些任务,才能把物证(在物证鉴定中称为检材)与受审查的人、事、物、时、空的联系确定下来。根据物证鉴定具体对象的不同,可以把物证鉴定分为形象痕迹鉴定、文书物证鉴定、化学物证鉴定、生物物证鉴定、音像物证鉴定、电子物证鉴定等类型。

什么是"物证比对样本"呢? 我们看到这个概念中有"比对"这个词,这表明它必须具备一个与其比对的对象——送检的检材,也就是物证。而物证指的是依法收集的,与案件有联系的,能以其外形特征及所载字迹、符号、图像、声纹特征证明其与受审查的人、事、物、时、空存在联系,从而能证明案件真实情况的各种物质性客体。② 自

---

① 张晶,天津商业大学法学院讲师,法学博士。

② 徐立根主编:《物证技术学》(第三版),中国人民大学出版社,2008,第 2 页。

古以来，有案件就可能有物证，而随着现代物证技术的发展，我们可以对案件中提取的物证进行更加透彻的分析，即对物证进行鉴定。物证鉴定的根本目的是要发现物证与受审查的人、事、物、时、空之间的联系（而鉴定的直接效果可能仅是给案件的侦查提供方向和线索）。然而这些联系要怎么去发现呢？这时候物证比对样本的重要性就凸显出来了。比如在案件中提取的犯罪分子遗留的血液中的DNA信息和犯罪嫌疑人血液中的DNA信息是吻合的，就可以发现案件中提取的物证——DNA信息的载体（血液）和受审查的犯罪嫌疑人之间是有联系的，即案件中的血液属于犯罪嫌疑人。在这个例子里，案件中提取的血液就是物证（检材），而从犯罪嫌疑人身上提取的血液就是物证比对样本。从上例我们也可以看到，一般情况下，物证是来源于案件的，所以提取到的物证在质和量上都是不能要求的，可能仅仅是蛛丝马迹；而物证比对样本是为了对检材进行研究而在案外提取的，其在质和量上都是可以控制的。

也就是说，在物证鉴定中，鉴定人员真正想要研究的对象是物证，而物证比对样本是研究物证的方法和手段。鉴定人员通过物证比对样本来研究物证，最终目的是发现物证与受审查的人、事、物、时、空之间的联系。但是在物证鉴定中，并不是所有鉴定目的的实现都要依赖物证比对样本这种手段。下面就从上述提到的形象痕迹鉴定、文书物证鉴定、化学物证鉴定、生物物证鉴定、音像物证鉴定、电子物证鉴定等角度来谈一下，哪些鉴定目的的实现需要以物证比对样本为必备的手段。

一、形象痕迹鉴定

形象痕迹，是指一个客体在力的作用下与另一客体接触后在该客体表面形成并能反映留痕客体接触面花纹结构特征的一类印迹。

形象痕迹的形成必须具备三个基本要素，即造型体、承受体和作用力。造型体也就是留痕客体，如手掌、脚掌、鞋底、工具、车轮等，而造型体也是形象痕迹鉴定的主要研究对象。①

根据形象痕迹鉴定的目的和是否需要物证比对样本可以分为两种情形,即以分析案情或留痕人(物)的特征为目的和对留痕人(物)进行的同一认定为目的。具体说来,如鉴定目的和任务为分析案情或留痕人或物的特征提供依据,并不一定需要物证比对样本作为研究手段,研究的手段可以是对痕迹基本特征如尺寸、类型等的描述,从而为案情或留痕人(物)的确定提供方向性指引,而这些研究并不需要物证比对样本。当然,研究的手段也可以是将物证与物证比对样本进行比对分析,如对痕迹的一般特征和细节特征进行具体比对,从而得出肯定同一或否定同一的结论,这种研究方法是明确需要物证比对样本的。

表1　形象痕迹鉴定与物证比对样本需求分析表

鉴定目的和任务	是否需要物证比对样本作为研究手段
为分析案情或留痕人(物)的特征提供依据	不一定
对留痕人(或物)进行同一认定	是

二、文书物证鉴定

作为证据的文书,如果办案人员或案件双方当事人对其提出了疑问,解决这些疑问必须利用某种专门知识时,就涉及文书物证的鉴定问题。

根据文书鉴定目的和任务的不同,可以将文书鉴定分为以下类型。

1. 文书匿名情况下,解决书写人不明的问题。如需确定匿名文

① 徐立根主编:《物证技术学》(第三版),中国人民大学出版社,2008,第52页。

书的书写人,就需要将怀疑书写人的书写文书作为物证比对样本与匿名文书物证进行比对,才能得出肯定或否定同一的结论,并最终确定书写人。

2. 解决打印文书所用打字工具不明的问题。如需确定形成文书的工具,也需要将物证打印文书与怀疑形成该文书的工具形成的其他打印文书样本进行比对分析,从而最终确定物证形成工具。

3. 鉴别文书签名和印文的真伪。此处所谓的"真伪",指的是签名和印文所载明的主体是否是该签名或印文的签名者或盖印用印章。要解决这个问题,就必须将该签名或印文物证与其表面上所载明的主体所书写或盖印的文书比对样本进行比对研究。如物证和样本比对后肯定同一来源,则物证签名或印文为真;若比对后否定同一来源,则物证签名或印文为伪。

4. 解决文书字迹是否添改的问题。若该文书在形成时一式多份,其他文书则可作为比对的样本以确定该物证文书的内容是否添改。若没有可供比对的样本,也可通过其他技术手段,比如字行是否平行、墨迹成分是否相同等来确定怀疑添改部分与其他部分是否为一次形成的,从而在不需要物证比对样本的情况下完成鉴定任务。

5. 解决文书内容可疑问题。这与解决文书字迹是否添改问题类似,在有比对样本时,可通过与样本的比对来确定物证文书的可疑部分;如没有可供比对的样本,可通过其他技术路径来实现鉴定目的。

6. 解决文书制作时间的问题。不论鉴定要确定的是文书制作的相对时间还是文书制作的绝对时间,都是必须与争议双方共同认可的物证进行比对才能够确定的。因为文书制作时间的确定是通过文书物质材料随着时间所产生的变化特征来确定其相对和绝对时间的,而这种特征的变化,不仅与形成该文书的纸张和书写、打印工具的成分相关,更与文书的保存条件如温度、湿度、光照等密切相关,所以文书制作时间的确定需要对文书形成和保存的所有条件都有所认知后，才能确定。而争议双方共同认可的文书比对样本的形成条件和保存条件，必须与文书物证的形成条件和保存条件一致，才能够用于比对，故在文书制作时间的鉴定中，合格的物证比对样本尤为重要，然而在实践中，很多文书制作时间鉴定无法完成，恰恰是因为与物证相同形成条件和保存条件的物证比对样本无法获得。

7. 解决文书物质材料可疑的问题。同文书字迹添改鉴定、文书内容可疑鉴定一样，如果有可供比对的文书样本，则可通过比对法进行鉴定；如没有可供比对的样本，可通过其他技术手段如化学定性等，来确定可疑部分的文书物质材料。

综上，对文书物证鉴定的鉴定目的和是否需要物证比对样本分析如下：

表2　文书物证鉴定与物证比对样本需求分析表

鉴定的目的和任务	是否需要物证比对样本作为研究手段
文书匿名，解决书写人不明的问题	是
解决打印文书所用打字工具不明的问题	是
文书签名和印文真伪的鉴别	是
解决文书字迹是否添改的问题	不一定
解决文书内容可疑的问题	不一定
解决文书制作时间的问题	是
解决文书物质材料可疑的问题	不一定

三、化学物证鉴定

化学物证通常是指案件中提取的量少体微、能以其自身的化学属性证明其与受审查的人、事、物、时、空存在联系，从而能证明案件真实情况的各种有机物质和无机物质,又可称为“微量物证”。[1] 化学物证主要以其外形特征、所载字迹特征来证明其与受审查的人、事、物、时、空存在联系,常见的有油脂、油漆、涂料碎片、泥土、微量金属、塑料、爆炸与射击残留物、毒物、毒品等。

根据鉴定目的和任务不同,可将化学物证鉴定分为两种:

1. 确定案件中发现的化学物证的化学属性。在此种鉴定中,并不一定需要有物证比对样本进行比对就能对其进行定性和定量分析,从而完成鉴定任务。

2. 对案件中提取的可疑化学物证与从一定人或一定地点提取的比对样本进行比较型种属认定,以确定它们的化学属性是否相同。在这种鉴定中,物证比对样本无疑是不可或缺的。对化学物证鉴定的鉴定目的和是否需要物证比对样本分析如下:

表3　化学物证鉴定与物证比对样本需求分析表

鉴定的目的和任务	是否需要物证比对样本作为研究手段
确定案件中发现的化学物证的化学属性	不一定
对案件中提取的可疑化学物证与从一定人或一定地点提取的对比样本进行比较型种属认定,确定它们的化学属性是否相同	是

四、生物物证鉴定

生物物证是指来自生物体的对案件事实具有证明作用的物质。生物体包括动物(包括人体)、植物和微生物。根据鉴定目的与任务不同,生物物证鉴定可以分为:

---

① 徐立根主编:《物证技术学》(第三版),中国人民大学出版社,2008,第183页。

1. 人或其他生物的个体识别。在这种鉴定中,物证比对样本是必需的。

2. 亲子鉴定。在亲子鉴定中,提取的两份携带 DNA 信息的特征反映体,很难说哪个是检材、哪个是比对样本。可以认为,两份特征反映体都是检材,也可以说两份特征反映体互为比对样本,相互印证,但对物证比对样本的需求是肯定的。

对生物物证鉴定的鉴定目的和是否需要物证比对样本分析如下:

表 4　生物物证鉴定与物证比对样本需求分析表

鉴定的目的和任务	是否需要物证比对样本作为研究手段
人和其他生物的个体识别	是
亲子鉴定	是

五、音像物证鉴定

音像物证是利用光学、声学、电子学等现代科学技术手段,以录音、录像、照相等方式记录并存储声音特征和形象特征,证明案件事实的各种物品。①

根据鉴定目的与任务的不同,可以将音像物证鉴定分为以下几种:

1. 解决案件中的同一认定问题。在这里需要将出现次数为两次及以上的客体进行比较,以确定该客体是否是它本身,对物证比对样本的需求是肯定的,只有经过物证和样本的比对,才能确定是否一致。

2. 解决案件中的种属认定问题。实现种属认定,既可以通过其

① 徐立根主编:《物证技术学》(第三版),中国人民大学出版社,2008,第 295 页。

一般特征与物证比对样本的比较实现，也可以通过对其基本属性和一般特征的研究实现。

3. 解决照片有无变造问题。如果有可供比对的物证样本，可通过物证和检材的比对，综合评断其差异点和符合点来进行判定，也可仅通过对物证照片进行分析达到鉴定目的。

4. 解决录音带和录像带的内容有无剪辑、拼接或添加、删减的问题。同样，既可以通过与比对样本进行特征点比对的方式实现鉴定目的，也可以通过研究分析物证录像带和录音带是否存在自身矛盾等删改特征来进行认定。

5. 解决有关设备的功能问题。可以通过物证设备与样本设备的比对来完成，也可以通过对物证设备的单一研究检验来完成检验任务。对音像物证鉴定的鉴定目的和是否需要物证比对样本分析如下：

表 5　音像物证鉴定与物证比对样本需求分析表

鉴定的目的和任务	是否需要物证比对样本作为研究手段
解决案件中的同一认定问题	是
解决案件中的种属认定问题	不一定
解决照片有无变造的问题	不一定
解决录音带和录像带的内容有无剪辑拼接或添加删减的问题	不一定
解决有关设备的功能问题	不一定

六、电子物证鉴定

电子物证以其内在属性、存在状况等客观存在的特征证明案件事实的电子信息或痕迹。根据鉴定目的和任务不同，可以将电子物证鉴定分为以下几种情况，除在需要对电子物证进行比对分析,解决是否篡改的问题时,需要通过与物证样本进行比对的方式来完成,其他诸如关键字查询,恢复数据,分析残留数据,分析磁盘存储空闲空间的数据,分析磁盘后备文件、镜像文件、交换文件、临时文件,分析记录文件等的检验鉴定,均无须物证比对样本进行物证和样本之间特征点的比对分析,仅对物证本身进行分析检验即可实现检验目的。

对电子物证鉴定的鉴定目的和是否需要物证比对样本分析如下:

表6 电子物证鉴定与物证比对样本需求分析表

鉴定的目的和任务	是否需要物证比对样本作为研究手段
对比分析,解决是否篡改的问题	是
关键字查询	否
恢复数据	否
分析残留数据	否
分析磁盘存储空闲空间的数据	否
分析磁盘后备文件、镜像文件、交换文件、临时文件	否
分析记录文件	否

根据对上述六种物证鉴定类型的分析,在不同的鉴定目的达成的过程中,只有电子物证鉴定的某些鉴定目的实现明确不需要物证比对样本作为研究手段。但这是否能从某种意义上否定物证比对样本对于物证鉴定的意义呢?正如前面所说,物证鉴定的最终目的是发现物证与受审查的人、事、物、时、空之间的联系。我们可以看到,对传统物证的鉴定都是有可能达到这个最终目的的。而电子物证鉴定的对象主要是存在于虚拟世界中的客体,而案件中受审查的人、事、物、时、空无疑是存在于现实世界中的。也就是说,单纯对存在于

虚拟世界的电子物证进行鉴定是不可能达到物证鉴定的最终目的的。所以,即使在电子物证鉴定的某些鉴定目的达成过程中不需要物证比对样本,也并不能否定物证比对样本对于物证鉴定的意义。因此在达成物证鉴定最终目的的过程中,是不能确定排除对物证比对样本的使用的(即使是在电子证据鉴定中,也是不能排除对物证比对样本的使用的),因为在对电子物证鉴定和达到物证鉴定最终目的的过程中还有一个对传统证据调查研究的阶段。

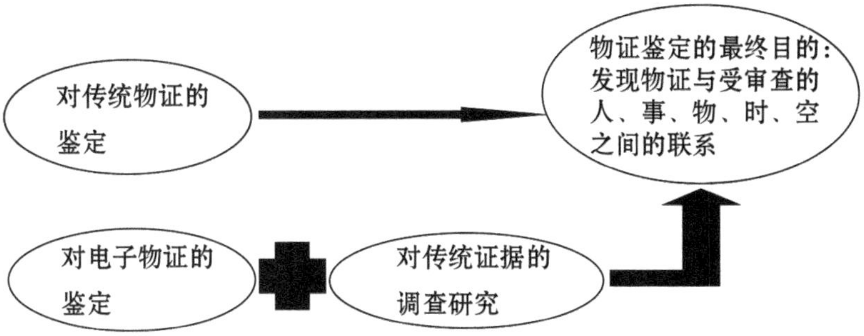

图1 电子物证鉴定、传统物证鉴定过程示意图

除了电子物证鉴定,其他各种对传统证据的鉴定中,没有一种鉴定目的的达成是可以明确排除物证比对样本的使用的。相反,有些鉴定目的的达成必须使用物证比对样本为研究手段。同一认定就是其中最重要的一种情形。

如前所述,物证鉴定的任务有三,而解决与物证相关的同一认定问题是物证鉴定的三大任务之一。在物证鉴定中,许多提请鉴定人解决的专门问题,例如,指纹是不是嫌疑人留的、字迹是不是嫌疑人写的等问题,都需要利用同一认定的方法加以解决。鉴定人进行同一认定得出的结论,在法律上可以作为证据,而且这种证据往往是对案件的主要事实具有独立证明作用的证据。也就是说,同一认定之于物证鉴定是意义重大的,那么物证比对样本之于同一认定的意义又是怎么样的呢?

在物证技术领域中,同一认定就是通过对先后出现的客体留下的特征反映体就行检验,解决先后出现的客体是否同一问题的一种方法。同一认定的理论基础在于,世界上每一个客体都有其特定性和稳定性。正是由于这种特定性,才能将这个客体同其他客体区别开来,也才能使客体的特定性能被人们认识,并使得解决先后出现的客体是否同一的问题有了现实可能性。同一认定可以分为三种类型:①人身同一认定,即以解决先后出现的人身是否同一为目的的同一认定;②物体同一认定,即以解决先后出现的物体是否同一为目的的同一认定;③分离体同一认定,即当一个整体被分离为两部分时,为了解决先发现的那部分与后发现的那部分是否原属统一整体问题而进行的同一认定。①

由此可以看出,无论是人身同一认定、物体同一认定还是分离体同一认定,都是离不开物证比对样本的,若没有检材和比对样本的对比研究,“同一”是无从谈起的。

检验特征反映体是解决是否同一问题的基础,是涉及能否正确作出同一认定结论的重要环节。物质性反映形象是同一认定中最为常见的特征反映体,它包括人体或物体某个部位留在另一客体上的印痕,以及人的某种技能动作留下的物质性反映形象。对物质性反映形象进行检验,通常包括分别检验→比较检验→综合检验→作出鉴定结论等步骤。这些步骤逐步进行才可能最终得出科学的鉴定结论,而在得出鉴定结论的过程中,无论是在分别检验还是在比较检验中,都涉及对比对样本的检验和研究。在某种程度上可以说对物证比对样本的比对研究是得出鉴定结论的基础。

---

① 参见徐立根主编《物证技术学》(第三版),中国人民大学出版社,2008,第 18—19 页。

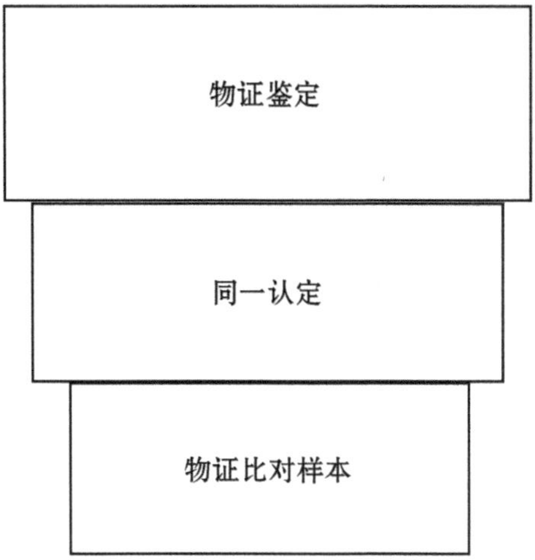

图2　物证比对样本与物证鉴定关系示意图

物证比对样本对于物证鉴定的重要性,不仅表现在其在物证鉴定过程中的高“曝光率”上,物证比对样本的质量对物证鉴定也具有重要的意义。如指纹鉴定,是最常见的一种物证鉴定,鉴定的目的是要解决案件中提取的指纹印迹是否为某个犯罪嫌疑人所留的问题。在刑事案件中,检材是从犯罪现场提取的指纹;在民事案件中,检材是有争议文书上一方当事人名下的指纹捺印。但是无论是刑事案件或是民事案件,指纹鉴定的样本都是受审查人捺取的十指指纹。捺取指纹样本,必须符合十指指纹登记时捺印的要求。按照我国从1956年开始实行的统一的指纹登记办法,十指捺印必须符合以下要求:一是不能听任被捺印人自己在指纹卡片上捺印。捺印只能由受过基本训练的专门捺印人员把着被捺印人的手背和手指进行。二是左、右两手各五个指头应当严格按手指顺序,在规定的方格内捺印。三是每个指头捺印时,只能让手指沾上薄薄一层油墨,适量的油墨才能保证捺取的指纹纹线清晰可辨。四是每个指纹应符合三面捺印的质量要求,即:既要印出指肚的中心花纹纹线,又要印出两侧的纹线。为此,捺印时必须把着被捺印人的手指从左侧滚向右侧,不得停顿,不得倒退。

之所以规定样本指纹必须是来自受审查人捺取的十指指纹,并且捺取十指指纹要符合上述规定,原因就在于物证比对样本的质量对于物证鉴定具有重大意义。在刑事案件的现场提取的检材指纹或者民事案件争议问书上的指纹,其质量往往是比较差的。尤其是刑事案件中的检材指纹,可能仅是“蛛丝马迹”,既然我们不能要求检材的质量和数量,那么对于在案件外提取的样本指纹就要要求其高质量,以保证鉴定过程的顺利和鉴定结果的准确。

又比如笔迹鉴定中,笔迹样本分为两种:一种是笔迹自由样本,一种是笔迹试验样本。笔迹自由样本就是受审查人或疑似书写人平时所写的字迹。因为这些字迹是在平时工作、学习、生活中书写的,所以可以排除伪装的可能。而笔迹实验样本是受审查人在办案人员主持和监督下,按照笔迹鉴定人的要求书写的字迹。因为笔迹实验样本是为进行笔迹鉴定而在案后书写的,所以不能完全排除伪装的可能。所以对于笔迹实验样本的提取,必须要遵守一定的规则,以保证笔迹实验样本尽量真实无伪装。如实验样本一般以听写的方式提取,如果检材字迹不多,最好草拟一段文字,将需要鉴定的文字融合在这段文字之中。如果检材字数过多,可以从中挑选一批比较富有个人特点的字,然后编一段文字,将这些字融合在这段文字之中,让受审查人听写。特别需要注意的是,在任何情况下,均不得将检材对受审查人出示,更不得让受审查人看着检材的字迹书写“实验样本”。

上述使用笔迹自由样本的做法和关于提取笔迹实验样本的规定均是为了尽量保持物证比对样本的质量。只有比对样本的质量够高,才能有利于最终鉴定结果的正确取得。

总之,物证比对样本对于物证鉴定的重要性是重大的,这种重要性不仅体现在物证比对样本在物证鉴定中的高“曝光率”上,同时也体现在物证比对样本的质量对物证鉴定结果的影响上。

《最高人民法院关于适用〈中华人民共和国行政诉讼法〉的解释》视角下新型行政审判格局构建路径探析

赵莹莹[①]

最高人民法院于2018年2月8日正式实施的《最高人民法院关于适用〈中华人民共和国行政诉讼法〉的解释》(以下简称《行诉解释》),是在习近平新时代中国特色社会主义思想的指导下、在党的十九大胜利召开的背景下通过的关于行政诉讼制度的又一全面司法解释,对于建设法治中国总任务的推进具有重大意义。

行政诉讼作为一种司法诉讼活动,以其特有的平衡功能、人权保障功能以及实现公正价值观的功能,意在达到行政机关与个人、组织之间的法定和谐关系状态。[②] 行政审判则是为了解决和平息二者的冲突而进行的活动。《行诉解释》的颁布和实施,顺应了我国新时代法治目标建设的要求,为行政审判工作提供了更为清晰明确的准则,在进一步深入推进我国法治国家、法治社会、法治政府的一体化建设中发挥着重要作用。

---

① 赵莹莹,天津商业大学法学院讲师,法学博士。

② 姜明安:《行政法与行政诉讼法》,北京大学出版社、高等教育出版社,2015,第401页。

一、《行诉解释》的立法精神

从理论上讲,行政诉讼法规范的目的在于恢复行政法规范中确立的理想行为模式,是对相对于行政权处于弱势的相对人群体进行的救济机制。① 行政诉讼法规范除了权利保障功能外,还会产生对行政权力监督的客观效果,这样就会在司法权和行政权之间产生张力。由此,行政诉讼法规范的设立要考虑两个角度的问题:一是权利保护问题,即行政诉讼法规范要与行政法上的权力运行规范一一对应,不能出现有权利运行而无权利救济的局面;二是行政权和司法权博弈的局面,即司法权能否干涉行政权、能在多大的限度内干涉行政权,这是个价值选择问题。

行政权作为一种公权力代表着公共利益,它具有以下特征:首先,公权力并非像私权利那样体现平等关系,隐含在公权力内部的是一种服从与被服从的关系;其次,这种权力只能由职权享有者行使,不可转让;再次,这种权力具有优益性,其行使既受到保护和照顾的同时又不可抛弃;最后,公权力所体现的强制性是私权利无法比拟的。行政权的以上特征决定了行政权侵权必然同一般的私人侵权不同,再加上行政权的行使具有极强的专业性,司法权的救济绝对无法也不能代替行政权的判断。因此在行政审判制度发展中,到底是倾向于对相对人权利的救济,还是倾向于尊重行政权行使结果,成了世界各国行政诉讼立法追求的两条道路。检验其是否合理的核心要点在于,这种行政审判制度是否符合本国国情并能够满足行政诉讼的实际需要。随着国家的发展,行政审判制度也应该随着社会、经济、法治等实际状况做出与时俱进的改革与创新。

在行政诉讼制度飞跃式发展的背景下,为全面贯彻落实新行政诉讼法,统一、明确行政审判格局,最高人民法院凝练司法经验及时

---

① 熊文钊:《公法原理》,北京大学出版社,2016,第 108 页。

制定《行诉解释》，具体而言，《行诉解释》所体现的立法精神如下：

（一）尊重立法原意，填补法律漏洞

法自身随着作为法建立与发展基础的社会形态、社会结构的变化而变化，随着需要保护的利益的变化而变化，进而形成连续一致的指向性明确的线性发展态势，这是公法的发展趋势。① 目前我国处于转型特殊时期，加之我国行政诉讼历史短、经验少的情况，使得新行政诉讼法与行政审判之间无法实现很好地衔接，《行诉解释》的出台恰好弥补了这种“断层”状态。②

《行诉解释》从法律位阶上讲作为一部司法解释，尊重立法原意是其奉行的首要原则，也是其具有正当性的前提条件，但这并非是对新法完全的亦步亦趋，而是对法律规定不明确的内容进行解释和细化，进而实现填补法律漏洞、提升法律规范操作性和执行性的效能。同时，《行诉解释》针对新行政诉讼法中在适用上易于混淆的规定进行了更为明确细化的界定。例如：对确认无效判决的具体适用条件进行详细列举，避免了原立法条文中存在的无效判决与撤销判决间界限模糊，导致的确认无效判决在实践中较少适用的情况。

（二）整合存量解释，推动新法统一适用

自我国1989年制定行政诉讼法至今，作为行政审判配套最为重要的系统性司法解释当属《关于执行〈中华人民共和国行政诉讼法〉若干问题的解释》（以下简称《若干解释》）以及《关于适用〈中华人民共和国行政诉讼法〉若干问题解释》（以下简称《适用解释》），③在对原有司法解释进行整合、修订的基础上，《行诉解释》继承了其中的合理成分，保证了法律适用的同一性和行政审判的延续性，同时对于不

---

① 熊文钊：《公法原理》，北京大学出版社，2016，第364页。

② 章志远：《行政诉讼法新司法解释起草的基本原则》，《人民法院报》2018年5月23号。

③ 章志远：《〈行诉解释〉对行政审判理念的坚守与发展》，《法律适用》2018年第6期。

符合新法规定的内容进行调整,体现了《行诉解释》对量存解释的整合完善是在行政法学理论发展的背景下所实现的理论深化,绝非简单的全盘照搬,在其中精准的法律概念的界定以及清晰的法律制度的定位上就可见一斑,比如:关于“行政指导行为”的概念,《行诉解释》中去掉了《若干解释》里“不具有强制力”的描述语;将《若干解释》中的“不予受理” 调整为“不予立案”等。

(三)凝练审判经验,确保制度落地

我国行政审判走过的近三十年的历史道路是不平凡的,是在面对各种新问题、新矛盾、新挑战中曲折前进的,是在人民法院的司法实践中不断摸索和总结出的行政法治理念,可以说,正是一件件活生生的审判实践推动了我国行政审判制度的进步和发展。① 2015 年颁布的新行政诉讼法中包含着很多适应于我国时代发展需要的内容,但也在实施过程中呈现出了一些新情况、新问题②,例如在信息公开、行政系统层级监督以及投诉举报等领域出现的恶意诉讼和滥诉等问题。对此,《行诉解释》第八十二条设置了“裁定驳回起诉、判决驳回其请求”和“罚款”等后果,能够有效遏制滥用诉权现象的发生。③

法律规范的价值便是实用性④,正所谓“徒法不足以自行”,法律的魅力即在于实施。确保行政诉讼制度切实有效的适用于行政审判,进而实现化解纠纷、规范行政权、保障相对人民主权利是《行诉解释》的核心目的和功能。

---

① 章志远:《〈行诉解释〉对行政审判理念的坚守与发展》,《法律适用》2018 年第 6 期。

② 江必新:《行政审判基本问题研究》,中华人民共和国最高人民法院行政审判庭编:《行政执法与行政审判》(总第 70 集),中国法制出版社,2018,第 3 页。

③ 《行诉解释》第八十二条:当事人之间恶意串通,企图通过诉讼等方式侵害国家利益、社会公共利益或者他人合法权益的,人民法院应当裁定驳回起诉或者判决驳回其请求,并根据情节轻重予以罚款、拘留;构成犯罪的,依法追究刑事责任。

④ 彼得·斯坦:《西方社会的法律价值》,约翰·香德、王献平、郑成思译,中国法制出版社,2005,第 3 页。

二、《行诉解释》对行政审判体制机制的创新

行政审判的体制机制从本质上讲是在以司法权干涉行政权，其前提条件是为了救济受到行政权侵害的相对人的合法权益，权衡相对人权利保护与司法权同行政权的博弈两者之间的比重，是各国在制定行政诉讼法律规范时必然作出的选择，两种价值追求体现着行政诉讼立法是倾向于追求正义还是更为注重司法效率。一方面如果过分强调司法权对行政权的监督，允许司法权全面审查行政权，会造成司法权过分侵入行政权的空间，既不利于行政权的成熟，甚至会造成行政权实质上的消失；另一方面公权力拥有与生俱来的扩张本性，人民因繁荣而陶醉时，便扩大自己的行政权。[①] 随着社会生活的日益丰富，行政权开始日益发展，其作用范围也越来越大，行政行为方式增多，灵活性增强，自由裁量权不断扩大，这种现实背景下就需要以司法权制约日益强大的行政权，创新出能够满足权利保障要求的行政诉讼制度，使行政诉讼法规范成为构建良好的调整公权力和个人权利关系的平台。

我国第一部行政诉讼法制定于 1989 年，那时的中国经济相对落后，社会发展的各个方面都需要行政权力来发挥作用，在人民的生活关系、经济关系较为简单的背景下，行政权力侵犯个人权利的方式也较为单一。[②] 在这种情况下，并不需要司法权过分介入行政权领域。行政权作为公权力中相较司法权和立法权更为主要的部分，关系着人们获得安全、秩序等“公共产品”需要的满足程度，具有实现建立国家、社会等共同体的本质意义。可以说那个时代的行政诉讼法是符合我国国情和法治需要的。行政诉讼法制定之初，行政权同司法权的博弈表现出一种正和博弈的状态，但随着社会的发展、经济的进步、人权意识的提

---

① ［法］孟德斯鸠：《论法的精神》（上卷），徐明龙译，商务印书馆，2014，第 211 页。

② 熊文钊：《公法原理》，北京大学出版社，2016，第 109 页。

高,这种正和博弈的局面逐渐被打破。旧行政诉讼法开始表现出制度缺陷、救济功能不佳等弊病,新行政诉讼制度应运而生。《行诉解释》同新行政诉讼法一道为搭建起运行良好的权力/权利调控体系发挥了重要作用,在许多方面对行政审判体制机制作出了改进和创新。

(一)明确行政诉讼受案范围、全面落实立案登记制度,避免滥诉现象

行政诉讼受案范围,即人民法院受理行政诉讼案件的范围。① 作为行政审判体制机制中重要的内容之一,行政诉讼法受案范围的确定具有极其重要的法律意义。

行政诉讼法第 2 条对我国行政诉讼的受案范围进行了原则性规定,规定公民、法人或其他组织认为行政机关和行政机关工作人员的行政行为侵犯其合法权益的,有权提起行政诉讼。同时针对具有司法审查可能性的行政行为而言,也并非都能够成为行政诉讼的对象,因为当司法审查对解决有关争议无意义时,我们便认为该行政行为因为缺少司法审查的必要性而不具有可诉性。基于以上可诉性行政行为的特点,《行诉解释》为了进一步明确和细化可诉行政行为界限,全面解决在审判实践中存在的立案登记标准把握不准确和滥用诉权的问题,保障当事人合法权益,发挥行政诉讼救济实效,新增规定了五种不可诉行为类型。

与此同时,为了打破立案难的痼疾,从新行政诉讼法颁布实施以来,各级人民法院全面贯彻落实立案登记制度,至今已取得了显著的效果。虽然新法规定的立案登记制度在行政审判司法实践中取得的效果显著,但也存在着诸多问题:一是所谓的立案登记是否意味着法院需要不区分情况而一律接收诉状。这一疑问得不到明确解决的直

---

① 姜明安:《行政法与行政诉讼法》,北京大学出版社、高等教育出版社,2015,第 411 页。

接后果是在实践中烂诉和恶意诉讼现象的出现。二是理论上立案登记制度下法院的审查仅是一种形式审查,但实践中由于各级法院对审查程度的理解、判断存在差异,缺乏统一的审查标准,导致同类案件在实际审查中出现不同的处理结果。三是立法中有关管辖制度规定烦琐,实践中相对人往往需要进行综合判定才能确定管辖法院,判定因素包括地域管辖、级别管辖、专门管辖,还必须结合集中管辖改革及跨行政区划法院管辖内容的规定。这一系列的复杂过程增加了相对人起诉的难度,增加了法院释明的难度,在客观上也增加相对人起诉的成本。

《行政解释》针对以上问题作出了明确的细化规定,具体包括:一是明确人民法院双向审查权,规定起诉人具有提交起诉材料的义务,规范虚假诉讼行为,对恶意诉讼设置了具体的责任条款;二是深化推进行政诉讼管辖改革,明确界定专门法院中铁路运输法院的管辖权限,适当调整中级人民法院管辖范围,适当限缩了限制公民人身自由特定案件的选择管辖权,明确不动产案件专属管辖的具体含义,从审查程序、提出异议主体、异议后结果多层次明确了管辖权异议程序。

(二)深化行政诉讼管辖改革,全面化解“诉讼主客场”问题

罗斯科庞德曾说过,法律必须稳定,但不可一成不变。① 深化推进司法体制改革是新时代法治建设的重要任务之一。《行政解释》在总结行政诉讼管辖改革成果的基础上积极体现“两便原则”,一方面方便了当事人诉权的行使;另一方面又方便了人民法院对行政案件的审理。这种改革创新顺应了党的十八届四中全会提出的“完善行政诉讼体制机制,合理调整行政诉讼案件管辖制度,切实解决行政诉讼立案难、审理难、执行难等突出问题”的重要思想,解决了行政审判实践中存在的个别当事人利用管辖权异议制度扰乱诉讼秩序的问题。

---

① Pound. *Interpretations of Legal History*, Cambridge, Mass . 1923, p. 1.

(三)规范界定当事人资格及行政机关负责人出庭应诉制度,确保行政救济实效

行政诉讼法律规范明确划定当事人资格界限,一方面能够保证权利救济渠道的畅通;另一方面能够最大限度地发挥司法资源效益,实现以有限的司法资源发挥无限的为人民保障权益的目标。《行政解释》中针对行政诉讼原被告资格作出了明确的细化规定,主要在四个方面进行了创新规定:一是将投诉举报者的行为进行了目的性限定,即只有为了维护自身合法效益的投诉举报者才具有原告资格,进而防止那些“投诉专业户”浪费司法资源。二是针对债权人的债权救济问题设立原则性规定,搭配但书条款。[①] 这样对债权人的权利保障从单纯的民事规范领域扩展到行政诉讼规范中,救济渠道更加宽阔。三是明确非营利法人的出资人和设立人具有原告资格。四是明确业委会等涉及业主共有利益的主体拥有原告主体资格。关于行政诉讼的被告资格,《行诉解释》明确规定了几类具有争议的主体被告资格,如行业协会、事业单位、村委会和居委会等。

此外,行政机关负责人出庭应诉制度作为新行政诉讼法重要的增设内容,一方面体现了行政诉讼的严肃性;另一方面又从程序到实体全方位全阶段对行政纠纷进行了实质性的化解。《行诉解释》为了进一步深化落实行政机关负责人出庭应诉制度,从以下几个方面作出规定:首先,划定行政机关负责人范围,指明行政诉讼法中规定的“行政机关负责人”包括正职、副职以及其他参与分管的负责人。其次,明确机关负责人应当出庭应诉的具体情形详细列举,包括涉及重大公共利益、社会高度关注、可能引发群体性事件以及法院书面建议负责人出庭的案件。再次,确定行政机关工作人员的具体含义。包

① 江必新:《行政审批基本问题研究》,见中华人民共和国最高人民法院行政审判庭编:《行政执法与行政审判》(总第 70 集),中国法制出版社,2018,第 3 页。

括该机关内拥有国家行政编制身份的人员和其他依法履行公职的人员。最后,明确违反义务的后果,对于行政机关负责人无正当理由不出庭应诉的,且不向法院说明情况的,人民法院可以向监察机关和上一级行政机关提出司法建议。

(四)细化行政诉讼证据规则,实现客观真实与程序公正并举

科学的证据规则有利于人民法院查清事实。关于行政审判中事实审查中的举证责任分配的问题,学理上主要包含以下原则:第一,谁主张谁举证原则。但这一原则在司法适用中并非铁板一块,需要灵活理解和适用。第二,补充性原则。如果诉讼过程中当事人主张适用特定的法律规范或提出特殊请求的,当事人有义务举证该法律规范的事实要件。第三,举证责任转移规则。① 由于行政诉讼本身所具有的特殊性,其举证责任转移的规定较之刑事、民事诉讼证据规则而言有较大的差异,主要原因在于考虑到行政机关在整个行政诉讼程序中具有天然的取证优势。为了保证行政诉讼中的“官民”平衡,《行诉解释》针对证据规则作出如下的细化规定:首先,细化了“以非法手段取得的证据”的具体情形②;其次,增设到庭询问制度规则;再次,明确规定证据妨害规则;最后,设立了关于赔偿补偿案件法院酌处权力的创新性规定。③

(五)落实复议双被告制度,发挥行政复议监督效能

共同被告制度可以说是立法者在我国行政复议维持率过高的现实境况下凝练出的“良方”。④ 复议机关共同被告制度的贯彻落实对

---

① 江必新:《行政审判基本问题研究》,见中华人民共和国最高人民法院行政审判庭编:《行政执法与行政审判》(总第70集),中国法制出版社,2018,第3页。

② 江必新:《论行政诉讼法司法解释对行政诉讼制度的发展和创新》,《法律适用》2018年第7期。

③ 梁凤云:《〈行诉解释〉的若干重要制度创新》,《中国审判》2018年第7期。

④ 章志远:《行政诉讼“双被告”制度的困境与出路》,《福建行政学院学报》2016年第5期。

我国行政审判体制机制的创新和发展起到了重要的作用①,为更好地发挥行政复议制度的内部层级监督功能,实现依法治国目标打下了坚实的制度和实践基础。

为全面落实行政复议机关作共同被告制度,《行诉解释》做出了如下细化规定:首先,明确行政诉讼法中“复议机关决定维持原行政行为”所包含的具体情形;其次,明确限定“复议机关改变原行政行为”的含义;再次,明确规定复议机关的举证责任;最后,明确复议机关作为共同被告时的级别管辖、裁判规则。具体适用的裁判类型因具体情况的不同而不同。

(六)完善规范性文件一并审查制度,实现源头治理

《行诉解释》以专章的形式细化了对规范性文件一并审查的规定,具体内容包括:规范性文件一并审查的提请时间、管辖法院、审查程序、范围、标准及结果的处理等各个方面,在程序上涵盖了从受理到裁判生效后的整个行政审判阶段,为司法实践提供了较为明确的法律依据。②

具体而言,在以下几个方面《行诉解释》作出了创新:第一,规范性文件制定机关享有的发表意见的权利。第二,明确规范性文件审查的程序问题。原则上在一审开庭前提出,有法院进行条款审查、个案审查和客观审查,审查中行政机关享有提供相应证据的权利。第三,细化规范性文件不合法情况下的处理方式。包括在裁判理由中阐明、向制定机关提出处理建议等具体措施。第四,明确规范性文件一并审查程序中的审判监督程序。

(七)细化行政审判程序性规定,发挥权利保障实效

行政诉讼法律规范作为规范行政审判体制机制的程序性法律制

① 数据参见江必新《论行政诉讼法司法解释对行政诉讼制度的发展和创新》,《法律适用》2018 年第 7 期。

② 王静波:《〈行诉解释〉之规范性文件的一并审查》,《中国审判》2018 年第 7 期。

度,以实现行政诉讼的实体正义和程序公正为核心,以发挥行政审判的实际救济效果为目标,规范的行政审判程序性规定既体现了司法的权威,同时也是确保行政诉讼案件得以公正审理的必要条件。

《行诉解释》中针对行政审判程序的细化性规定主要通过规范当事人的诉讼行为加以实现,主要包括以下规定:第一,明确了行政不作为的起诉期限和赔偿责任。第二,设置了当事人滥用回避申请权的法律后果。第三,规定当事人拒绝陈述的法律后果。第四,明确了原告或第三人对损害结果的发生具有共同过错情况时,法院需依照双方行为与损害结果的因果关系以及对损害发生的影响力大小来确定行政机关的责任赔偿。

三、《行诉解释》推动新时代行政审判构建新格局

《行诉解释》充分体现了党的十九大报告关于“建设法治国家、推进依法行政,严格规范公正文明执法”“加强人权法治保障”“深化机构和行政体制改革”的重要要求,是人民法院贯彻落实党的十九大精神的重大司法举措。[①]《行诉解释》作为行政诉讼法重要的配套性制度,对于进一步深入构建新时代行政审判新格局具有重大意义。

(一)保障并规范诉权,推进人权司法保障

个人自由的目标是抑制政府权威针对个人的运用,而政治自由的目的是获取对行使这种权威的权力的控制权。[②] 这两种相互竞争的意识形态之间的斗争是出于共同体利益的集体自治与个人不受干涉的愿望之间的斗争。[③]

行政权在现代国家中已经拓展到了空前广泛的领域,每个公民从“摇篮”到“坟墓”的一生都在同行政权打交道。行政法律制度规

---

① 江必新:《论行政诉讼法司法解释对行政诉讼制度的发展和创新》,《法律适用》2018 年第 7 期。

② Berlin. *Four Essays on Liberty*. pp. 72 – 118.

③ 布雷恩 · Z. 塔玛纳哈:《论法治——历史、政治和理论》,李桂林译,武汉大学出版社,2010,第 36 页。

范一方面为了防止行政权的滥用要对其进行广泛的控制,进而避免其侵害相对人的合法权益,实现保障相对人的人权的立法目的;另一方面,现代国家政府所担任的角色不再仅停留在"守夜人"的位置上,还要求政府能够在依法执政的过程中积极采取行动,从而实现正面推进人权保障的功能。《行诉解释》承接行政诉讼法保障人权法治要求深化创新和发展行政诉讼制度,实现了更细致全面的保护行政相对人的诉讼权利的法治目标。保障当事人实现依法、充分行使诉权是行政审判的首要职能,是构建新型行政审判格局的重点内容,其直接体现着一国行政诉讼制度的健全程度,《行诉解释》通过全面落实行政诉讼法和立案登记制度的要求,一方面实现了依法保护诉权的效果,另一方面又发挥了规范诉权行使的效能。

(二)扎紧行政权规范运行的"制度笼子"①,深化法治政府建设

通过扎紧行政权规范运行的"制度笼子",对公权力体系进行合理分工及有效配置,实现公权力高效运行的同时又满足权力与权力相互制约的目标设定。洛克强调司法权与行政权必须分立且应当相互制约。② 司法权对行政权力的制约和监督体现在行政审判当中,作为司法权对行政权的干预,其对于促进行政机关公正文明执法意义非凡。

《行诉解释》中创新规定的行政机关负责人出庭应诉制度、规范性文件一并审查制度以及共同被告制度都体现了新时代视角下新型行政审判模式中监督与促进并重,规范行政权运行,大力推进法治政府建设的目标。

(三)构建行政诉讼新格局,实现新时代新作为,助力行政诉讼制度科学化发展

对于传统的民族国家而言,科技的现代化与经济的发展带来了

① 靳昊:《全面扎紧行政权规范运行的"制度笼子"》,《光明日报》2018年2月8日第4版。

② [英]洛克:《政府论》(下篇),叶启芳、瞿菊农译,商务印书馆,2003,第89页。

民众对人权要求的逐渐丰富和提高，人们开始不断寻求更大程度上能满足他们对公共产品需求的新型公权力机构以及相应的制度机制。①《行诉解释》的立法目标也正在于紧扣行政审判制度与时俱进的发展趋势，为我国行政审判事业的健康有序发展提供保障根基和促进路径。

首先，行政诉讼类型化的发展趋势在《行诉解释》中体现为，关于“具体诉讼请求”的规定，行政诉讼类型化实现了对诉讼当事人真实的诉讼请求的精准把握，继而实现有针对性地开展审判工作，提高了司法效率，实质性地解决争议，实现了对当事人合法权益更为优质的救济。其次，《行诉解释》赋予人民法院在几类特定的情形下享有主动性及裁量权，为保障司法程序的顺利进行打开了一条绿色通道。最后，《行诉解释》中关于构建行政诉讼诚信体系的制度规定，体现了我国行政审判体制机制与时俱进的新局面。

通过总结近四十年行政诉讼立法和司法实践经验，我国已经基本实现了以司法权监督行政权、约束行政权规范行使。《行诉解释》的颁行对构建我国新时代行政诉讼新格局，实现新时代视角下法治中国的建设要求，助力行政诉讼制度的科学化发展发挥着至关重要的作用。

（四）全面贯彻执行《行诉解释》，理性分析相关问题

《行诉解释》的颁布实施对我国行政审判体制机制的改革意义重大，其内容在顺应行政诉讼法立法原意的基础上，对行政诉讼相关制度作出了更为细致全面的创新和发展。为不断完善行政审判体制机制，构建我国行政审判新格局，应逐步加强对行政诉讼相关制度的理论研究和实践论证，使行政诉讼制度的发展更加顺应和满足我国国情，打稳行政审判制度改革与创新的“四梁八柱”。

在加强理论研究和实践总结的基础之上，我们应充分认识到法

① 熊文钊：《公法原理》，北京大学出版社，2016，第367页。

律的局限性,把法的调整机制同其他社会调整机制有机结合起来,建立起良性的社会秩序。多角度全方位地推进法治中国的建设。通过及时归纳司法解释执行过程中的有关经验,各级人民法院可以根据本地区行政诉讼的实际情况,在严格遵循相关行政诉讼法律制度的基础上,形成具有推广和借鉴意义的诉讼规则,为行政审判制度的进一步改革和创新提供强有力的实践经验。

结语

《行诉解释》是在习近平新时代中国特色社会主义思想的指导下、在党的十九大胜利召开的背景下通过的关于行政诉讼制度的又一全面司法解释,是对习近平同志提出的"要充分认识枫桥经验的重大意义,发挥优良作风,适应新时代要求,善于运用法治思维和法治方式解决涉及群众切身利益的矛盾和问题"重要指示的理解和践行。《行诉解释》从明确行政诉讼受案范围、全面落实立案登记制度,深化行政诉讼管辖改革,规范界定当事人资格及行政机关负责人出庭应诉制度,细化行政诉讼证据规则,落实复议双被告制度,完善规范性文件一并审查制度,细化行政审判程序性规定七个方面对行政审判体制机制作出了改进和创新。从保障并规范诉权,推进人权司法保障;扎紧行政权规范运行的"制度笼子",深化法治政府建设;构建行政诉讼新格局,实现新时代新作为,助力行政诉讼制度科学化发展;全面贯彻执行《行诉解释》,理性分析相关问题四个方面推动新时代行政审判构建新格局。这充分体现了党的十九大报告关于"建设法治国家、推进依法行政,严格规范公正文明执法""加强人权法治保障""深化机构和行政体制改革"的重要要求,是人民法院贯彻落实党的十九大精神的重大司法举措。①

---

① 江必新:《论行政诉讼法司法解释对行政诉讼制度的发展和创新》,《法律适用》2018 年第 7 期。

生命权紧急避险的正义性再思考

谢　斐[①]

一、生命权紧急避险问题的历史渊源

生命权是个体存在与发展的基础，是享有其他权利的前提，因此也是诸多权利中最受法律重视的权利。而紧急避险这一概念在提出伊始，就与生命权问题有着密切联系。

紧急避险问题始于古希腊哲学家卡内阿德斯于公元前2世纪提出的“卡内阿德斯之板”，该案例虚构了一个劫后余生的选择难题，即在海难中，有人为了保全自己的性命，夺取他人手中仅能承载一人的木板，致使他人溺亡，应该如何评判这种行为？卡内阿德斯认为这种行为具有正当性，不应作为犯罪处罚。另一学者基卡洛则对这个问题展开了更为细致的分析。基卡洛主张：“倘若就自己和共和国而言，他方是有更重要价值的生命时，就应谦让木板给他人；如果二者具有同等的价值时，应利用竞技的方式以决定，也即放任于事实。”[②]

---

① 谢斐，天津商业大学法学院讲师，法学博士。

② 谢雄伟：《紧急避险基本问题研究》，中国人民公安大学出版社，2008，第1页。

基卡洛的这一观点成为法益衡量原则和放任行为说的滥觞。早期的罗马法并不区分正当防卫与紧急避险,卡尔奈利亚法规定:"于生命危险之际,杀害攻击者或第三人时,不受追诉。"可见当时针对生命权的紧急避险在一定程度上与正当防卫存在交叉,即一些针对生命权的紧急避险被当作正当防卫处理,紧急避险自身的特点并未受到重视。

生命权紧急避险这一疑难问题在古代中国也同样存在,只是限于当时的立法技术,其概念、内涵并不像近代西方刑法理论体系那般清晰。《尚书·舜典》记载:"眚灾肆赦,怙终贼刑。"①这段记载用现代刑法的术语来表述,就是因存在饿死的迫切危险而实施的避险行为(杀人行为),不构成犯罪;因饿死的迫切危险二次杀人吃人或一次杀三人的,处以死刑。② 虽然我国古代法律并没有关于紧急避险的具体概念和一般性原则,但存在与紧急避险性质相似的规定,甚至在唐代还有生命权紧急避险的案例——郭泰杀李膺案。郭泰、李膺二人共同乘船出行,所乘船只因突发风浪而倾覆。两人共同抓住一支船桨,但船桨难以同时支撑二人,故二人都随时存在淹死的危险。郭泰自恃力大,推开李膺,独占船桨,漂到岸边得以幸存;李膺则因失去唯一的漂浮物而淹死。事后,李膺之妻阿宋状告郭泰杀人。判官认为,郭、李二人共同渡河,因风浪而沉船,两人共得一船桨,都有生命危险。李膺落水的原因是船只倾覆,而船只倾覆是因为天灾,那么李膺之溺死就不能归咎于郭泰的过错;郭泰推开李膺是为了争夺船桨,

① 曾运乾注:《尚书》,上海古籍出版社,2015,第 17 页。

② "眚"是指自然原因或人为原因导致食物减少,人处于饿死的边缘状态。"灾"是害,引申为人祸,也就是家人被他人杀害。"肆"借为"剔",即肉与骨头分离,又可借为"噬",指吞食,含义为将人杀死并食其肉。"眚、灾肆"是指"眚肆"和"灾肆",是指因饥饿或复仇杀人并食其肉。"赦"则是指赦免。"怙"借为"固",指两次以上。"终"与"众"音同,指三人以上。贼是"蠿"的借字,引申为杀人吃人。"刑"是"刭"的借字,意为割喉而不断头的死刑。宁汉林、魏克家:《中国刑法简史》,中国检察出版社,1999,第 126 页。

之后的溺死结果并非推搡所致,故判决郭泰无罪。① 对于郭泰的杀人行为,李膺之妻阿宋认为这种行为显然与一般的故意杀人无异,故而提起刑事诉讼。而判官则从案件起因(危险源)是天灾的角度入手,将郭泰的行为定性为意外事件。从现代刑法的角度来看,判官的判决在因果关系上存在明显错误,但回归唐代的时代语境,以案件本身结果而言,唐代因天灾而产生的生命权紧急避险是不构成犯罪的。

生命权紧急避险问题自古有之,且一直存在争议,这是研究紧急避险不可回避的一个重要问题。笔者认为,对于这一久远的疑难问题,应从比较法的视角入手,比较分析各国刑法理论成果,以更全面地对生命权紧急避险进行定性,寻求更合理的结论。

二、生命权紧急避险的行为定性

(一)大陆法系相关理论

德国刑法基于二分法将紧急避险分为两类:正当化的紧急避险与排除责任的紧急避险。② 前者对于社会是有益与合法的,行为人

① 汪世荣:《中国古代判例研究》,中国政法大学出版社,1997,第 72 - 73 页。原判决如下:郭泰李膺,同船共济。但遭风浪,遂被覆舟。共得一桡,且浮且竞。膺为力弱,泰为力强,推膺取桡,遂蒙至岸。膺失桡势,因而致殒。其妻阿宋,喧讼公庭,云亡其夫,乃由郭泰。泰其推膺,取桡是实,郭泰李膺,同为利涉;扬帆鼓楫,庶免倾危。岂谓巨浪惊天,奔涛浴日。遂及遇斯舟覆,共被漂沦。同得一桡,俱望济己。且浮且竞,皆为性命之忧,一弱一强,俄致死生之隔。阿宋夫妻义重,伉俪情深。哀彼沈魂,随逝水而长往,痛兹沦魄,仰同穴而无期。遂乃喧诉公庭,心仇郭泰。披寻状迹,清浊自分。狱贵干反,无容滥罚。且膺死元由落水,落水本为覆舟,覆舟自是天灾,溺死岂伊人之咎。各有竞桡之意,俱无相让之心。推膺苟在取桡,被溺不因推死。俱缘自命,咸是不轻。辄欲科辜,恐伤猛浪。宋无反坐,泰亦无辜。并各下知,勿令喧扰。

② 《德国刑法典》第 34 条规定:为使自己或他人的生命、身体、自由、名誉、财产或其他法益免受正在发生的危险,不得已而采取的紧急避险行为不违法,但所要保护的法益应明显大于所造成危害的法益。仅在行为属于避免该危险的适当的措施的情况下,方可适用本条的规定。第 35 条规定:为使自己、亲属或其他与自己关系密切者的生命、身体或自由免受正在发生的危险,不得已而采取的违法行为不负刑事责任。在因行为人自己引起危险或因其处在特定法律关系中而须容忍该危险的限度内,不适用该规定;但是,如果不顾及某一特定法律关系行为人也须容忍该危险,则可依第 49 条第 1 款减轻处罚。行为人行为时,误认为有第一款规定不负责任的情况,仅在他能够避免该错误时,才予处罚。可依 49 条第 1 款减轻处罚。参见徐久生、庄敬华:《德国刑法典》(2002 年修订版),中国方正出版社,2004,第 13 页。

要协助实现一种明显占优势的利益,是一种阻却违法事由;后者是为了避免与行为人具有密切关系的人所面临的危险而实施的行为,且不能期待行为人甘愿忍受危险,这类行为并不具备正当性,对社会具有损害,但是排除责任,是一种阻却责任事由。

关于生命权的紧急避险,德国学者威尔泽尔曾经构思了一个铁路养路工案件:一位铁路养路工看见一列没有司机控制的货车正滑向一列满载乘客的火车,防止悲剧发生的唯一办法就是把这列火车引到旁边的岔道上,但是旁边的岔道上有若干名正在工作的工人。为了避免一列车人的伤亡,养路工将火车引到了旁边的岔道上,虽然拯救了那列火车上的人,但导致了在岔道附近工作的数名工人死亡。对于养路工的行为,应该如何评价?

德国学者罗克辛认为,生命之间没有权衡的余地,在涉及自然人的生命权时,绝对不允许数量化。首先,每个人的生命、等级相同,价值亦相同。例如,在医院只有一台呼吸机可用的情况下,如果医生将机器从一位生存机会渺茫的病人处取走,以救助一位生存机会更大的病人,导致前者死亡,那么其行为与故意杀人中提前结束他人生命并无区别,不得援引紧急避险。其次,也不允许对生命进行宝贵与否的区分。牺牲智障者的生命以拯救诺贝尔奖得主的生命之行为亦是犯罪。最后,也不得根据自然人生命的数量进行衡量。① 这种"生命不可衡量"学说是德国的通说,根据这种观点,生命权不可权衡,即使是为拯救多数人而牺牲少数人,也不能将其评价为正当化的紧急避险,其违法性不能被阻却。

德国学者乌尔斯·金德霍伊泽尔则将上文提到的"卡内阿德斯之板"归入免除罪责的紧急避险案例。② 金德霍伊泽尔主张,在紧急

---

① [德]克劳斯·罗克辛:《德国刑法学总论》(第 1 卷),王世洲译,法律出版社,2014,第 476 页。

② [德]乌尔斯·金德霍伊泽尔:《刑法总论教科书》,蔡桂生译,北京大学出版社,2015,第 230 页。

状态下,可以有限地承认生命权紧急避险是一种排除责任的紧急避险。需要注意的是,德国刑法第 35 条所规定的排除责任的紧急避险有着比第 34 条规定的正当化的紧急避险更为严格的适用条件。在这种情况下,生命权紧急避险排除责任的原因并非出于生命权之间的衡量,而在于行为人在紧急状态下不具期待可能性,在别无他法之时法律不能强人所难。

与德国的"二分法"不同,日本的通说是阻却违法说,在刑事立法中表现为日本刑法并未对紧急避险进行阻却违法和阻却责任的区分,而仅仅将紧急避险作为阻却违法事由。[①] 日本通说认为,紧急避险在"生命对生命"的情况中不能阻却违法性,但是可以阻却责任。也有学者认为这种情况是超法规的责任阻却。两种观点的区别在于,后者有将生命权作为避险手段的嫌疑。但也有学者指出,死部分总比全死掉要好,因而是阻却违法,但在夺取他人的求生手段时为阻却责任。[②] 这种观点将人的生命进行量化考量,因而也招致了诸多批判。批判者指出,这种观点实质上承认了为救五个人的生命而杀一人取器官是正当的,这显然不符合普遍的社会道德观念。在司法实践中,有判例将这种避险行为以违反补充性原则为由,而判为避险过当。

上述分析都是基于一般情况下的生命权紧急避险,德日学者还对特殊情况下的生命权紧急避险进行了研究,主要是针对危险共同体问题。所谓危险共同体,是指二人以上为了达成实施某项危险活动的目的,而自愿结成的在发生危险时相互救助的集合体,例如驴友

① 《日本刑法典》第 37 条:为了避免对自己或者他人的生命、身体、自由或者财产的现实危难,而不得已实施的行为,如果所造成的损害不超过其所欲避免的损害限度时,不处罚;超过这种限度的行为,可以根据情节减轻或者免除处罚。参加张明楷《日本刑法典》(第 2 版),法律出版社,2006,第 20 页。

② [日]井田良:《緊急避難の本質をめぐって》,《变革の时代における理论刑法学》,庆英义塾大学出版会,2007,第 135 页。

结伴登山、穿越沙漠、山路骑行等。① 这类案件都具有以下特点：几个都处于同一个危险状态之中的人，需要杀死或伤害其中一部分人，才能防止所有人都丧命。生命不可权衡原则是否适用于危险共同体之中，同样存在很大的争议。有学者主张在危险共同体中可以给上述行为赋予正当性，在已经没有更好的避险手段时，不能禁止其他减少该危险的行为。也就是说，在所有人都获救已无可能时，不应禁止使其中一部分人获救。德国学者奥托发展了该“自以为有机会”的原则。奥托主张，一个认为自己可以毁掉共同体内他人生命的人，其行为不应当成立阻却违法的紧急避险，但是，若行为人并没有把被救的机会独占，如果被杀的人业已丧失了活下去的希望，就可能阻却违法，应当肯定其正当性。曼伽奇斯主张从“现实的非理性”角度考虑这个问题，他认为，在这种情况下，会使得每一种行为方式都显得“同样正确和同样错误”，因此法律必须把这种决定交给个人的良心。也就是说，人们把他所认真做出的具体决定，作为一种正确的决定也是合法的决定来承认。② 然而，大部分学者仍然主张，即使在危险共同体内也不能进行生命的权衡。法的价值不是单纯的有用性价值，如果仅把生命当作单纯的计算项目，无疑违反了保护生命的人道主义观念。即使该人已经必死无疑，只要他还没有死亡，行为人将其杀害，就是对其生命的一种任意缩短。如果赋予这种行为正当性，无异于放弃了对濒临死亡之生命的保护。所以，考察被害人还有多少时间可以存活没有任何意义，刑法不应当助长这种以武力自卫的趋势。

(二)英美法系相关理论

在英美法系中，生命权的紧急避险主要涉及谋杀罪(Murder)中是否可以援引紧急避险辩护(Necessity)的问题。对于这一问题，有

---

① 刘士心：《不纯正不作为犯研究》，人民出版社，2008，第 133 页。

② [德]克劳斯·罗克辛：《德国刑法学总论》(第 1 卷)，王世洲译，法律出版社，2014，第 478 页。

两个经典的海难案例常被用来比较分析，即杜德利案①与霍姆斯案②。在杜德利案中，3 名成年水手与 1 名 17 岁的年轻水手因海难被迫在一艘救生艇上生存，4 人共度过 20 天。20 天中，最后 9 天无食物，最后 7 天无淡水，水手们都非常虚弱，17 岁的年轻水手因为口渴难耐饮用海水而格外虚弱。最后，其中 2 名成年水手杀死了这个年轻水手，3 人依靠食用年轻水手的肉生存下来。当他们获救后，杀人的杜德利和史蒂芬斯被指控谋杀罪，两人援引紧急避险抗辩，但被法庭驳回，最终二人被判处死刑。③ 后来，英国女王将他们的刑罚减为 6 个月的有期徒刑。霍姆斯案与上述案例的情景相似，一艘承载 65 名乘客的轮船从英国起航驶往美国费城，轮船在芬兰附近海域撞上冰山，之后开始沉没。轮船共有两个救生艇，船长和大部分船员登上较小的救生艇逃生，剩下的 42 名乘客和船员登上较大的救生艇，导致该艇严重超载，加上年久失修，救生艇开始漏水，随时可能沉没。24 小时后，船员霍姆斯决定抛弃一些乘客以减轻船的负重，他保留了船员、妇女和已婚男乘客，将 14 名单身男乘客扔进海中。第二天，救生艇获救，霍姆斯在美国被以轻罪杀人罪（manslaughter）起诉。该案中，法院同样也拒绝紧急避险抗辩的适用，被告人被判杀人罪，处 6 个月监禁并处 20 美元罚金④，交完罚金后霍姆斯被总统赦免。⑤

上述两案例的共同点是，在紧急状况下的谋杀罪案例中，法院均

---

① Regina v. Dudley & Stephens, 14 Q. B. D. 273(1884).

② United States v. Holmes, 26 F. Cas. 360(C. C. E. D. Pa. 1842).

③ 法官认为，虽然维持一个人的生命一般来说是一种责任，牺牲生命可能是最普通也是最高的责任，船长为了船员与乘客牺牲生命是一种责任，士兵为了国民放弃生命亦是一种责任。这种原则是一种很苛刻的原则，但我们常常被迫建立我们自己达不到的标准，当我们无法让自己满意时又降低规则标准。

④ 轻罪杀人罪最高法定刑是 3 年有期徒刑。公众代表向法庭请愿，恳求赦免 Holmes，但被法庭拒绝。

⑤ Michael J. *Gorr*, *Sterling Harwood*, *Controversies in Criminal Law*, Routledge, 2019: pp. 102 – 107.

拒绝援引紧急避险辩护,宣判行为人犯谋杀罪,但最终量刑都受到行政手段的干涉,实际执行结果都相对较轻。但这两个案件中,法院的判决理由并不相同。杜德利案中的英国法官科尔里奇认为,杀人只有在正当防卫中才是合法的,将没有实施侵害行为的人杀死当作紧急避险是非常危险和不道德的,违反了所有已知的法律原则,也就是说,无辜者的生命价值在任何情况下都不能被牺牲。[①] 这种观点与英国较晚承认紧急避险的法律传统有一定关系。而在霍姆斯案中,法官的依据是,船员负有保护乘客的义务,在那种情况下应该优先牺牲船员而非牺牲乘客,如果需要牺牲乘客,则应抽签决定,而非人为决定。在美国法院看来,牺牲具有一定的顺序要求,应当优先牺牲具有业务职责的人,如果彼此顺序相同,则应采用抽签方式决定牺牲者,这种按照顺序要求实施的牺牲少数以保全多数的行为是可以成立紧急避险的。

基于上述两案的判决,有学者认为,普通法不承认在谋杀罪中的紧急避险抗辩,一些州的法律也作出了明确的禁止性规定。但有学者对此持反对意见,认为杜德利和史蒂芬斯一案并不符合紧急避险的要件,因为两人在实施杀人行为时,其面临的危险还不够紧迫,虽然被害人非常虚弱,但是被告人的行为过于轻率,并不符合紧急避险的要件,不能仅因为这两个案件的判决结果就得出结论。

关于生命的衡量问题,英美法系学者主要从功利主义与报应主义两种视角出发来进行分析。功利主义论者认为,如果牺牲一个人的生命可以保全三个人的生命,那其生命权就可以被剥夺,因为比起消极的不作为导致全部死亡的结果,不如牺牲少数保全多数。但是这种观点存在难以自圆其说的问题,即假设杀死第一个人保全剩余三人的行为是正当的,若剩余三人仍然没有得到及时

---

① 刘士心:《美国刑法中的犯罪论原理》,人民出版社,2010,第160页。

救援,继而又杀死其中一个人,这就变成了以两命换两命,此时是否合法呢? 此外,该观点还可能导致这种权利被滥用。如果在极端情况下允许滥杀无辜,会严重冲击反对剥夺人之生命权的道德观,这本身就是反功利主义的。报应主义论者则认为,如果被害人没有违反道德规则,没有以任何不法行为丧失道德上的生命权,那么即使是为了拯救多数人的生命,剥夺一个无辜者的生命也不能被认为是正当的。但报应主义论者同样不赞成对实施生命权紧急避险的行为人科以刑罚,有学者指出,虽然行为人剥夺了他人的生命,但这毕竟是在异常的极端情况下被迫实施的,因此可以免责,从而得出了紧急避险在一定情况下是免责事由(excuse),而非正当化事由(justification)的结论。①

还有学者对牺牲少数保全多数的问题做了更细致的分析,根据这种分析,生命权紧急避险可以分为两种情况。第一种是牺牲的对象具有选择性。在遇险的多人中,牺牲谁的生命都可以起到保全他人的效果,类似上述的杜德利案和霍姆斯案。第二种是受案情所限,必须牺牲特定人才能保全其他人。例如,一艘船开始沉没,船上的人只能通过一部绳梯脱险,一个人爬上绳梯后因为恐惧而动弹不得,导致其他人无法通过绳梯避险,在无法让该人让开通道的情况下,有人将其推到海里淹死了。多数美国学者认为第二种情况是可以成立紧急避险的。对于第一种情况,则又回到了最初的困境——如何确定牺牲者。美国法院的“抽签论”与封建时代的神明裁判并无本质区别,以运气决定生死显然并不合理。在难以达到合乎法理与情理的结果时,多数学者依然坚持,即使造成全部死亡的结果,也不能基于功利主义杀死无辜者。

---

① 也有美国学者认为,因为生命权紧急避险兼具正当化事由与可宽恕事由的部分特征,应当将生命权紧急避险作为独立于正当化事由与可宽恕事由之外的第三类辩护理由。

三、生命权紧急避险的正义性何在?

罗尔斯指出:“每个人都拥有一种基于正义的不可侵犯性,这种不可侵犯性即使以整个社会的福利之名也不能逾越。正义否认为了一些人分享更大利益而剥夺另一些人的自由是正当的,不承认许多人享受的较大利益能绰绰有余地补偿强加于少数人的牺牲。”①基于形式正义的观点,危急情况下牺牲少数生命以拯救多数生命的行为显然是一种非正义。正义固然不容侵犯,但法律同样不能强人所难,追寻生命权紧急避险中的正义,宜从期待可能性与道德观念两方面入手。

期待可能性是指根据具体情况,有可能期待行为人不实施违法行为而实施其他适法行为。② 有关期待可能性的地位,学界存在争议,主要有三种学说:其一,故意、过失的构成要素说,认为故意、过失是责任形式,故意责任和过失责任共同包含非难可能性的要素,欠缺期待可能性时,阻却故意责任、过失责任;其二,第三责任要素说,认为作为客观的责任要素的适法行为的期待可能性,与作为主观的责任要素的故意、过失区别开来,是与以往的责任要素并列的积极的要素;其三,阻却责任事由说,认为期待可能性的不存在是阻却责任事由,是例外妨碍犯罪成立的情况。③ 笔者赞同第二种观点。故意、过失是主观的责任要素,而期待可能性则为客观的责任要素,主要影响到责任的存在与大小。人是理性的生物,有着趋利避害的本能,在生命权紧急避险发生的场合中,面对紧迫的生命危险时,法律不能要求每个人都作出牺牲自我、保全他人的壮举,因此很难期待行为人选择合法行为。

---

① [美]约翰·罗尔斯:《正义论》,何怀宏、何包钢、廖申白译,中国社会科学出版社,2011,第3页。

② 张明楷:《刑法学》,法律出版社,2014,第303页。

③ 陈兴良:《期待可能性问题研究》,《法律科学》2006年第3期,第79页。

虽然生命权紧急避险欠缺期待可能性,但这并不能排除其有责性。原因就在于这种行为严重冲击了我们的道德观念,难以为社会大众所接受。首先,生命的不可衡量性在生命权紧急避险中受到挑战。正如约翰·菲尼斯所言:“法律不允许把生命直接作为实现任何进一步目的之途径。”①而生命权紧急避险恰恰是以生命来拯救生命,将生命既作为目的,又作为手段。仅以生命作为代价这一点而言,生命权紧急避险的违法性就根本不可能排除,只能从排除有责性的角度进行分析。其次,生命权紧急避险冲击我国的传统道德观念。子曰:“志士仁人,无求生以害仁,有杀身以成仁。”孟子在此基础上又进一步提出“舍生取义”的主张,成为后世仁人志士不懈的精神追求。而生命权紧急避险中,行为人因担心自己的生命受到威胁,将危险转嫁于他人,这种“贪生怕死”的行为显然“不仁不义”,与我国传统道德观念背道而驰。最后,允许生命紧急避险容易形成对“损人利己”不良风气的鼓励,造成国民道德水平的严重下滑。

兼顾期待可能性理论与道德观念,笔者认为,生命权紧急避险仍然存在作为排除犯罪事由的空间。首先,保全的生命权法益总量等于牺牲的生命权法益总量的这类生命权紧急避险,虽然表面上并无法益减损,但实质上已经造成了对生命权的侵害;至于那种牺牲他人、保全自己的“损人利己”式紧急避险,更是严重冲击我国传统道德观念,很难说这种行为可以排除违法性与有责性。其次,对于牺牲少数保全多数这类生命权紧急避险,应当区分情况讨论。如果被牺牲的群体具有可选择性,也就是牺牲谁都可以达到既定目标,这种情况下,无论以哪种方式选择牺牲者,都很难在法律与道德上立足,不能单纯从功利主义的角度出发,仅因为多数得以保全就排除其违法性

① [英]约翰·菲尼斯:《自然法与自然权利》,董娇娇、杨奕、梁晓晖译,中国政法大学出版社,2005,第179页。

与有责性。但如果被牺牲群体由于特殊原因已经得以确定,例如上文所提到的"因恐惧而在绳梯上动弹不得的人",只有牺牲这类特定人才能达到既定目标,那么在牺牲群体选择方案上的不道德感就显著减弱,不能因一人原因而危及绝大多数人。在这种情况下,生命权紧急避险的有责性可以被排除。但有一点需要明确,无论何种生命权紧急避险,其侵犯生命权的违法性是无法排除的。

结语

生命权是生而为人所必然享有的基本权利,刑法在产生之初,就与生命权的保护息息相关。紧急避险制度是解决权利冲突问题一个极为典型的制度安排,这一制度既以立法的形式规定在法律体系中,也是在司法过程中判定和解决权利冲突问题的有效制度。[①] 生命权紧急避险,在产生之初就涉及"以命救命"的权利冲突问题,对生命权的保护、对生命权的侵犯以及对传统道德伦理观念的挑战,都使这一问题陷入争议的漩涡之中。在比较大陆法系与英美法系相关理论之后,基于对生命权的尊重,笔者认为,生命权紧急避险的违法性在任何时候都无法排除。但不能因生命权紧急避险存在法律难题和道德困境,就简单地将其认定为犯罪,应当回归其最初作为解决权利冲突的制度设计本源,具体衡量其中的法益增损与利益得失。从道德观念上来说,"任何时候都不应把自己和他人仅仅当作工具,而应该永远看作自身就是目的"[②]。人生而平等,每个人的生命权都是等价的,不因出身、信仰、财富、种族而存在差异,他人生命不能作为避险工具,生命权紧急避险不能阻却违法性。但从紧急避险的基本理论出发,结合期待可能性所彰显的"法不强人所难"的价值,在特殊情况下,生命权紧急避险可以作为超法规的责任阻却事由,以实现权利冲突的调和。

---

① 刘作翔:《紧急避险:解决权利冲突的制度设计及刑民案例》,《河北法学》2014年第1期,第13页。

② 康德:《道德形而上学原理》,苗力田译,上海人民出版社,1986,第24页。

我国发展风力发电的环境法律困境及突破

刘秋姝[①] 赵佳美[②]

作为老重工业基地，东三省地区一直都是我国的“用电大户”。该地区以往供电相对充足，但进入2021年下半年，出现了罕见的“拉闸限电”。此次限电，工业、公用和民用领域都受到了影响。据媒体报道，有些地方一天停几次电，有些地方一天停电超过12小时。某市更是由于限电引发了红绿灯停电的现象，造成大片交通拥堵。可见限电对公共民生用电的影响之大。限电的原因，归根结底是电力缺口过大。

我国绝大多数地区的发电模式仍以火力发电为主，东北地区更是如此，传统火电主要依靠化石能源煤炭。2021年下半年国内煤价提升过快。煤价高，电厂发电越多，亏损越大；同期，还要保证煤炭储量为冬季供暖作准备，很多火电厂闲置停机，多重因素造成了东北电力供应紧张的局面。因此仅依靠化石能源发电颇为有限，始终依赖煤电的能源供给模式亟待调整，须大力发展核电、光电、风电等新能

① 刘秋姝，天津商业大学法学院讲师，博士。
② 赵佳美，天津商业大学法学院硕士研究生。

源电力,在绿色低碳的前提下保障自身电力供应。目前,风能因其巨大的潜力作为新能源中的佼佼者,具有很大的利用空间。因此,加大关注风力发电发展中遇到的环境法律问题,对于破解我国能源供给不足的难题,促进国民经济健康有序发展具有重要的战略意义。

一、东北地区的风电发展概况

随着社会的发展,能源的转型刻不容缓。减少化石能源使用量,开发利用新能源,已然成为时代发展的新趋势。建立一个焕然一新的发电系统,全面改革供电体系,需要大力提倡对新能源的使用。事实上,为了符合可持续发展战略的要求,东北地区构建新能源风力发电的产业也在不断发展前进。

1993 年到 2005 年,东北地区风电发展速度缓慢,到 2005 年,也仅达到 34 千瓦的总装机量和 5.1 亿千瓦时的发电量。2016 年,《中华人民共和国可再生能源法》(以下简称《可再生能源法》)颁布实施,风电发展开始加快。此后,“十四五”规划出台,各省规划经济。东北风能资源丰富,拥有较好的消纳条件。基于此,东北各省大力支持风电产业,清晰规划目标。“十四五”期间,黑龙江省计划加大风电装机量至1000万千瓦,还为建设大型风电项目选址建厂;吉林省则大力发展风电、光伏发电项目,制定了“十四五”末的目标,即努力实现风电装机规模达到3000万千瓦;辽宁省更是支持辽西北地区或其他资源条件较好地区加大发展风电的力度,建设可再生能源基地,到 2025 年,争取实现3000万千瓦以上的风电装机量。①

风电产业在东三省有了空前发展,主要得益于相关政策的推行。中电联统计数据显示,2020 年东北三省的各发电机组产电能占比依次为:火电占比 63%,风电占比 17%,光电占比 8%,水电占比 7%,

① 周小彦:《风电,振兴东北》,载北极星电力发电网,https://news.bjx.com.cn/html/20210609/1157375.shtml。

核电占比4%。由此可见，在当年的装机总量中，虽然火电仍占据主要部分，但风电显然已经占据东北地区新能源电力的半壁江山。相信在“十四五”规划的扶持下，风力发电会在不久的将来迎来更大的突破。

二、风力发电的环境立法现状

中华人民共和国成立以后的几十年，我国环境法律体系日趋完备，出台了很多相关文件。其中，出台三十多部法律、五十多部行政法规，仅规范性文件就超过500项。① 在这些法律法规中，只有一部分可以适用于风力发电。根据法律所作用的对象不同，保障风力发电发展的环境法律文件大致可以分为两类：保护生态环境的法律文件和保障资源利用的法律文件。

（一）保护生态环境的法律文件

保护生态环境，需要实现产业发展与自然环境的和谐统一。进入21世纪，传统的环境立法理念发生变化，环境立法的指导思想开始由污染预防治理为主向生产发展与生态环境协调统一转变。

1979年，国家出台了《中华人民共和国环境保护法（试行）》。该法在运行实施十多年后，全国人大常委会正式通过了《中华人民共和国环境保护法》（以下简称《环境保护法》）。自此，我国的环境保护法律体系有了正式的基础文件，用以统领解决各行业、各领域内产生的生态环境问题，其中就包括风力发电行业带来的环境污染问题。有了核心指导，此后，环保类专门法律文件相继出台。管理风电行业的相关立法有：其一，风电项目环境污染防治法。如规定废水处理办法的《中华人民共和国水污染防治法》，规定生活垃圾处置的《中华人民共和国固体废物污染环境防治法》。其二，风电项目占地立法。

① 黄锡生、史玉成：《中国环境法律体系的架构与完善》，《当代法学》2014年第1期。

如有关风电项目占地规定和使用规划的《中华人民共和国土地管理法》。其三,海上风电项目的环境立法。如规定开展海上风电项目注意事项的《中华人民共和国海洋环境保护法》等。

(二)保障资源利用的法律文件

这类法律文件多致力于解决风力发电产业发展中面临的促进经济发展与保障资源合理开发相统一问题。

保障资源利用的立法如下:一是 1996 年《中华人民共和国电力法》(以下简称《电力法》),此法明确鼓励要利用清洁能源生电;二是 1997 年《新能源基本建设项目的暂行管理规定》,此法明确风能属于新能源之一;三是 1998 年《中华人民共和国节约能源法》(以下简称《节约能源法》),此法明确节约资源与循环利用的重要性;四是 1999 年《关于进一步促进风力发电发展的若干意见》,此法对风能使用与风力发电发展提出建议;五是 2001 年《资源综合利用与能源节约"十五"规划》,此法再次推行节约资源与循环利用的重要性;六是 2002 年《中华人民共和国清洁生产促进法》,此法推进国家新型项目生产全过程清洁;七是 2005 年发布、2010 年修订的《中华人民共和国可再生能源法》(以下简称《可再生能源法》),此法更是引导风能稳步向前发展,为风力发电项目的道路做出有序指示。

三、我国风力发电发展中存在的环境法律问题

我国的风力发电产业发展较为迅猛,关于保护生态环境的规范性文件虽然数量很多,但是专门针对保障风力发电发展的文件不够充分。对于这些较有针对性的法律文件,虽然基础框架已基本搭建起来,但体系松散,可操作性有待提升。目前,我国发展风力发电面临的环境法律问题集中体现在以下方面。

(一)基础性立法亟待完善

以《可再生能源法》为例,作为资源回收领域的核心环境立法,对风力发电发展起了十分重要的指导作用。该法从宏观角度来说,确实起到了提纲挈领、原则指导的功能。但该部法律中的很多条款仅具有概括性，并不适合实际适用。同时，配套政策未能出台，导致法律内容空洞、缺乏现实可操作性。① 同时，该法最后一次修订实施是在2010年，距今已十年有余，风电发展已十分迅速，现有法律的很多条款已落后于产业发展的现状。

2014年，国家修订实施《环境保护法》。本次修订，内容上实行风力发电环境法律责任制，又对公众参与制度、环境影响评价制度等进行了完善，但仍存在诸多问题。首先，《环境保护法》属于基本法，其法的效力等级与其他专项环境法律属于同一效力位阶。风电项目适用法律时，该基本法与其他专项法律出现调整事项上的交叠，选择适用哪一部立法更合理是问题的所在。其次，《环境保护法》在立法理念上未能充分体现党的十八大报告所强调的进一步深化生态文明建设这一目标。同时，将实施不当行为设置为承担环境法律责任的构成要件仍是十分落伍的，又没有把维护特定状态、保障舒适环境作为相应法律主体的基本原则，体现了该法的不适时性。

（二）整体立法偏零散化

除去基础性立法，保障风力发电产业发展的环境法律法规大致可以分为两种形式：一种是较为松散的立法。比如，在《环境保护法》领导下，其他保护生态环境利益的立法。这类专门用于规范风力发电发展的单行法律和法规，有将近二十部。此类立法繁杂松散，当其与《环境保护法》之间出现使用冲突时，较难协调，不能合理实施。② 另一类则是像《节约能源法》这种主要保障资源利益的环境立法。这类立法多是鼓励与支持的口号，实际操作性并不强，整体也多倾向于

---

① 李艳芳、岳小花：《论我国可再生能源法律体系的建构》，《甘肃社会科学》，2010年第2期。

② 罗汉高、李明华：《浅谈〈环境保护法〉修订亮点》，载《2015年全国环境资源法学研讨会论文集》，上海，2015。

分散。

讨论过基础性法律后,针对风电发展的规范性法律文件,还有行政规章和地方政府政策。当前,我国缺少指导风力发电方面的行政法规支撑,保障风电发展的文件,多是一些法律位阶较低的文件。这类文件多见于不同部门的规章条款,适用情况稍微复杂一些就会引起矛盾的产生。根据法律规定,国务院下属行政部门有权根据风电发展中遇到的问题和风险做出不同的对策。但是此类规章政策也有利有弊,优点在于可以应对风电发展中的实际问题,缺点在于其权威性、体系性较差。

(三)地方性立法严重缺位

我国疆域辽阔,地方特色鲜明。因其地域差别,风能资源的自然基础条件和开发利用程度也千差万别。各地需要按照各地的具体条件对风电发展出台不同的政策并适时调整。目前,带有地方特色、专门由地方政府出台、适应本地风电发展规律的地方性法规及规章凤毛麟角。现在,我国由政府制定的地方性法规,大多发布时间较早,所以颁布上的时间差使得这些法规部分内容与现存基础立法出现了脱节的问题。

(四)环境影响评价制度不完善

各地风电发展情况各异,现行的环境影响评价制度并不能全部适用。《中华人民共和国环境影响评价法》作为指导中心,颁布时间较早。除此以外,配套的实施细则也并未出台,因此该法并不能很好地规范风力发电项目的发展。人民群众的健康与环境息息相关,对于可能影响民众健康的潜在环境风险,需要通过环评活动预先评估,并确定预防控制措施。但是,在《中华人民共和国环境影响评价法》中,影响人民身体健康的评价制度并未被提出。在另一个环评规范——《环境污染健康影响评价规范(试行)》中,缺少对风险问题的预防,评价的还都是已经发生的环境问题。[1] 可见,仅停留在鼓励性条款,未真正在环评阶段实施,是这些法律问题存在的主要短板。总的来说,风力发电环境风险的预防与控制有赖于环评制度的进一步改进。

(五)环境公众参与制度不健全

关于环境公众参与制度的问题,在新《环境保护法》第五章有所规定。这的确起到了"打地基"的作用。虽然《环境保护法》有规定,但是与之配套的规范性文件没有及时更新。《政府信息公开条例》《环境影响评价公众参与暂行管理办法》这类文件都并没有将环境公众参与的相关实体与程序性问题明确和详细化。"信息公开和公众参与"如果不能普及到全国各地风电产业的项目上,风电产业的发展将难以获得坚实的群众基础。此外,与外国先进的环境公众参与制度相对比,可以发现,目前我国公众群体能参与到风电产业建设中来的只是很小一部分,参与的人群多集中于环境影响评价过程,公众独立进行全过程参与和全民参与的程度均有待提高。

四、破解我国风力发电发展中环境法律难题的建议

(一)充分发挥基本法作用,加强立法的体系性

首先,《环境保护法》是我国的一个基本法,其在现实中发挥作用多有限制。要想提升并高效发挥其作用,需要提高其法律位阶。基本法的实然地位要保证,法的效用也要充分发挥。只有这样,才能在实际应用中将该法与其他专项法律的矛盾冲突降到最低。同时,在生态文明理念的指引下,将维护和保障舒适环境作为环境管理部门等法律主体的法定职责之一,明确规定有关主体未履行上述职责应承担的法定责任。

---

① 李爱年:《新〈环境保护法〉的亮点、不足与展望》,《环境污染与防治》2015 年第 4 期。

其次,风力发电环境法律体系中,有两部核心法律。应有效协调二者之间的关系。2010年修订的《可再生能源法》与修订后的《环境保护法》相比,先颁布的《可再生能源法》有部分内容已经与现实脱节了。对于已经落后于时代的部分条款,应及时更新与改进,以便应对实践中的新问题。

最后,需要进一步加强环境法律领域内的体系性建设。保障资源利用的法律法规方面,应以《可再生能源法》为指导核心,其他法律法规应与之配套。对于《电力法》等相关立法,其中具有建议性、指导性、鼓励性的规定,需要增大执行力度。① 现行政策文件种类繁杂,只有挑选其中稳定性强、适用范围更宽的政策,才能保证法律更准确的适用。此外,还应强调的是,对于其他法律中不适应《环境保护法》的内容要及时进行调整,化零为整,增强专项法律和《环境保护法》之间的有机配合。

(二)结合当地特色,加强地方性立法

前已述及,我国对于风电发展的相关法律法规、政策文件主要由国家颁布,由地方颁布的很少。实际上,我国疆土面积辽阔,各地环境迥异、风能资源也各不相同。② 最了解地方实际情况的非当地政府莫属,因地制宜才有更高的实操性。要鼓励地方政府立法,地方政府具有更强的能动性,可以直接对当地环境质量进行监测,也可以对土地规划提出意见。所以由地方政府颁布实施地方性法规或者地方政府规章,直接指导风电产业发展更加合理。③

基于本地实际情况,综合考虑的实际因素包括:当地环境、风能

---

① 黄锡生、史玉成:《中国环境法律体系的架构与完善》,《当代法学》2014年第1期。

② 李艳芳:《气候变化背景下的中国可再生能源法制》,《政治与法律》2010年第3期。

③ 李艳芳、岳小花:《论我国可再生能源法律体系的构建》,《甘肃社会科学》2010年第2期。

状况、技术条件以及经济发展水平等。当地政府应当根据各地区风能开发利用的不同特点和需求,对当地风力发电做出适当规划,并制定适宜的地方立法。例如,西北地区在中国内陆,本身就多风。基于自身对风能需求量不大,可以选择并网且上网模式、甚至全部上网模式。东南地区沿海,海上风电项目是不二选择。东南地区经济发达,工业生活用电量大,可以采取独立运营模式。区域内政府出台具有地方特色的立法,也并非一劳永逸,还需要时刻注意已经实施的立法与现行法是否有脱节之处,一经发现问题及时修改,同时做到风电现实发展需求和《环境保护法》内容的衔接。

(三)完善环境影响评价制度

环评制度在风力发电产业发展中有着不可或缺的重要地位。我们应以原有的环境影响评价制度为基石,结合最近几年风电项目建设发展中遇到的问题,并且通过吸收运用外国环评制度中的成功经验,总结过程中出现的各类环境问题并加以制度优化。笔者认为,当前应从以下几个方面进一步完善风力发电项目的环境影响评价制度:首先,风力发电项目中环境问题层出不穷。针对具体的问题,要对风力发电制定特定的环境影响评价报告书,书中提出全方位的评估意见。其次,对风力发电项目开展环评活动应注重经济发展和环境保护相协调。风力发电已开启新的发展历程。对风力发电的环评项目应当高度重视。风电项目规模庞大、项目复杂,这些都使环评面临新的挑战。环评需要有更高更严格的审核标准,这是为了确保风电项目后期平稳运行和维护中出现问题时能够沉稳应对,使之可防可控,所以精准的前期环评必须作为重点工作之一。

(四)完善环境保护公众参与制度

公众在风电项目运营维护中扮演着不可或缺的角色。从审批规划到投产运营的整个过程中,风电项目都需要公众积极的参与。一直以来公众参与都是环保领域的重中之重,决定着我国风力发电项目的发展方向。对公众参与制度进行完善,是科学规范地促进风力发电产业向前发展必不可少的步骤。具体措施如下:一是保证居民的知情权、参与权和决策权。风电项目周边居民受到项目影响,理应有权利参与到本项目的环保制度建设中。二是风电企业应该坚持公开透明的原则,尽可能地配合地方环境保护主管部门,将项目进度及监察记录及时公开披露,确保为相关公众提供一个可供参与的信息平台。三是环境保护主管部门应当对公众进行鼓励、引导,切实履行促进公众参与的监管职责,以鼓励和引导各类群体融入环境保护公共事务中。

结语

推动风力发电成为我国电力工业的主要支柱,有利于能源的开发与利用,是践行可持续发展理念的必由之路。正是因为风力发电的大力发展,促进风力发电的环境法律更需要与时俱进。重视风力发电产业发展过程中出现的法律问题,分析问题原因,并借鉴已有成果和先进经验,对目前相关法律制度进行优化,能够为风电发展提供更加有力的法律保障。

国际环境治理视域下共同但有区别责任原则探析

高　茜[①]

一、共同但有区别责任原则的内涵与意义

共同但有区别责任原则是国际环境法的基本原则。1987 年，世界环境与发展委员会发布了重要环境报告——《我们共同的未来》，首次提出了“共同但有区别责任原则”。1992 年《联合国气候变化框架公约》第三条中首次明确提出该原则，此后在《联合国气候变化框架公约》《生物多样性公约》等众多国际环境条约中都有类似规定。

共同但有区别责任原则的内涵可以从三方面解释：首先，共同的责任。环境问题事关人类共同利益，全球环境危机无法依靠单一国家解决，因此环境保护是世界各国共同的责任。其次，有区别的责任。该责任是对共同责任的限定。每个国家均负有保护人类环境的共同责任，谁也无法免除。但是受历史原因和各国国家实力悬殊等因素的影响，不同国家之间环境保护责任的分担比例不应当是均等的，尤其是发展中国家和发达国家之间的责任分担必然是不同的。各国承担的环境保护责任应当与其对全球环境造成的实际损害成正比。全球环境危机并非一日之功，率先完成工业化进程的发达国家必须为诸如全球变暖等

---

① 高茜，天津商业大学法学院讲师，法学博士。

全球环境危机承担历史责任。即便抛开历史责任不谈,直至今日,发达国家仍然是给地球环境造成负面压力的主要制造者,再加上其具备的强大资金和技术优势,发达国家理应在国际环境治理过程中承担更大的责任并发挥更为积极的作用。相对而言,发展中国家是发达国家历史损害的承受者,又缺乏足够的经济与科技能力,应当承担较小责任,这种区别责任分担是实质公平的体现。

该原则为在国际环境治理过程中各国环境责任的分担比例确定了边界。共同但有区别责任原则是在充分考虑历史与现实的基础上得出的结果,它为发达国家和发展中国家间责任和义务的区分找到一个基本公平的平衡点,在指导两大阵营国家参与全球环境保护的过程中发挥了重要作用。① 该原则的确立构成了国际环境法的基本原则,同时也是当前应对全球环境危机的指导性原则,对于有效开展国际环境治理、推进国家合作具有重要意义。

二、对共同但有区别责任原则的解释争议

近年来,由于发展中国家对环境的损害比例逐渐增大,且发达国家也出现增长困难,对该原则的解释,在理论和实践中都存在较大争议。

(一)各方在责任分配比例上存在较大分歧

发展中国家坚持发达国家应当承担更大责任,甚至一些发展中国家和不发达国家主张其不应分担任何责任份额。当然,这种理解显然是毫无根据的,一方面这违反了权利与义务相一致原则,任何国家在享受地球环境带来的福利的同时,必然有承担环境保护的义务。对此,发达国家也并不买账,正如《里约宣言》中原则七所表述的:"发达国家承认其在寻求全球的可持续发展中负有责任",但是不是

---

① [英]帕特莎·波尼、埃伦·波义尔:《国际法与环境》,那力等译,高等教育出版社,2005,第 38 页。

负有“更大的责任”。当前,对该原则解释上的分歧已经成为制约国际环境合作实现的重要问题,严重影响国际环境治理的有效推进。

面对全球环境危机带来的严峻挑战,必须清醒认识到,实现有效的国际合作是国际环境治理的基本前提和根本保证。因此,必须立足现实,转变观念,为国际合作的实现创造条件。在国际环境治理中,发达国家基于历史和现实责任确实应当承担更大的责任,但这并不意味着发展中国家的责任可以免除或减少。多数发展中国家正在经历工业化进程,造成的环境污染与破坏日益严重,特别是在气候变化领域。按照权利与义务相一致原则,必然应当为其造成的环境损害承担责任,而且承担责任比例应当与损害成正比。这种思路一方面更符合公平原则,另一方面,必须清醒认识到,要想实现国际合作,任何国家一味推卸责任只能使合作陷入僵局,这对双方都是无益的,只有各自作出必要的妥协和让步才能使国际环境合作成为可能。

(二)发达国家的经济和技术援助责任不够明晰

共同但有区别责任原则要求,发达国家有义务向发展中国家提供援助,以帮助其提高履行环境保护义务的能力。但目前各种有法律约束力的国际环境法律文件中并没有对发达国家的权利义务作出明确具体的规定,发达国家的态度也很模糊,很多发达国家认为对发展中国家的援助是自愿的而非义务性的,并且援助的形式应当由每一个当事国决定。① 对此《京都议定书》《巴黎协定》都有限制性规定,即发展中国家对环境保护义务的履行状况依赖于发达国家向发展中国家履行经济援助和技术转让责任的执行情况。这一方法取得了很好的效果,尤其是在《巴黎协定》中,该原则发生了转变,改变了《京都议定书》所确立的“自上而下”强制摊派减排方式,主张“根据不同国情”采取“国家自主贡献”方式,此举丰富了该原则的内涵,使

① [法]亚历山大·基斯:《国际环境法》,张若思编译,法律出版社,2000,第57页。

其在应用中更具灵活性。但从实践来看,在发达国家承担资金与技术援助责任问题上的制度设计,仍有待进一步具体、明晰,否则共同但有区别责任原则很难得到落实。

总之,共同但有区别责任原则作为当前国际环境治理,尤其是应对全球气候变化国际法律制度的一大基石①,如若无法减少分歧,推进合作,其在国际环境治理中的积极作用将难以发挥。

三、落实共同但有区别责任原则的对策

(一)改善南北关系,平衡利益冲突

南北关系的改善取决于南北双方国家的共同努力,要解决南北矛盾,最大限度地调动双方的积极性,在国际环境治理中搁置矛盾,求同存异,积极推进环境合作,首先要平衡两大阵营的利益冲突。对此,《巴黎协定》采取缔约国根据各自不同国情确定减排义务的方式,为平衡南北利益冲突、推进国际合作带来了新的契机。但是,鉴于其自主贡献方式可能导致缺乏足够的约束力,仍然需要通过完善国际环境体制为打破隔阂、促进合作创造条件。具体而言,应当从两个角度入手。

环境治理需要各国的共同努力,因此,必须摒弃零和博弈的陈旧思维,构建人类命运共同体理念。人类命运共同体理念应当成为国际环境治理的指导思想,在该理念的指引下,可以从以下方面着手改善南北关系,为南北环境合作创造条件。一是建立更加公平合理的国际环境体制,允许发展中国家共同参与环境规则的制定,增加环境决策机制中的民主性,让发展中国家发出自己的声音。允许发展中国家参与环境治理的研究、参与决策并参与检查决定的执行。② 赋

---

① 徐崇利:《〈巴黎协定〉制度变迁的性质与中国的推动作用》,《法制与社会发展》2018 年第 6 期。

② [阿尔及利亚]穆罕默德·贝贾维:《争取建立国际经济新秩序》,欣华、任达译,中国对外翻译出版公司,1982,第 185 页。

予发展中国家平等参与国际环境治理的地位和机会。随着发展中国家,尤其是新兴工业化国家的兴起,其参与国际环境游戏规则制定的愿望越来越强,而国际环境治理并不能依赖一国之力完成,需要国际社会的共同努力,尤其是在南北国家力量对比发生急剧变化的今天。二是在国际环境治理责任与义务的分担比例上,发达国家应当承担更大的责任。这不仅是由于率先完成工业化进程的发达国家对环境危机负有不可推卸的历史责任,更是在于其拥有强大的经济和科技实力,这对切实解决人类环境危机至关重要。因此,发达国家不仅应当承担更大的环境保护责任,还应该利用其科学技术优势,为发展中国家提供更多的技术转让和经济援助。三是发达国家应当承担起帮助贫困国家减贫的责任。例如开放本国市场,确保贫困国家获得进入发达国家市场的权利和机会,提供更多的发展援助,必要时应当减免贫困国家的部分债务,为这些国家创造一个更好的发展空间。因为越是挣扎在贫困线上的国家,环境破坏和污染就越严重。就环境问题而言,各国是唇亡齿寒的关系,要想解决环境危机,必须首先帮助贫困国家解决生存问题。因为对于面临饥饿威胁的国家而言,生存问题是前提,环境保护对他们来讲根本就是奢侈品。

对于发展中国家而言,要获得平等参与国际环境体制的权利,必须做好几个方面的努力和探索。一是练好内功,增强自身国家实力。在当前的国际政治经济秩序中,一直以来的国际格局和力量对比都是北强南弱,发达国家主导着国际规则的制定。要改变这一状况,唯一的办法是增强自身实力。因为国家实力是决定国家间关系的根本要素。国家实力强才能掌握更多的话语权。二是发展中国家应当积极参与国际环境事务的处理,争取获得更多的话语权。随着全球化的发展,全球相互依赖程度日益加深。任何国家都不可能脱离国际舞台,独居一隅。发展中国家要想扭转在国际环境体制中的边缘地位,就必须广泛参与国际环境公共事务,争取获得更多的发言机会。

三是加强南南合作。努力争取获得与发达国家平等的参与国际环境治理的地位和机会的愿景是美好的,但也要对自身保持清醒的认识,南北国家实力悬殊,发达国家在经济、军事、科技等方面的绝对性优势恐怕短时间内难以企及。因此,即便努力增强自身实力,单一发展中国家要想在国际环境事务中有所作为也极其困难。要想打破这一窘境,发展中国家必须加强南南合作,在国际舞台上用一个声音说话,就能在国际环境体制中发出更大的声音,在事关自身利益的问题上掌握更大的发言权。

(二)充分发挥国际法在国际环境体制中的作用

国际法是调整国际关系的重要工具,诸如“主权平等”“禁止战争”“民主与和平”等体系价值观念在无政府状态的国际社会中仍作为一股力量发挥着重要的规范和制约作用,推动国际社会保持有序状态。在这里,国际法的作用是将这些体系价值观念以法律形式固定下来并传播乃至产生从外在到内心的制约性力量。① 也许这种价值理念的力量最初仅有某种道德上的约束力,但只要得到了普遍认同便具有了被纳入国际法的可能,当这些价值理念转化为国际法的一部分时,便具有了衡量并规范各国行为的作用。②

在国际交往中,国际法精神应该得到更大程度的彰显,国际法的作用应该得到更深层次的提升,这对于维护国际社会秩序的稳定,规范各国的行为具有重要意义。然而,遗憾的是,受国际社会无政府状态的影响,国际法很难像国内法那样被赋予强大的法律约束力,因此国际法的作用和实施效果也大打折扣。受现实主义学派的影响,国际政治就是权力政治的观念似乎已经根深蒂固,但是这并不意味着

① 熊玠:《无政府状态与世界秩序》,余逊达、张铁军译,浙江人民出版社,2001,第42-44页。

② Onuma Yasuaki, “International Law in and with International Politics: The Functions of International Law in International Society,” *European Journal of International Law*, Vol. 4, No. 1, 2003, p. 44.

国际法就应该是软弱无能、毫无用处的装饰物，在相互依赖不断加深的当今世界，国际法的规范和制约作用更符合加强国际合作的现实需要。尤其是在环境领域，国际环境法的作用和优势更加明显。在传统国际政治中，国际法因为缺乏足够强制力而备受冷遇，但是在国际环境治理领域焕发了巨大的活力，尤其是国际环境法的硬法和软法规范在环境领域发挥着不同程度的作用，这种“软硬兼施”的特征也令其具有了更大的吸引力，并获得了更多的国际认可。因此，应当充分发挥国际法在当前国际环境体制中的作用，它能为国际环境体制的运行奠定法律基础，使在国际环境体制作用下的各主体行为活动更加规范、有序，从而为取得良好的环境治理效果提供保证。唯有在此种状态下，共同但有区别责任原则的目标才能得到更好的实现。

（三）转变环境治理的被动性

在国际环境治理过程中，世界各国对环境危机的认识程度各不相同，从而导致立场和态度各异，但就环境保护行动都有一个共同点——希望在应对全球环境危机的集体行动中承担更少的责任，以便为本国经济的发展保留更大空间。虽然环境治理势在必行，但各国的主观态度仍然以被动接受为主，鲜少有主动承担更多环境保护责任的。这里主要涉及两个方面的问题需要解决，一是就发达国家而言，最早经历了工业化进程和国内环境治理，经过几十年的努力，已经取得了良好的效果。因此就目前来讲，其国内的环境状况相对发展中国家来说要好得多，承受的环境压力也比较小，而多数发达国家对国际环境治理的态度并不积极。尽管发达国家内部受国家利益的影响，其态度和立场也各不相同，但是在全球环境责任分担问题上，都希求承担更少的责任，以保持其经济领先优势。二是就发展中国家而言，其不断强调发达国家对全球环境危机负有历史责任和现实责任，因此应承担全部抑或是主要责任。发展中国家本身并不愿意承担环境保护责任份额，因为这些国家内粗放的经济结构、落后的工业设备及技术很难达到环境保护的高标准,承担环保责任就意味着要以牺牲经济发展为代价。总体而言,世界各国对待环境问题的态度是矛盾的,一方面认为有必要采取集体行动保护环境;另一方面却不愿为此承担责任。由此可见,多数国家在应对环境危机的行动中是被动接受的,是不积极、不情愿的。这一对矛盾伴随着全球环境保护的进程,严重影响环境保护的实际效果。

2015 年《巴黎协定》的顺利通过似乎为问题解决提供了新的契机。协定规定采取自下而上的国家自主贡献模式进行全球减排,各国提出自己的国家自主贡献目标,并每五年更新一次,根据国情逐步提高各自的国家自主贡献减排量,国际社会共同协作对全球变暖进行有效控制。这种自主贡献模式改变了以往自上而下强制摊派的减排模式,实现了从被动接受到主动提交的态度转变。这为全球环境问题的解决提供了开创性的思路。这种自主贡献的方式,为各国减排行动注入了活力和动力,是一种新的尝试,弥补了《京都议定书》中发达国家和发展中国家遵循共同但有区别责任原则承担法定义务带来的合作失败,将发达国家和发展中国家置于统一的国际法体系内履行统一的法律义务规范。在此基础上,赋予各缔约国根据“国情”因素确定不同缔约国体现个体区别的权利,从而平衡了发达国家和发展中国家之间以团体阵营为单位的利益冲突,促进了全球应对气候变化的再次合作。① 实际上,对于应对全球环境危机,只有转变态度,变被动为主动,才能真正凝聚共识,进行深度的国际环境合作,否则全球环境治理的行动很难取得实质性进展。

---

① 刘晶:《全球气候治理新秩序下共同但有区别责任原则的实现路径》,《新疆社会科学》2021 年第 2 期。

法 学 教 育

研究生专业竞赛指导过程中的全员育人机制研究

王　璐①

引言

近年来，由于研究生招生规模不断增加、招生来源不断拓宽，且部分研究生专业方向较多，诸多因素给研究生培养与管理带来一定挑战。研究生群体普遍存在创新意识、科研能力与培养要求不相适应、研究生整体学术氛围不浓厚的现象，这些都给研究生人才培养质量的提高带来严峻挑战，现状亟待得到突破。

研究生参与高质量学科专业竞赛，特别是在高水平专业竞赛中取得好成绩是研究生培养质量的重要体现，是衡量研究生培养效果的重要观测点。同时，引导和指导研究生积极参加高水平专业竞赛，能够有效提升研究生的创新能力，形成良好的学术氛围，不仅有利于满足“新文科”建设背景下对创新人才培养的需求，也能够有效提高学生就业质量，进而提升研究生培养单位的社会知名度和美誉度，良好的声誉又进一步反哺研究生招生，对研究生培养单位的高质量发展形成良性循环。

---

① 王璐，天津商业大学法学院党委副书记，教育学硕士。

能否有效调动学院各方面育人资源,进一步释放育人活力,在研究生教育培养中形成合力,成为现阶段研究生人才培养与教育管理的新课题。本文以笔者所在学院具体工作实践为例,探讨以学科专业竞赛为依托的研究生培养过程中全员育人机制。

一、研究生专业竞赛中的全员育人机制设想

(一)准备阶段

梳理出面向研究生层次开展的学科专业竞赛有哪些,这里主要指的是国家级、省部级竞赛,从中梳理出与本专业人才培养目标相关度较高、与当前本专业学生平均学术水平相适应的项目进行重点准备。如研究生法律文书写作大赛、法律英语竞赛、WTO(世贸组织)模拟法庭竞赛、版权征文活动等。

(二)实施阶段

1. 团队的形成

确定参赛项目后,便着手组建学生竞赛团队,团队由指导教师和参赛学生构成。其中,指导教师应由学院专业教师、辅导员组成,必要时还需选聘校外行业相关人员作为兼职教师参与其中,在宣传、动员、组织、指导等环节各负其责,协同合作,共同完成一项专业竞赛的全程指导工作。需要注意的是,不同身份的教师在整体工作中发挥着不同作用,他们不是人员的叠加或工作的重复,而是分工协作的关系。因此,在人员选择上既要注意教师的身份背景、兴趣特长,还应充分考虑彼此之间的熟悉默契程度,避免因沟通不畅带来的效率问题,影响工作效果。

对于团队中的专业教师,要尽可能选择教师研究领域与比赛内容相关度高、有指导学生竞赛经验或熟悉比赛情况的,以确保后续指导的专业性、有效性。辅导员负责比赛的宣传、动员和组织等具体工作,需要了解、熟悉学生的特长和特点,由研究生辅导员担任更便于开展工作。此外,为确保备赛工作的顺利推进,必要时可以由学院相

关领导,一般是分管研究生工作的副院长或分管学生工作的副书记全程参与,统筹协调推进各项工作落实。

参赛队员可经院内选拔赛或其他选拔方式产生,通过院内筛选得到种子选手,确保参赛选手质量。选拔方式会影响选拔效果。对于提交作品方式参加的比赛,在院内选拔环节中提交的作品数量是遴选出高质量作品的关键,只有提交作品的基数足够大,才有可能优中选优。而如若让学生自愿报名又可能因报名人数少,难以收集上来高质量作品。因此,为确保参赛数量,在组织环节可以将参赛目标群体确定为所有参加与比赛主题相关课程的研究生,学生以提交作业的形式上交作品,这种方式确保了参赛的人数基础。如果是现场比赛形式的初赛,则可以根据比赛内容设计开展院内选拔赛,通过层层筛选,产生一定数量的优秀种子选手,为后续的正式比赛做好选手储备。

此外,还应注意有些专业竞赛对于参赛选手的层次(特指高年级研究生或全体研究生)有要求。具体到某一竞赛项目上,还要考虑到重点群体的动员面向,即精确确定参赛的目标群体,这是后续工作顺利开展的关键。在实际工作中,高年级研究生面临撰写毕业论文、就业实习等各种事务,参加竞赛的兴趣与意愿不高,即便是一对一、面对面动员也收效甚微,因此,高年级研究生基本不是各类学生竞赛的主力队员。低年级研究生精力充沛,对学校学院各类活动充满热情、参与度高,应重点发动这部分群体参与竞赛活动,这也是对他们进行全过程培养的关键一环,辅导员要通过有效沟通让低年级研究生充分认识到,在研究生求学阶段,积极参与学术活动对于他们的学业发展、综合发展至关重要,对于培养个人的创新精神有重要作用,只有学生对这一理念有较为深刻的认知,才能转化为行动上的自觉。

以上做法旨在使原来由学生个体或团队自发的、偶发的、随机的个人行为变成学院有组织、有目的、有指导的工作行为,这对于工作效果即学生参赛并取得成绩有着直接的影响。学生在没有经过专业指导的情况下,参加竞赛也许能够获奖,但这主要取决于学生个体的专业水平或知识储备,具有偶然性。学院的组织化行为即便没有带来期待的工作效果(即没有学生在竞赛中获奖),也不能掩盖这一工作过程在提高研究生群体的整体专业水平、学术水平上产生的积极作用。当然,为了确保学院组织行为的持续性、稳定性,学院也应该进行一定的制度机制创新,为研究生人才培养工作和研究生学术水平的提高提供必要的机制保障。

2. 全过程指导

全过程指导并非不间断的全程指导,而是在学生备赛的不同阶段,根据学生当前水平和所需,提供有针对性的指导。以提交作品类的竞赛为例,在备赛初期,可以由学院的专业教师面向全体参赛同学开展讲座类的辅导,让大家都能了解比赛内容和形式,这是普遍性的指导,有助于学生提高对比赛的认识,但还不具备选拔意义。经过这个阶段的指导后,可以留有一定时间让学生消化培训内容,完成参赛作品的初稿。此后,大部分学生对相关专业内容的认知有了一定程度的提高,但这种提高更多的是与自身原有水平的比较,对于参加国内高水平竞赛还远远不够。因此,可以邀请行业专家或优秀从业人员为学生进行专项辅导,提高学生对于行业领域内最新发展成果、最新动向要求的把握。在经历过几次这样的专项培训后,只有少数学生能够对参赛的相关领域知识有比较深刻的把握,具备基本的参赛实力,而这部分少数群体应在后续的培训中给予重点指导,甚至是一对一指导。由此可见,全过程指导伴随着学生专业知识水平的螺旋式上升,也为研究生特色人才培养提供了一种可参考、可借鉴的思路。

需要注意的是,全过程指导既是一种动态管理过程,同时也是一个比较长的时间跨度,学生的备赛过程未必会是一帆风顺的,他们可能会因为遇到困难而产生挫折、沮丧心理,甚至意欲放弃比赛。这个时候,学生除了做好个人心理建设,不断调整自身状态,外部因素也至关重要,一定程度的监督约束能够对学生起到积极作用。辅导员作为组织者,要全程参与培训指导过程,做好辅导课程的出勤管理,对学生出勤情况进行全面掌握。同时,辅导员也要细心观察每名学生的状态,及时做好他们的心理疏导。

(三)总结阶段

及时做好总结,既是对前面工作的全面梳理,将好的做法形成经验,建立长效机制,也是为后续工作接续开展打下坚实基础,因此,要高度重视反思与回顾,及时做好总结。此外,还要注重先进典型的宣传工作,对于积极参与学科专业竞赛并取得优异成绩的同学,要以青年学生喜闻乐见的方式做好宣传,发挥朋辈效应,形成乐学好学的良好学风氛围。

二、经验启示

(一)要加强学院党委的统一领导,确保组织化推进

必须强调基层教学单位即学院党委的统一领导,依靠学院组织化推进,这在地方本科院校中尤为重要。地方本科院校中,研究生对科研创新的重视不足、科研能力不高、整体科研氛围不浓,靠学生个人努力在全国高水平专业竞赛中取得好成绩的可能性非常小。只有在学院党委的统一部署下,有效调动学院各方面资源,集多方之力,将组织开展学科专业竞赛当作人才培养工作的重要环节,充分发挥各类教师的工作优势,形成育人合力,方能取得育人实效。

(二)要充分赢得全体教师的共识,确保全员参与

学院要经常化开展面向全体教师的新时期高校人才培养工作新要求、新内涵的宣传教育,赢得多方共识。新形势下,专业课教师不仅要教好课、搞好科研,守好个人“责任田”,更应该把自身工作融入立德树人的更高要求中,在学生的全面发展中发挥更大作用。辅导

员也要进行全新的自我审视,不能仅满足于做好思想教育工作,或陷入繁杂的日常事务管理工作中,而要把自身主动融入学生培养的全方位、全过程中去,主动参与学生培养环节,发挥自身优势主动作为。以往一些学生竞赛类活动,由辅导员动员组织学生参加,但往往学生重视不够,积极性不高,又因得不到有效的专业指导,也难以取得好的成绩。未来,在高等教育专业认证发展趋势下,为确保专业的长久发展、高质量发展,学院应主动谋划人才培养工作中的机制创新,发挥协同育人的队伍保障,为人才培养注入新的活力。

(三)要为各类教师的交流搭建桥梁,畅通沟通渠道

辅导员和专业教师在日常工作中有各自的工作领域,接触较少,不了解对方的工作模式和习惯,在备赛初期,可能会存在一定程度上沟通不畅导致的效率问题。因此,工作开展过程中既要注意明确分工,也要做到及时沟通。此外,在日常工作中学院也要有意识地为辅导员和专业教师增强沟通交流创造机会搭建平台,比如定期开展工作交流座谈会,或举办分享工作经验的工作沙龙等,在对话中增加了解,增强理解,赢得尊重,这是开展协同育人的情感前提。

(四)要着力加强辅导员队伍建设,使辅导员了解专业

辅导员全过程全方位参与学生培养对辅导员能力素质提出了更高要求。一方面,辅导员要提升思想认识的自觉,要从大思政格局的视角中审视自身的岗位职责和角色定位。辅导员不仅是学生的知心朋友和生活中的"大哥哥""大姐姐",更是青年学生成长成才的引路人,应该参与到人才培养工作的全过程中,在学生学业发展中发挥作用。另一方面,辅导员要提高自身能力素质,主动了解、熟悉专业,不了解专业就不可能真正清楚本专业学生成长规律和发展前景,就无法实现与专业教师的有效协同。只有深入了解专业,才能对学生的学业发展给予专业指导,才能与学院整体的发展步调同频共振。

大学生校外兼职劳动权益保障研究[①]

肖灵姗[②]

一、大学生校外兼职劳动权益保障存在问题分析

（一）劳动报酬无法得到保障

劳动报酬权是宪法规定的权利。然而，在大学生校外兼职中，一些学生无法获得劳动报酬权。校外兼职过程中，几乎没有用人单位与大学生签订劳动协议或者合同，双方没有书面的规定，仅是口头告知兼职时间、兼职报酬、兼职内容等，因而会出现用人单位拖欠大学生报酬的情况，大学生没有相关协议或者合同，因此难以顺利地获得应得的保障。在兼职过程中，用人单位为了管理大学生，在大学生出现迟到、工作有瑕疵等情况时，会出现扣除报酬的现象。用人单位属于强势一方，大学生为了能够兼职，只能顺从用人单位的各种规定。市场对于大学生用工并没有合理的规定，用人单位存在将工资低开的现象，并将工作时长延长，劳动报酬与劳动力的输出严重不成正比。调查问卷显示，用人单位基本都会认为大学生兼职的劳动报酬要低于职工的报酬，在节假日也不会享受到三倍的薪资待遇。

① 本文系作者参与的天津市哲学社会科学研究项目"劳动合同中止法律问题研究"（项目编号：TJFX20－007）阶段性研究成果之一。

② 肖灵姗，天津商业大学法学院助理研究员，法学硕士。

(二)劳动安全卫生无法得到保障

劳动安全卫生是保障劳动者工作环境的安全与卫生健康。用人单位通常会在技术层面、法律层面、设备管理、公司制度等方面对劳动者进行教育培训,保障劳动者在职业活动过程中的安全与健康。兼职大学生应该享有劳动安全卫生的权利,用人单位应该对兼职大学生进行必要的教育和培训,防止工作过程中出现事故或受到职业危害。用人单位应该为从事专门职业的兼职大学生提供符合国家规定的劳动安全条件,并定期进行健康检查。但是实际用工过程中,用人单位几乎忽视了劳动安全卫生的要求,为了节约成本和时间,并没有对大学生进行教育培训,没有购买相关设施和卫生用品,没有对环境进行检查和做出卫生处理,没有对学生进行工作设施安全方面的说明,大学生的劳动安全卫生权很难得到保障。

(三)休息权无法得到保障

劳动者在连续工作一段时间之后,有权进行休息休整。在大学生兼职过程中,学生的休息权很难得到保障。由于兼职的特殊性,用人单位会将大学生的兼职时间灵活处理,甚至会加长工作时间,在单位职工进行休假或有特殊情况不能上班时,用人单位就会选择使用兼职大学生来填补时间亏空,严重影响了大学生的休息权。由于兼职的特殊性,大学生的休息权并没有得到很好的实现。

(四)劳动协议不规范,权益难以实现

用人单位面对大学生兼职的特殊性以及内容的不确定性,很少与兼职大学生签订劳动协议,即使签订劳动协议也会存在兼职内容不明确、大学生兼职权利不详尽、劳动协议不规范等问题,当大学生的劳动报酬权、安全卫生权、休息休假权被侵害时,大学生通常会与用人单位进行协商,协商不成时,由于没有劳动协议、劳动协议不规范的问题,劳动仲裁部门和人民法院都很难保证大学生权益的实现。加之审理案件用时较长,大学生通常会不了了之,权益很难实现。

二、大学生校外兼职劳动权益保障存在问题的原因分析

(一)相关法律法规的缺失

在我国,劳动者权益保护方面的内容在《中华人民共和国劳动法》《中华人民共和国劳动合同法》《工伤保险条例》等法律法规中进行了相应的规定,而这些法律规定中的劳动者通常达到了法律规定的年龄,具备了一定的劳动能力,与用人单位签订了合同或者协议的自然人。劳动者的主体资格始于劳动者最低用工年龄(除特种工作外为16周岁),终于法定退休年龄。而对于兼职大学生是否具有劳动主体资格并没有明确的界定,大学生的主体资格处于模糊不确定的状态。此方面的法律法规进行了多次修订,但都没有涉及在校大学生兼职行为的规定,大学生校外兼职在法律上是空白状态。在司法实践中有很多兼职大学生与用人单位的纠纷案例,就是因为大学生兼职行为在劳动法意义上没有法律依据,大学生劳动权益无法得到法律保障。

(二)司法救济不完善

在实际过程中,兼职大学生通常会与用人单位进行协商,当协商无果时,部分大学生会诉诸司法救济。有的大学生会向劳动仲裁机构申请仲裁,但劳动仲裁机构一般会因为兼职大学生主体不适格而不予受理,因而难以通过劳动仲裁调解程序解决此类案件。大学生进而会考虑向法院起诉,但是诉讼案件具有持续时间长、诉讼成本高等问题,大学生兼职的初衷就是增加一部分生活来源,兼职工资低,诉讼带来的成本会远高于兼职带来的利益,即使大学生启动诉讼程序,也会面临举证责任的困难,诉讼讲求证据,大学生社会意识较弱,在兼职过程中没有保护自身劳动权益的意识,因而保留在自己手机的证据几乎没有,所以在大学生兼职市场上基本都会面临自身劳动权益无法被救济的困境。

(三)监督、管理不到位

用人单位与劳动者要受到专门劳动部门的监管。劳动监管部门

应该审查双方签订的劳动合同,监管双方的劳动行为,监督用人单位缴纳社会保险、足额缴纳工资,监督用人单位是否按规定时限用工以及是否对劳动者进行了安全卫生培训等。但在社会实践过程中,劳动监管部门并没有对在校大学生的兼职行为进行监管和保护,认为大学生与用人单位之间并不存在劳动关系,不属于其监管的范围。

作为在校生,学校具有一定的监管义务,虽然大学生是在节假日期间进行兼职,但是学校有提示、追踪义务。在社会实践中,一些学校在学生离开校园后,没有尽到监督管理的责任,之前也没有做出相应的培训和告知。

用人单位的管理不够规范,在大学生兼职前没有进行必要的岗前培训,没有进行安全卫生教育的培训,没有与大学生签订用工协议,没有对大学生兼职群体进行规范管理,导致出现很多劳动纠纷,大学生的劳动权益被侵害。

(四)大学生自我保护意识薄弱

在校大学生没有社会工作经验,在进行兼职时,对于兼职行为不了解,对于行业内部习惯不了解,想不到要与用人单位签订协议,权利保护意识较差,不会留存自身劳动权益被侵犯的证据,在自身劳动权益受到侵害时,不知道用何种途径保护自己,想不到用法律武器维护自身权益。这是大学生劳动权益受到侵害的重要因素。

三、国外相关规定及实践

美国在其立法中明确表明在校兼职大学生的劳动者身份。① 美国《公平劳动标准法案》对全日制大学生的雇佣做了明确的规定:全日制大学生可以被法律规定的行业雇佣,报酬不得低于同行业最低工资标准的85%,并且规定不能克扣工资,美国联邦政府专门为20

---

① 美国1938年通过的《公平劳动标准法案》规定,雇员是指被雇佣的任何人,只要双方存在事实上的雇佣和被雇佣的关系,被雇佣一方都应当视为劳动者,受到有关劳动法律的保护。劳动者包括实习生、见习者和全日制学生等。

岁以上的学生规定了最低工资标准,对于大学生的雇佣要求严格,需经过相关部门的批准,并且对用工时长、用工人数做出了详细的规定。该法案还明确规定,大学生兼职拥有劳动安全卫生的权利,用工单位必须为大学生提供符合法律规定的劳动环境。

英国大学生兼职具有严格的条件。一方面大学生兼职需要符合学校的规定,兼职行为不能影响学业,必须符合教学要求,按时完成课程。另一方面,大学生的兼职需要向学校学生会申请,由学生会联系校外单位,经过申请登记之后可以获得兼职。

在法国,《法国劳动法典》对此方面做出了规定。为了更好地保障大学生的劳动权益,规定雇佣行为必须签订劳动合同,无论雇用时间长短。《法国劳动法典》对兼职时长做出了限制,对于兼职超过一个月,用工单位需要为其缴纳一定的社会保险。在法国,有专门的机构处理用工期间大学生与用工单位发生的纠纷,以此保障大学生的劳动权益。

在日本,大学生兼职也受到法律的保护,日本对大学生的日常兼职以及寒暑假兼职时间做出了明确规定,对兼职报酬也做出了详细的规定。① 兼职所获报酬只能用于自身,不可用于其他,在兼职过程中,劳动权益受到侵害时也是到专门的机构寻求帮助。

四、大学生校外兼职劳动权益保障制度设计

(一)完善法律法规

大学生兼职的现象越来越多,大学生与用人单位的纠纷也越来越多,在此形势下,有必要完善此方面的法律法规,明确大学生适用法律的主体资格,对大学生兼职的条件、时长、待遇、救济进行详细的规定。

---

① 在日本,大学本科生、大学研究生每天的兼职时间在4小时以内,寒暑假每天的兼职时间在8小时以内;兼职时薪通常每小时不低于800日元,在日本经济发达的城市每小时不得低于1000日元。

国外很多国家都在法律中明确规定了大学生是劳动法的适用对象,而我国仅是排除了部分主体,并没有将在校大学生排除在外,但是由纠纷解决实践案例可知,在大学生劳动权益受到侵犯时,劳动仲裁部门、司法机关都没有支持劳动者的主体地位,认为大学生没有主体资格,大学生获取劳动报酬、工作时长、工作待遇等都没有得到相应的保障,所以,要保障大学生校外兼职的劳动权益,就要以立法的形式将大学生主体资格确定,并对大学生兼职的条件、兼职时长、最低工资标准以及救济途径、救济方式等进行详细的规定。

(二)完善救济途径

1. 加强调解的作用

在校大学生主体具有一定的特殊性,其兼职时间较短,一般不会与用人单位签订合同,兼职结束后还要到校上课,所以调解是最好的解决方式。由于大学生主体的特殊性,大学生更希望通过简便的方式解决,一方面不会耽误学业;另一方面也不会耗费大量资金,这样不仅能高效率解决存在的问题,还能节省诉讼成本。

2. 完善司法救济制度

明确大学生可以依据实习协议向相关部门进行申诉或者申请劳动仲裁,完善劳动仲裁程序,发挥劳动仲裁的作用。在劳动仲裁过程中,用人单位承担举证责任,这样就避免了大学生因为没有合同等而无法举证的问题,通过劳动仲裁能够很好地保障大学生的权益。我国的劳动争议案件一般主要围绕"一调一裁两审"的解决机制展开。对于大学生兼职类的案件,调解是最好的解决途径。调解一般会贯穿劳动仲裁的全过程,而且在劳动仲裁中调解是强制程序。① 调解在劳动仲裁中发挥着重要的作用。在实践过程中还应该加强分析影

① 《中华人民共和国劳动争议调解仲裁法》第四十二条规定:"仲裁庭在作出裁决前,应当先行调解。调解不成或者调解书送达前,一方当事人反悔的,仲裁庭应当及时作出裁决。"

响调解结果的因素①,更好地完善调节机制。

（三）明确主体职责

1. 明确高校的管理职责

高校学工部门都会强调学生的安全教育,包括人身安全、财产安全等,大学生在兼职过程中出现的权益被侵害等事件都会报告到高校,高校在大学生兼职过程中发挥着重要的管理作用。一方面高校可以定期开展兼职注意事项、法律保护等内容的讲座,将兼职中容易出现的问题,兼职的时间、条件,兼职中权益受到侵害应该如何求助等详细讲解。另一方面高校一般有校企合作,高校就业指导中心部门可以跟企业进行沟通,定期输送有兼职意向的学生去企业兼职。

2. 明确用人单位的职责

一般在用人单位和大学生的劳动纠纷中,用人单位处于优势地位,在维护大学生的兼职权益中,用人单位占有重要的角色地位。一方面,用人单位应该与大学生签订协议,明确大学生的工作内容、时间和报酬,对大学生进行安全教育培训、工作内容培训,为大学生提供安全的卫生环境;另一方面,用人单位应该按照协议的约定按时足额支付大学生应得的劳动报酬,不得拖欠工资,用人单位还应该为学生缴纳工伤保险等,以降低用工风险。

（四）增强学生自我保护意识

大学生还未完全步入社会,对自身权益的保护意识比较薄弱,大学生应该在高校有意识地参与大学生兼职方面的讲座,了解大学生兼职的条件、内容和容易出现的问题,利用课余时间多了解劳动保障方面的法律法规,在自己权益受到侵害时能够用法律的武器保护自己。

① 参见嵇月婷、林国丽《劳动争议处理的调解机制及其影响因素分析》,《中国劳动》2019年第4期。

随着市场经济的不断发展,我国劳动市场也越来越复杂化,目前,大学生尚没有被纳入《中华人民共和国劳动法》等相关法律的保护范畴,大学生兼职权益保障成为法律空缺。要保障大学生兼职权益,就要不断完善此方面的法律法规,完善司法救济途径,相关主体加强监督、管理、保护责任,学习国外相关的实践经验,大学生也要增强自身保护意识,共同保障大学生校外兼职的劳动权益。

引导法学毕业生基层就业的“三全”工作路径探析

郝　娜①

基层就业作为大学生磨炼意志、提升本领、实现自我价值的重要方式,一直受到党和国家的高度重视。面对日益严峻的就业形势以及社会发展需要,国家和地区采取了多项引导大学毕业生到基层挥洒青春、建功立业的基层就业战略,各类专项招录项目相继出台实施,已经吸引一批优秀毕业生奔赴基层实现自身价值、促进地方经济繁荣发展。然而,由于当前部分毕业生就业预期仍普遍较高,择业选择多集中在大中城市,需求旺盛的基层地区却面临“招不到人,留不住人”的现实尴尬状况,造成就业期望与社会需求之间的严重错位,结构性矛盾突出。尤其是法学专业毕业生,由于行业准入门槛较高,在未能找到满意工作时宁愿待业在家复习公考或考研,对投身基层工作岗位的意愿不强。

一、法学专业本科毕业生基层就业现状及原因

天津商业大学于 1980 年建校,是一所地方本科院校,其法学学生基层就业情况虽不能代表全国水平,但对同类型学校推动法学专

① 郝娜,天津商业大学法学院助理政工师,工程硕士。

业基层就业仍具有一定的参考意义,同时对过往就业情况的分析,也为法学院未来基层就业工作提供了依据。

天津商业大学法学院内设法学和应用心理学两个专业,专业人数比例 4:1,以法学专业学生为主体。2016—2019 年,毕业生人数分别为 310 人、278 人、280 人、251 人,高质量就业率分别为 19.68%、23.38%、27.02%、25.90%,连续四年内,仅有 1 名 2018 届毕业生、两名 2019 届毕业生参与“西部计划”国家基层项目,其他同学均未到基层就业。2019 年底学院对 2020 届毕业生进行就业意向统计时发现,就业意愿前三名为:升学、公考、律所,共占比 89.32%,而选择公考的同学将职位主要集中在公检法行业,对其他岗位兴趣不高。在第一就业意愿中,并未有同学选择基层就业;仅有 6.29% 的同学愿意在未找到合适的工作后选择基层就业。根据以上数据,我们可以看到,截至 2019 年,我院法学专业高质量就业率较低,基层就业意愿整体不强;基层就业人数虽有增加,但增幅不明显;而参与基层就业的主要项目为“西部计划”,且参与人数较少。

在调研过程中发现,影响学生基层就业意愿的原因有以下两个方面,一方面是受就业观的影响,用定向思维固化自己。学生普遍认为法学为“精英”专业,其就业方向只有律师、法官、检察长等“高大上”岗位,无法认同自己在接受四年法学专业教育后到基层工作,忽视了自身的法学知识和素养能为其在其他岗位上增光添彩的可能性。另一方面是对基层就业存在认识误区。由于毕业生对国家政策和各项优惠条件不清楚、不了解,将基层岗位等同于“环境差、待遇低、发展慢”的岗位,从而自发屏蔽掉了基层招录信息,形成恶性循环,参与基层就业的同学越少,越难以形成基层就业的氛围,基层就业引导工作难以取得成效。

二、基层就业的内涵及意义

基层通常指工作实施的前端,与群众关系密切,但并不意味着

“环境差、待遇低、发展慢”。《高校毕业生就业创业政策百问(2015年版)》中明确指出,“基层”是指广大农村、城市街道社区,包括县级以下党政机关、企事业单位以及社会团体、非公有制组织和中小企业,不仅包含单位就业还包括了自主创业、自由职业等。基层就业一直是党和国家关注的重点,相继推出了“大学生村官计划”“西部计划”“三支一扶”“特岗教师”“社区工作者”“基层党务工作者”等专项招录项目,促进学生基层就业。而法学毕业生到基层就业不仅能够缓解就业压力,而且能够助推城乡一体化发展。

根据麦克思研究院发布的就业统计数据,法学专业一直为本科就业红牌专业,就业率低,学生就业压力一直较大。尤其是近年来毕业生总数持续增加,从2020年毕业生总数847万人,到2022年毕业生总数突破千万达到1076万人,待就业总量持续加大,又受到经济下行压力和新冠肺炎疫情的影响,就业形势越发严峻。基层就业有利于解决学生就业的问题,缓解当前法学学生的就业压力,而且相对于自由职业,基层岗位具有国家及政府的大力支持,保障性更强,发展前景更为广阔,是高质量就业类型之一。引导毕业生到基层去,既能够解决就业难问题,又能够提升高质量就业,体现学院人才培养能力。

尽管近年来国家培养了大批法律人才,但大量法学毕业生都涌入一二线大中城市,形成了发达地区法律人才严重饱和,而广大基层地区仍面临着法律人才缺失的严峻现状,这将在一定程度上影响全面依法治国建设进程。鼓励法学毕业生到基层去,有利于扩充基层地区法律工作者规模,提高当地法律工作者业务能力、工作水平,提升当地司法理念,有效解决城乡法律人才分布不均衡的问题,推动国家法制建设进程。

三、推动学生基层就业的“三全”工作路径

(一)扩充基层就业引导队伍,确保全员参与,提升学生基层就业意识

基层就业观的形成是一项系统性工作,需要做好顶层设计,法学院成立就业引导工作小组,完善机制,为基层就业引导工作的开展做好制度保障。就业指导课程是引导基层就业观形成的重要手段,在学校就业指导课程的基础上,学院配备就业指导专项教师,为学生就业“问诊”,帮助学生规划职业生涯。实施“就业双导师”制度,由专业教师和辅导员共同担任学生就业导师,定期与学生谈心谈话,组织专题班会,从理想信念和专业职业规划双向入手,鼓励大家到西部基层地区,到法律工作人员缺口较大的地方,在那里利用自己所学知识服务一方人民,实现自身价值。同时,将党建工作与就业工作相融合,以党支部为抓手,发挥党建引领作用,打造了“忆峥嵘岁月,做有为青年”“新时代青年大学生的责任与担当”等专题系列精品党课,带领学生回顾中国共产党百年奋斗历程,明晰青年学子身上所承担的时代责任,树立“强国有我”之志。发挥党员、学生干部的榜样示范作用,鼓励他们从自身做起,到祖国需要的地方建功立业,并用实际行动积极引导身边同学,带动学院基层就业氛围,形成从上至下、全员参与、共同引导基层就业的欣欣向荣局面。

(二)拓展基层就业引导时段,确保全过程指导,加深学生了解基层政策

基层就业引导工作需要早开始、早干预,在学生入学时及时开展专题宣传讲座,将基层就业种子埋入学生心底。伴随专业课程的学习,积极开展职业生涯规划、就业能力指导等课程,不断渗透基层就业的概念,使基层就业成为学生职业规划中的必选项。基层就业政策的宣传更要贯穿学生整个大学生涯,把基层就业政策讲解与学院重大活动相结合,在开学典礼、迎新晚会、就业能力大赛、毕业典礼等

重大活动中融入基层就业宣传，形成良好氛围。同时，利用专题班会、宣讲会、沙龙等形式对社会发展、人才需求、就业形势、基层就业优惠政策等进行深入的讲解和指导，确保每一位同学都能了解基层就业的政策保障及其岗位的发展空间。由辅导员为每位毕业生制定“就业问诊卡”，在就业辅导过程中，帮助各类同学分析自身特征与基层岗位的匹配度，探寻适合学生的基层就业岗位；学生到基层岗位之后，还应帮助其转变心态，使其及时适应工作岗位，并对学院工作形成反哺，助推基层就业。

（三）丰富基层就业引导方法，确保全方位宣传，加深基层就业认同感。

除了课堂教学的引导方式之外，还应积极利用活动、赛事等学生喜爱的形式，强化引导效果。依托法律援助中心学生组织，多次组织学生到基层社区、学校、工厂等地开展普法志愿活动，点燃学生志愿服务的热情，巩固其成为基层法律人的坚定决心。结合主题党日活动，开展“学四史、走基层”专题参观实践活动，带领学生到基层一线工作岗位参观学习，了解工作内容。开展“逐梦青春”基层就业系列分享活动，由“西部计划”志愿者将自身岗位的政策保障、工作内容、生活环境以及未来发展逐一向在校生进行展示，通过身边的榜样事迹帮助在校生更加真实地认识基层就业岗位。建立基层就业交流群，方便在基层就业的学长为有意向的毕业生答疑解惑，增加毕业生与基层就业的联系。组织基层就业项目送别会、表彰会、分享会等活动，积极营造基层就业的良好氛围。在线下宣传引导的同时，积极利用线上宣传，在学生关注度高的学院公众号上开展“追梦人”专栏，宣传基层就业先进典型，并和正在服务西部的毕业生进行约稿，分享西部的美食、美景，让更多的同学了解那里的大好河山。通过线上线下联动，不断深化基层就业意识，唱响到基层、到祖国最需要的地方建功立业的主旋律。

结语

自 2020 年初以来,法学院积极构建“三全”基层就业工作体系,积极鼓励学生到基层、到西部去,学生就业观念明显改变,2021 届毕业生中 27% 的学生将基层就业作为第一就业意愿,41% 的同学表示在未找到心意的工作时,愿意到基层岗位锻炼自身。2020—2021 年学院共计 9 人参加“西部计划”,6 人参加“社区工作者”,2 人参加“特岗教师计划”,1 人应征入伍,占高质量就业人数的 20%。

基层就业观的形成,不是一蹴而就的,而是一个复杂的过程,它不仅需要国家提供“稳就业、保就业、促就业”的政策保障,更需要地方政府及基层单位提供发展平台,确保毕业生“留得下、有发展”,再辅之以高校育人功能,实现耦合联动,促进毕业生自身的能动作用,从而帮助高校毕业生真正形成良好的基层就业观。

大思政背景下有关短视频的责任探析

谢　峰[①]

当前,人们常用的短视频平台抖音,日活跃用户已高达6亿人,并且在抖音转型后,直播版块的日活跃用户人数一路飞涨,抖音也因此成为当下受欢迎的平台之一。在巨大流量的带入中,短视频对于高校学生的思想产生了越来越大的影响。思想政治教育在短视频的影响下正进行着更大范围的变革。作为一名高校教师,笔者也在探索如何使短视频创作、制作、传播、保护等全流程在遵循相关法律法规的前提下,更好地顺应时代发展,并将其与高校学生的思政教育有机融合起来,从而满足高校大学生群体的个性化需求,为高校思政教育探索新的路径。

一、短视频的快速发展对高校大学生思想政治教育的影响

(一)创新了思想政治教育的教育工具

短视频的出现,丰富了思想政治教育的教学方式。传统的高校思想政治教育方式通常是教师在课堂上讲授思政课以及课程思政。在这种情况下,高校大学生在思想政治教育活动中的参与性较低;高校思政课程也因学科特点的原因,教学效果参差不齐。然而,随着短

---

① 谢峰,天津商业大学法学院组织员。

视频的兴起与普及,思想政治教育方式有了新选择。运用短视频工具,高校可以开展形式多样的思想政治教育,既能有效解决时间、空间所带来的教学限制问题,又可以借助短视频内容丰富、传输快捷、互动性强的优点,让高校大学生在一定范围内自由发挥,充分调动大学生的积极性。教师也可以利用短视频制作传播利于学生思想政治学习的内容材料,还可以组织开展短视频竞赛等活动,增强思想政治教育的参与度和宣传效果,为大思政的进一步开展注入新活力。

(二)进一步拉进了教师与学生的思想距离

通过短视频,教师与学生可以随时随地展示自己的思想动态,与以往的课堂思政教育相比,大大缩短了交流的时间与空间。短视频的"加好友"与"点赞""评论"等功能,让学生从传统的被动教育中解放出来,无论内向或者外向的学生都可以更好地与教师互动交流。现在常用的微信朋友圈也有发短视频的功能,教师经常发布一些有关思政教育的小视频与学生互动交流,发表观点,也会潜移默化地教育学生,引导学生。教师也可以及时主动地与学生互动交流,掌握学生的思想动态,这就进一步拉进了教师与学生的关系,更加有助于思政教育融入日常生活。

二、大学生在参与短视频活动中遇到的法律问题研究

2016 年是短视频的"起爆点",据统计,我国短视频用户已超 8 亿人,占网民整体比例的 90% 以上。以"抖音""快手"等新型媒体平台为主,短视频平台不但承担了传播作用,同时在电子商务、本地服务、社交娱乐等方面融入人们的日常生活。短视频与微信朋友圈一时难分伯仲,更有学者指出"视频就是未来的图文"。很自然短视频在快速发展的过程中,也出现了一些法律问题。

(一)短视频中个人信息保护的相关法律法规有待完善

随着互联网的快速发展,我国也有针对短视频的法律法规,但这些法律法规在某些方面还具有一定的滞后性。比如在大众参与评论表达等方面还需要进一步完善。

例如,大学生参加短视频活动时,个人信息的保护方面需要进一步完善。在互联网高速发展的时代,短视频的登录、使用、发布整个过程及个人信息都会记录在短视频平台企业的数据库中,其中不仅包括身份证号码、家庭居住地等隐私信息,还涉及个人的视频喜好、购买记录等相关信息。短视频平台利用这些信息预测大学生群体的类似活动喜好,推送同类短视频,这就会对大学生群体的发展方向造成一定影响。

(二)大学生群体参与短视频留言评论等法律法规有待完善

短视频不仅能分享自己的生活,还能对别人的生活发表言论,表达看法。大学生正是二十多岁的热血青年,如果发表不当言论就会迅速在同等年龄人群中造成指数传播,形成不良后果。大学生在转发评论短视频的过程中,容易产生羊群效应,在不了解真相的时候,个人情绪被视频内容引导,容易丧失理智、缺乏理性。我国针对网络评论的法律较少,对于网络评论言论规范的规定需要进一步完善。

(三)短视频媒体的监督管理存在漏洞

短视频媒体监管存在漏洞,个别短视频存在黄色暴力等不良因素,个别短视频创作者只追求短期利益,短视频内容参差不齐,这些都会影响大学生的价值观。

短视频监管技术主要依赖信息监控管理技术,短视频的技术发展又领先于监控技术。网络传播的虚拟性、及时性、流动性又进一步增加了监管的难度。有些不良短视频传播造成舆论影响后很难溯源。另外,一些功利性视频为了快速吸引人气,不分真假地蹭热度、蹭流量,对公共事件、人物讲话断章取义,制造网络谣言、挑逗公众情绪。

三、短视频与大学生思想政治教育的关联性分析

短视频与大学生思想政治教育,看似属于不同的领域、不同的范

畴,可二者又相互关联。主要原因是短视频这一工具,为大学生思想政治教育过程提供了新的科技手段。学生思想政治教育是目标,短视频传播是手段,手段与目标相统一,可以推动大学生思想政治教育更好地发展,而思想政治教育则可以引导短视频内容传播良性发展。

(一)思想政治教育也是教育传播的一种

传播,从途径上来讲,是指人与人之间的信息传递。单从传播的目的看,就是人与人通过传递一定的内容,对接受者造成影响的活动。思想政治教育是当代大学生教育的重要组成部分,也是培养社会主义合格接班人的重要组成,教育者通过短视频对大学生进行爱国主义教育,也是为了影响和塑造大学生能有正确的人生观、价值观。短视频起到了教育工作者与大学生的"连接器"作用。无论是短视频传播还是高校思想政治教育,两者作用的发挥都离不开教育工作者和大学生的支持,有着目的上的统一性。所以在短视频火爆的背景下,可以利用其优点推动大学生思想政治教育工作更上一层楼。

(二)以用户为核心契合教育活动的现实性

短视频之所以在大学生群体中掀起了热潮,就在于它以用户为核心,抓住了当前大学生的个性需求,通过大数据比对、智能筛选等技术,分门别类地按照喜好推送相关短视频。毫无疑问,思想政治教育工作本质上是做人的工作,坚持把立德树人作为中心环节。高校教育工作者坚持把学生放于首位,以大学生的健康成长为目标,适应学生的个体差异和个性发展,通过短视频为学生提供多样化的教育内容,不断提高大学生的思想认识,借助短视频的优势更好地达到大学生思想政治教育的目标。

(三)以个体发展为基础统筹全面和谐发展

高校思想政治教育,要引导大学生形成正确的思想认识,为社会发展添砖加瓦,其本质在于教育。短视频越来越深入人心,已经成为人们娱乐学习的重要工具,在传播信息的同时,依据有关视频内容自然能发挥出教育功能。例如通过宣传革命精神、红色记忆,激发大学生的爱国主义,统一思想。

短视频也具有协调功能。由于大学生的生活环境、家庭环境等各不相同,意见、价值不可能完全统一,分歧和冲突也就不可避免。这就要引导大学生参与到社会建设中,跟随国家的大政方针政策,进而更加深刻地理解和认同。思想政治教育是长期的,是一个不断发展、教育引导大学生思想观念的过程。短视频的舆论引导作用,正好可以更好地支撑高校思想政治教育。

四、如何利用短视频对大学生进行思政教育

(一)引导强化大学生的自我教育功能

可以说当代大学生几乎都会参与到短视频的网络公共空间。自我教育对于高校青年学生来说尤为重要。大学生要主动提高素养,积极学习形势政策,提高分辨是非的能力,加强责任意识,规范参与视频转发、评论活动,积极承担社会责任,合理表达诉求,积极帮助周围的困难群体,自觉维护网络公共空间的秩序。自觉抵御网络谣言和网络暴力,对于故意传播虚假信息的及时向网站治理中心举报。观看浏览权威性网站发布的官方信息,传播正能量,心存善意,不传播未经核实的信息。在发表评论中允许网络中不同声音的出现,坚决抵制网络造谣、网络谩骂、恶意攻击等网络暴力行为。

(二)借助短视频提升思想政治教育内容感染力

随着技术的不断进步和网络的发展普及,大数据技术与短视频融合发展,碎片化的思想政治教育传播越来越精准。短视频渐渐替代了报纸、书刊、网站等传统媒体。短视频以话题或者标题为主,直接点题,迎合了当下碎片化的学习体验需求,更容易深入人心,进行思想传递和价值引导。大学生通过一键转发,可以二次甚至多次传播,这与当前大思政背景下课程思政育人的理念不谋而合,可以更充分地发挥三全育人的主要功能。通过有温度和情感的视频内容,更好地引起大学生的共鸣,以“润物细无声”的方式增进大学生对思想政治教育的情感认同,进一步激发大学生的爱国热情。

(三)改进教育过程,丰富教育资源

传统的思想政治教育往往是教育者最先获得相关教育材料,例如课本、教案等,进而再通过课堂传授给大学生。这种单向传播方式,使大学老师成为大学教育过程的中心节点,大学生往往只是被动接受。而短视频的兴起改变了这一局面,大学生群体庞大,创造力强,乐于接受新事物,所掌握的某些资源甚至多于高校教育工作者,而通过短视频能够较快接触到更新更有说服力的视频资源,这些会有助于高校教育工作者及时学习新技能,了解新动态,转变思想,创新教育。

(四)净化育人环境,加强监督管理

随着短视频的发展和普及,人们的网络环境和生活方式发生改变。人们对于营造良好氛围的意愿更加迫切。对于青年大学生而言,他们的各个方面都受到了视频内容不同程度的影响。这就要求社会、政府、高校、学院、每个人都履行起监督管理的责任,一起营造风清气正的育人环境。

短视频运营平台的开发者、管理者和运营商要对平台上的视频严格审核,对于不符合法律法规要求的视频内容坚决不能上架,担负起监督管理的第一责任。

高校是意识形态教育的主阵地,在短视频日益火爆的当下,高校应提高大学生的自我分辨能力、自我管理能力和自我约束能力。高校教育管理是推进大学生思想政治教育工作的中心环节。

(五)加大投入,激发创作者和受教者的主观能动性

目前,高校普遍存在对于短视频的投入不足、利用不足、理解不足等问题。大学生群体参与短视频创作传播的主观能动性,没有被充分发掘运用到思想政治教育全过程中。高校的教育工作者也存在

同样的问题。例如高校可以组织相应的短视频大赛。通过大赛选取一二三等奖，通过现金或者实物荣誉奖励的方式，鼓励大家传播、分享、点赞正能量短视频。在高校思想政治教育活动中，如果能够更好地发挥教育工作者和大学生参与思政视频创作传播的全过程，就能借助短视频的整个制作过程，如构思、选人、剪辑等工序提升参与度，增强各专业学生学习的积极主动性，扩大思想政治教育的覆盖范围，增强专业与思政的联系。

（六）将中华优秀传统文化融入高校思政教育

中华优秀传统文化是我们的宝贵财富，对大学生认同马克思主义理想信念和社会主义核心价值观具有重要意义。将岳飞精忠报国的故事以及文天祥坚贞不屈的事迹制作成短视频，可以激发大学生的爱国情怀。红色文化是我们的宝贵精神财富，将红色基因深深根植于大学生的血肉之中，可以坚定大学生的文化自信、使命担当。通过短视频等形式赏析红色诗词、红色歌曲、红色影片，能使大学生进一步汲取精神养分，激发艰苦奋斗的决心和勇气。

结语

科技迅猛发展的今天，将短视频快速且创新性地融于当代大学生思想政治教育工作，发挥其特点，为高校思想政治教育服务提供新思路，完善短视频运营审核制度、优化激励机制，这都是我们要进一步完善的问题。以短视频为代表的新传播形式在新媒体时代已逐渐成为主力，扁平化的传播方式使得传播关系日益密切，大大拉近了交流的时空。高校思想政治教育工作是大学生教育的主阵地，必须引起足够的重视。因此，我们要完善短视频发展的法律法规，创新思政教育的新模式，进一步提升大学生思想政治教育的新活力。